WISDOM OF
MANAGEMENT
姬剑晶
经营智慧
系列书籍

这就是

销讲

姬剑晶 著

中国铁道出版社有限公司

CHINA RAILWAY PUBLISHING HOUSE CO., LTD.

图书在版编目（CIP）数据

这就是销讲/姬剑晶著 . —北京：中国铁道出版社
有限公司，2022.7
ISBN 978-7-113-28763-4

Ⅰ.①这… Ⅱ.①姬… Ⅲ.①销售-口才学 Ⅳ.①F713.3
②H019

中国版本图书馆 CIP 数据核字（2022）第 008306 号

书　　名：这就是销讲
　　　　　ZHE JIU SHI XIAOJIANG
作　　者：姬剑晶

责任编辑：马慧君　　　编辑部电话：(010) 51873005　　　投稿邮箱：zzmhj1030@163.com
美术编辑：刘　莎
责任校对：苗　丹
责任印制：赵星辰

出版发行：中国铁道出版社有限公司（100054，北京市西城区右安门西街 8 号）
网　　址：http://www.tdpress.com
印　　刷：三河市宏盛印务有限公司
版　　次：2022 年 7 月第 1 版　2022 年 7 月第 1 次印刷
开　　本：710 mm×1 000 mm 1/16　印张：19　字数：237 千
书　　号：ISBN 978-7-113-28763-4
定　　价：69.00 元

序言

人生逆袭最好的方法到底是什么

如果一个人想要逆袭成功，最好的方法到底是什么？刻意练习。

大家都听说过一万小时定律吧，最早提出这个观点的是格拉德·威尔，他在《异类》这本书中列举了一些名人案例，告诉我们，专家的成功并不是因为天赋，而是因为他们坚持刻意练习。因此，普通人同样只要付出一万小时的训练，也许能在某个领域有所作为。《巨人的脚步》的作者安东尼·罗宾说，任何人做一件事情，3年可以成为专家，5年可以成为权威，10年可以成为行业顶尖，15年成为世界第一。因此，我一开始就知道，我要成为世界第一，那我要在这个领域当中，耗时多少年？15年。

因此，我给自己定下一万小时刻意练习的目标。

　　我为了学演讲，不知道熬了多少个夜，不知道练了多少遍。以前每次出去演讲，上台前一天晚上，我要备课到凌晨三四点，因为我不确定第二天的表现，能不能跟前一天想的一样，所以就要写稿，写完稿之后自己练，练完之后计时练，然后在大脑当中不停地反复过画面。最后上台的时候，我能够顺利自然地表现，不是因为那一刻的超常发挥，而是因为在那一刻之前我已经准备了很久。我到现在依然持续练习。演讲怎么传递？听众怎么接受？你要怎么讲？逻辑、系统、步骤、方法等，还是反复练习。推荐大家去看我在安徽卫视超级演说家大赛的视频，演讲题目是"小强是怎样练成的?"讲述了我是怎么一步步练习演讲的。

　　这一段演讲，我大约练习了一个星期，讲了至少上百遍。我用了很多种方法反复练习。我先录过无数遍自己看，自己看完觉得可以，就去讲给别人听，让他们听完之后给我一些反馈。我给很多人都讲过这一段，到正式录节目时，还要无数次地演练，才有那一刻的呈现。这才几分钟的节目，我却练了无数遍。

在你的一生中一定有过高光时刻。每个人的这一刻都是不一样的,有些是千千万万的掌声和鲜花,有些是研究成果的突破,有些是领悟真理后的释然……我也有过这样的时刻,那就是我在新加坡面对 15 800 人的演讲。

那一次我要面对 15 800 人演讲 3 分钟。为了这 3 分钟,我也在台下练习了 100 多遍。为了确保演讲的完整,我是先写稿,再咨询人,反复观察、琢磨听众的反应。因为时间要精准,所以要一遍遍地反复练,可以想象,如果没讲完,麦克风没声音了,那会是多么尴尬的事情。

我找很多听众,反复地练,目的就是看听众的反应。我这样讲,原来你是这样的反应,根据你的反应我知道该怎么改了。我一直都在测试,收到听众给我的反馈,我就再做调整。贵宾室里面的白金会员都被我讲了一圈,我决定到外面再找陌生人来讲。

路边走来一个陌生人,我说,大哥,您方不方便,我讲一段演讲给您听,您来帮我提提建议,看我讲得好不好。您帮我录下来,好吗? 我就开始讲,他就帮我录。就这样一直讲、一直讲……我发现我想的跟我讲的完全不一样。明明自己写得很好,讲到一半,下一句可能就会忘记,就卡了,而且往往卡顿的地方还很相似;之后我就反复练卡顿的地方,直到滚瓜烂熟。

演讲的那天晚上，我一讲完，全场的气氛立即达到巅峰状态。我一下台，观众都过来跟我合影，找我签名、合作。过了一个星期，有人从南非、从欧洲飞来，到上海找我谈合作。这是我人生中第一次中英文演讲，讲得好与不好不是最重要的，重要的是状态和激情。台下那一次次的修改、一遍遍的练习，每一滴汗水、每一份付出和坚持，都是为台上那 3 分钟的精彩绽放做铺垫的。不经演讲前的千锤百炼，怎么会有最后成功的演讲呢？

姬剑晶

2022 年 1 月

目 录

第1篇
人人都是销讲家

第2篇

人性的密码

第3篇

台上一分钟台下十年功

第4篇

销讲现场

第5篇

让你的客户无法抗拒

第 6 篇

成交的关键

第1篇　人人都是销讲家

第1章

销讲是为了什么

销讲，字面意思非常容易理解，就是销售＋演讲；用演讲的形式把产品卖出去。听上去似乎很简单，但是涉及的素质是多方面的。作为销讲师，要学会各种沟通技巧，与领导沟通、与下属沟通、与客户沟通、与投资商沟通，在沟通的同时达成目的；要学会心理学，能够让客户心服口服地认同你和你的产品；要学会演讲表演，克服紧张和焦虑，在众多观众面前清清楚楚、激情澎湃地把一场场演讲讲完，并且还要引起共鸣……

1.1 人人都需要销讲

销讲源于会销。所谓会销,就是指通过会议进行销售。通常是主办方邀请消费者,以会议的方式,请销讲师在会议上进行产品的介绍和推广,以达成最终成交。会销这种营销模式在我国起步比较晚,但发展较快,尤其是这几年,很多销售方式都发生了改变,互联网技术的广泛发展,新冠肺炎疫情的影响,令线下会议销讲的困难越来越多。销讲师与时俱进,在销讲的基础上进行拓展,让自己在线上也能进行销讲。

销讲师要具备两个基本功:第一,要有把产品介绍清楚的基本功;第二,要有带动情绪、说服成交的基本功。要真正具备这两种基本功,并不容易。你要克服很多困难,做好吃苦的准备。不过,也不必过于担心,这本书会教你一套销讲的理论和方法,跟着这本书学,相信销讲入门不会很难。

每一位销讲师都渴望成功,渴望拥有把控全场,顺利成交的能力。那么如何才能构建出一场精彩的销讲呢? 我认为,需要具备三种的基本能力。

(1)有撰写演讲内容的能力。首先你要能够将需要演讲的内容写成材料和演讲稿。这个过程,你不仅要深入理解所要演讲的内容,还要能将内容以适合的形式输出,不管是 PPT、文字,还是音视频。

(2)要有"表演"的能力,也就是演讲的控场能力。你需要学习各种技巧,包括眼神交流、语言交流、肢体交流、议题互动、小组讨论等,这些都是在演讲过程中需要注意的环节。另外,你还要有现场处置突发事件的应变能力。

(3)要有坚定的信念——爱与链接。你要以帮助他人为核心:拥有利他意识,去成就客户的梦想,满足客户的需求。

当然,你还要具备很多其他的能力。我希望学习者可以立足销讲,与时俱进,在这个快速变化的市场中,通过学习、分析和实践,找到适合自己的销讲方式,最终获得成功。

1.2　如何定位你的演讲类型

总体来说,演讲分为三种类型:说明型、娱乐型、说服型。下面我会对这三种类型进行解释,让大家对演讲有一个大概的认识。

1. 说明型演讲——传递信息

说明型演讲就是为了介绍一种产品、一款服务、一门生意、一个人等进行的演讲。一般而言,说明型演讲要限制主题,以适应特定的时间。要把这个主题详细说清楚,可以借助一些辅助的视听工具,以给观众留下清晰的印象。说明型演讲需要遵循一定的顺序,或者利用某种逻辑顺序来展开,包括时间顺序、空间顺序或以特定话题为线索的顺序。说明型演讲讲完后,通常会收到什么效果呢? 你会得到掌声和鼓励,但听众并不一定会采取行动。

2. 娱乐型演讲——娱乐大众

这种类型比较常见,像很多优秀的相声、小品、话剧演员,演讲是为了让观众捧腹大笑。这种演讲更加偏向于艺术表演性质。当然我们可以偶尔借鉴一下他们的幽默,但这不是每个人都需要发展的方向。

3. 说服型演讲——让观众采取行动

这类演讲的目的是在我们演讲完之后,听众能采取行动。比如,你给员工讲完,员工就开始努力工作了;给股东讲完,股东就开始投资了;给投诉的客户讲完,投诉的客户撤诉了;给合作伙伴讲完,合作伙伴更给力了，继续支持你；给客户讲完，客户与你达成交易了。简单来说，就是通过演讲收钱、收人、收心。

在学习演讲时，当然要循序渐进。首先要把说明型演讲练习好，才可进行下一个阶段的学习。如果说明型演讲都不会，你想有说服力的演讲就更难了。如果你一开始把标准定到最高，先学会说服型演讲，那你再学说明型演讲就容易多了。做好演讲，主要研究顾客怎么接收，怎样让顾客动心，这样的演讲，才有用。

1.3　销讲的心理和核心要素

一场成功的销讲，必须要能够说服别人、打动别人、感染别人。我总结出来就是，一场成功的销讲必须具备激情、幽默、智慧、目标和感动这五大要素。

1. 激情：销讲最重要一点，要有点燃现场的能力

作为演讲者，不能只是站在台上自说自话，而是应该想办法引爆全场观众的激情。只有演讲者自己先有激情，才能通过这种激情去进一步感染观众，并最终引爆观众的激情。一名演讲者，如果想用自己的激情去感染他人，首先要做的就是在演讲现场向他人说出自己的梦想；其次是使用"演"和"讲"的技巧来辅助自己，使演讲更有感染力。演讲，一定就有演的成分，这一部分需要的就是情绪带动。演讲稿是死板的，但是稿子的内容能直接影响演说者的情绪和演讲效果，一篇有激情的演讲稿是演讲者激发激情的不二法门。

2. 幽默：以愉快的方式让人印象深刻

一场成功的演讲是带着幽默和欢声笑语的演讲。幽默是拉近观众

和演讲者之间距离的有效手段。现场观众如果被幽默的演讲内容逗乐，说明演讲的内容被观众听进了心里。枯燥的开场白，无聊的说教，只会让观众觉得无趣、烦闷，甚至发困。如果你使用了一个幽默的开场白，很容易抓住观众的注意力。毕竟，观众都喜欢听一些让人喜悦快乐的话。

1930年2月9日，蔡元培先生70岁大寿。上海各界人士在国际饭店为他举行了盛大的宴会。虽然是生日宴请，大家都敬重这位德高望重的老先生，现场来了许多名流政要。大家发表完祝寿词之后，蔡先生便开始做答谢。他睿智地说："诸位来为我祝寿，不外乎要我多做几年事。我活到了70岁，就觉得过去69年都做错了。诸位要我再活几年，无非要我再做几年错事罢了。"大家听后哄堂大笑，庄严的气氛便缓和下来了。

如果演讲正在让观众慢慢失去兴趣时，我们不妨在语言上力求幽默。因为幽默的语言是演讲者激发听众热情的秘密武器，也是双方互动的最佳方式。

3. 智慧：启迪心灵，升华主题

一场有价值的演讲，一定要给观众带来价值。智慧的演讲不一样，智慧体现的是一种充满哲思的观点，让观众能从中得到思考和感悟。

比如，我曾经听过这样的一个寓言：有一只猴子抱着一个装满果子的杯子准备回家，恰好它又看到了一个果子掉在路上。猴子弯腰去捡，不料路上的果子没捡着，杯子里的果子却掉到了地上。

这个结果让猴子感到非常沮丧。同样，这个故事也让我们联想到自己也时常遇到的一些尴尬时刻。作为听众，我们会从故事中思考，生命的得与失也是常常在瞬间转换。如何正确地把握生命的每一个时刻，确实是一个需要认真思考的问题。

4. 目标：有始有终，演讲者必须要有演讲目标

有目标，才能说服听众。如果没有目标，谁知道你讲的是什么呢？任何一场成功的演讲，从写演讲稿开始，就已经明确演讲的目标了。有经验的演说家，演讲时看似脱稿，其实他不会偏离设定的目标。无论演讲者使用的是幽默的故事，还是激情的语句，抑或者是充满哲理的观点，最终都不过是为一个目标服务的。

我们事先准备一个有着清晰目标的演讲稿，然后使用各种技巧，让观众对演讲内容产生共鸣，将观众的注意力一步步引向这个目标。有目标地演讲是提升观众信任度的有利方法。

每一种演讲的目标都不一样。比如，乔布斯在苹果新品发布会上的演讲是为了推广苹果产品；胡哲的演讲目标是为了鼓励观众，让观众重新燃起奋斗的勇气；而我的演讲，就是为了鼓励创业企业的 CEO，向他们传授企业如何走向成功……无论是站在企业的角度演讲，还是站在个人的角度演讲，无论演讲的目的是销售产品，还是传播知识，只要有明确的目标，而且能让观众信服，那么，我们的演讲就是成功的。

5. 感动：用爱心感动听众，感动追随者

感动是人类的情感之一。演讲者以富有爱心的演讲感动了观众，使观众因为感动被说服，这就是感动式的演讲。一个演讲家的"爱心"，不仅是内心对演讲的小爱，更是对观众的大爱。

每一个演说家都是本着"爱"的内容来演讲的。李连杰的慈善演讲是一种"爱"；罗永浩的情怀演讲也是一种"爱"……因为在演讲中，有爱才有情感，有情感才能让观众相信，才能有人愿意追随。"告诉他们，接纳他们。把你的精力、热情以及风度充满整个房间"这句话就是感动式演讲的核心所在。

我们可以想象这样一个场景：演讲者把自己的感情通过演讲的方式告诉观众，并且接纳观众反馈的感情。通过演讲舞台，演讲者的精神面貌、热情态度以及气质风度，完全影响着整个现场。当感动式的演讲达到高潮时，整个现场变成了演讲者的领地，所有踏入这个领地的人，都会被演讲者感动并吸引。这样感动式演讲，一定会取得最大的效益。

1.4　从小白到演说家的五个步骤

从一个对演说毫无概念的人，变成一个经验丰富的演讲者，需要经历哪些步骤？总结起来，大概有以下五个步骤。

第一个步骤：测试

像我们上学的时候一样，学习完了，得回家做作业。像篮球运动员，他们平时做得更多的是练习，而不是上课，投篮要练习，运球要练习，走位要练习，而且还要不停地演练、比赛，球技才有可能提高。演讲测试的内容是，这个演讲能不能顺利进行下去？演讲的主题是什么？自我介绍能不能讲好？不一而足。

第二个步骤：失败

演讲测试之后，你有可能收获的是失败。以我的亲身经历举例，大学一年级我去听了一场励志的演说课程，接触到安东尼·罗宾和拿破仑·希尔的书籍，因为书中的理念而备受鼓舞。书中说，这个世界上赚钱的行业有很多，但没有一个行业比帮助别人成功、帮助别人成长更有意义。于是我决定改变现状，我要站在舞台上去演讲，用演讲激励更多人，传递更多能量。我到处找人听我的演讲，却没人愿意听；去上选修课，上完课，就冲上台去练习演讲，结果话没讲完，被老师赶了下去。大学二年级，我为了练习演讲，去报名参加了学校的辩论赛，初赛就被淘汰了。我跟宿舍的同学讲，跟班里同学讲，跟朋友讲，讲到都没人敢跟我聊天了。演讲要经历失败，销讲就更要经历失败了；员工要经历失败，领导也要经历失败；创办公司也要经历失败……所有的成功都是在失败的基础上淬炼而成的。

第三个步骤：学习

人类从原始时期使用石器工具到开启农业革命、工业革命、信息化革命，到现在人类的知识和发展速度超于任何物种，原因是人会学习。你不会演讲，创业不成功，当你被绊倒，面对失败，你要在这一刻停下来，转身去学习。因为此时你的学习速度是最快的。为了少犯错，不犯错就要持续学习。

第四个步骤：改进

学习螺旋上升的一般路径是在失败中反思，反思后又不断地练习和学习。个人也好，企业也好，持续改进都是提高受众满意度的最好方法。持续改进的一般步骤包括确定改进目标、寻找可能的解决方法、测定实施结果、正式采用等。我们要持续抱有这个信念，主动实施改进演讲的环境，以确保改进过程的有效实施。

第五个步骤：重新开始

我们不要害怕失败，重新开始并没有那么难。人生就是一个持续不断地反复循环过程，这就是螺旋式上升。波浪形前进，螺旋式上升，我们始终在进步。因为每一次螺旋式上升都可以证明，你虽然又失败了，又犯错了，但是你已经比前一个阶段有了进步。

第2章

销讲的效果源自
你的能量

人生就像一盘棋，首先要学习的不是技巧，而是布局。人常说，站得高看得远。我们要以更大的视角切入人生，方能在大方向上更精准，更能把控局势。人们常说的发展受限，其实这个"限"就是格局的限制。格局太小，则难成大事；谋大事者，必要布大局。

2.1　自我：无关生智，局外生慧

你买不买跟我无关，我不在乎这个结果。一个人之所以害怕，是因为太在乎结果。凡事在乎，你就弱小；若不在乎，你就会变得强大。比如，如果你打电话给客户，焦点是让对方了解一个产品或者项目，给他一个选择的机会。如果你想：我就要与他成交这笔交易，成交不了，我就不干了。你这样太在乎这个结果，注定你活得太累，而且不一定会得偿所愿。

电影《中国合伙人》中有这样一个片段，新东方俞先生的美国签证办不下来。他请来孟先生，请他教一教怎么通过签证面试。孟先生是这么说的，"你要表现出视绿卡为一张手纸的态度，擦屁股都嫌硬。"他这一招是帮助俞先生调节面试心态。心态很放松，状态、磁场、力量在这样的心态下就变强大了。相反，你越在乎它，就越搞不定它。

面对客户，你要有"无关生智，局外生慧"的智慧。最大的客户不是现有客户，而是陌生客户。市场上有很多没有被开发的客户，客户多得跟米粒一样，你不买，没关系，我还有别的选择。你不卑不亢，不骄不躁，不要让他觉得，他不买，你就痛苦；他买了，你就欣喜。你要保持着内圣外王的心法，遇大喜不轻狂，遇挫败不沮丧。

遇到问题，你跳到局外来，就能看得清清楚楚、明明白白、真真切切。而很多时候我们跳不出来，是因为牵扯着很多自己的情感。企业经营者要跳到局外来经营企业，当遇到至关重要决策的时候，不要总想着这个企业是我的，而要想这个企业不是我的，与我无关。这个时候你就更舍得花钱，就不会把所有的股份都据为己有，对员工也会有更多的关怀，对老板这个岗位也会有更多的敬畏。无论是企业、家庭，还是个人，都需要跳到局外来经营。

2.2　觉醒：放下小我，放大格局

一个人的格局有多大，不仅决定了他内心的能量有多大，还决定了这个人销讲的能量有多大。因此，一名优秀的销讲家，一定是一个放下小我、放大格局的人。

为什么你的动力有限，为什么你的能量不足，为什么你没有办法拥有源源不断的内在动力，是因为你的格局太小了。

于丹说得好：成长问题的关键在于自己给自己建立生命格局。一个人的人生路要越走越宽，越走越顺，必须要放大格局。在人与人的博弈中，最后的赢家往往是有着先予后取的度量、统筹全局的高度、运筹帷幄而决胜千里的方略与气势。不管是舍卒保车，还是飞象跳马，都是基于格局的战术而已，关键还是格局的广度和高度。

我们要实现大格局，重点是清晰自己的人生定位。这个定位不是天生的，也不是环境决定的。只要我们能够调整心态，打开眼界，就有建立起自己大格局的一天。只要我们把知识和技能学好，找到适合的平台，借助人力资源，充分利用各种资源，就可以保持稳步的上升，我们未来的大格局与大发展将不只是一个梦想。下面我给大家几点建议。

（1）优化知识结构，完成思维系统升级，为大格局准备内在支撑力。

（2）大格局不是冒进，但不排斥冒险。

（3）大格局需要大平台，从空间上去突破大格局。

（4）整合社会资源，从人力资源上完成对格局的突破。

（5）扬长避短，尽可能规避短板，从强项上完成对格局的突破。

我们锻炼放大自我格局，需要转换位置和角色，在不同的情况下运用不同的思维。一个人的智慧高低，取决于他是否可以包容截然相反的思想，是否具有多种思维方式。这跟为人处世没什么关系，主要是格局和思维能力。

2.3　利他：销讲就是为他人创造价值

这个时代,最需要的就是分享和利他。人们的联系越来越便捷,但是心越走越远。因此,要想感受更多的爱与链接,需要放下自我,去帮助别人,去利他。

1. 利他

当你抱有舍我其谁的信念,发自内心地想把你的收获、成长、喜悦,跟别人分享的时候,你就会发现,不管有没有人听,你都愿意说出来。如果对方愿意买,那就更好了,不买,你也愿意讲。这就是我常说的,你不给我钱,我都愿意帮助你;你给我钱,我就更愿意帮助你。想要赚更多的钱,你最好不要把焦点放在赚钱上,会赚钱的人都把焦点放在利他上。

会销在这点上表现尤为突出,如果销讲师在台上只是推销自己的产品,完全忽视了台下客户需要什么,不懂得会销的利众之道,那他的成交量不仅少之又少,客户都会寥寥无几。会销一定是要抱着利他的心态,赢得他人的信赖,才会有接下来的成交或者持续成交。建立信赖就是用自己的魅力赢得客户的认同,把自己"卖出去"。把你的焦点聚集在利他上,你会收获更多的信赖和支持,这些都是无价的财富。相反,如果只想着利己,你最终会失去所有,包括前期赢得的物质财富。

2. 贡献

贡献是一种更高层次的利他。我们多分享智慧,启迪他人,自己也会从中受益。一个人之所以会累,是因为他不热爱自己做的事情。他没觉得做这件事情是在贡献,而是觉得做这件事情是在索取。因为他在索取,就没有力量去做。

你如果有奉献的精神,做起事情来往往就感觉没困难。真的做到"人人为我,我为人人"了,这个社会也就更上一层了。热播的电视剧《觉醒年代》里的很多伟人,就是怀有这种无私的信念,才拯救了中国。

袁隆平先生把对祖国的热忱结成饱满的稻穗。在"杂交水稻之父"袁老认为,中国人要昂首挺胸,首先要把饭碗牢牢端在自己手中,实现国家粮食安全;而自己应该为国家担负起这份责任。赤诚初心,从未改变。热爱祖国,既是袁老永攀新高的动力,也是他所有梦想的终极目标。

当代中国从来不缺这样的人。国家颁发的共和国勋章,表彰的全国优秀党员,这些伟大的人都是抱有无私奉献精神的人,都是为了国家、人民,甚至为全人类献出一生乃至生命的人。这样的人,往往有无限的号召力,因为他们是为了绝大多数人民的利益,人民甘愿跟随他们的脚步。人要修德,方能做大事。无私是最大的德,要做到真正的无我,才能做到真正的无私,才是发自肺腑的贡献。一个会销师想要"立"起来,需要非常多人的支持,所以要像太阳一样先照耀更多人。

2.4　梦想:紧追梦想,打动听众

我们从小就被教育要志存高远,最大限度地实现人生价值。每个人的命运不同,即使是同一个爸爸妈妈生的孩子,也会有天壤之别。虽然影响因素很多,但是梦想和志向一定起着重要作用。人类,一直没有停下进取的脚步,一直在追求进步,享受那种持续前进的感觉。人类能做到这些,是因为敢于梦想,敢于坚定决心,敢于付出更多的汗水。

我把梦想分成七个阶梯,了解这七个阶梯,可以帮助你规划好人生蓝图。梦想能使人与人之间存在巨大的不同。梦想每放大一分,你的人生就会有十倍的改变。

梦想的第一个阶梯:以个人为主。一个人的为人处世都基于"从我出发",这是最基本的出发点,也是最低层次的出发点。如果我们一直以自利为出发点来设立梦想,很难有大的成就。生活中有很多这样的例子,有些人即使在开始有一定的成绩,最终也会一落千丈。

梦想的第二个阶梯:以家族为中心。以家族为中心的梦想,会让人更有斗志。有很多人背井离乡,能够在没资源、没经验的情况下生存下来,并取得一些成绩。事实上,他不仅仅是带着自己的责任,更是带着要改变家族命运的渴望。

梦想的第三个阶梯:以团队为中心。到了这个阶段,人往往需要对更多的人负起责任来。这个团队可大可小,但是都需要依靠团队的力量来浇灌个人的梦想。因此,这个时候,你的梦想要托住更多人的希望。

梦想的第四个阶梯:以社群为中心。每个人在这个社会上生活,总会属于某一类群体,这一类群体可能是同一行业的人,同一生存状态下的人……为了这一群人的利益与发展,去设立梦想,已经是相当有志向了。我举办国际演说节,就是希望能够制定一个演说的标准;能够像戛纳电影节一样,去创办一个属于演说家的节日;能够让更多领域中有成就的人学会演讲,未来到国际演说节的舞台上,分享自己的梦想。我希望能够用演说,推动各个产业的发展。

梦想的第五个阶梯:以国家为中心。在北京冬季奥运会,看到运动健儿们为了国家的荣誉而战,我们心中的敬佩之情油然而生,为之骄傲自豪。华为这个企业之所以伟大,是因为它不仅以社群为中心、团队为中心,更以国家为中心,为国家的核心技术发展付出了巨大的努力。

梦想的第六个阶梯:以世界为中心。不管是国家、企业,还是个人的发展都离不开世界的发展。如今的中国很多领域已经走在他国前面,我们这一代人的梦想更是要引领世界,走向未来。所有的一切都是因为格局的改变、思想的改变,结果才开始改变的。

梦想的第七个阶梯:以人类为中心。随着神舟十四号载人飞船发射成功,中国航天事业已经处于世界顶尖水平。这意味着中国将承载更多人类的责任,为人类的航天发展作贡献。我们应该知道,为了实现航天梦,不仅仅是宇航员,包括基地的科研人员都要克服非常多的困难和挑战,只有心怀天下,才能坚持下来。

2.5 状态:如何引爆自己的激情与斗志

实现梦想是一个漫长的过程,需要长期的奋斗,甚至要面对无数次的挫折,所以一定要用各种办法去激励自己,以保持奋斗的精神。我介绍几个方法供大家选用。

1. 做梦想板

梦想板有两种:一种是动态梦想板,一种是静态梦想板。静态的是图片,动态的是视频。

好的梦想板有三个标准:

(1)美好的画面;

(2)用现在时来表达;

(3)有可衡量的标准和期限,也就是有明确的时间和标准。

还有一点是,你要时常复习目标。复习的方式有反复地看图片、手册,随时随地的默念目标。

当你遇到瓶颈时,默念你的核心目标;当你要与别人吵架时,默念你的核心目标;当你在路上堵车的时候,默念你的核心目标……每一天,每一分钟,每一秒,只要你一有时间,就默念你的核心目标。

2. 录制潜意识录音带

你要把自己过去的故事,重新讲一遍。前半段重讲你人生的故事,后半段把你未来要实现的目标写进去;然后到录音棚,配上最好的音乐。每天放给自己听,早上起床听,晚上睡前听,让它持续提醒你。

"我可以实现所有的梦想,我可以实现所有的梦想,我可以实现任何我想要实现的目标和梦想。我是宇宙中最强大的磁铁,财富和幸福都会像浪潮一样向我涌来,挡都挡不住。"

我听潜意识录音带这个习惯已经坚持了十年,我越听越自信,因为一切的改变都在潜意识。只要你的潜意识没改变,一切大多不会发生巨大的改变,所以必须要改变你的潜意识,才能改变你的人生。

3. 听超高频潜能音频

音乐和语言都是有着极大能量的。因为音乐是直接穿透人的意识而成为潜意识。心理学家发现,一个人要改变你的意识,最好的方式是不要跟意识沟通。因为意识就像是大门一样,有守门的,你要进到潜意识,先要过意识这道关。如果意识关没有过,就会打架,一边说"我是最棒的",一边又想"我是最差的";一边想"梦想一定会成真",转念又想"真的可以吗"。整个人每天都在自我纠结,每天都在自我怀疑,每天都有一个零和游戏,每天都在互相拉扯。因此,我们要经常听超高频潜能音频,增强自信心。

2.6　学习:提升能量的快速通道

为什么我们学东西总是学不会,或者是学了之后用不好呢? 这是因为我们在某种程度上还没有把它消化。我们要学会用三个视角来消化它。

第一个视角：观众视角

听课的大多数人只是站在观众视角，只是在看、在听老师讲什么，并没有把内容消化和理解。这类情况的观众听的时候很激动，但是走出会场后一切都是过眼云烟，全部还给老师。观众视角适合去看演出、看戏、看电影，感受完就忘了，自己没有学会，讲不了也没关系。

第二个视角：学生视角

学生视角是从观众变学生，开始认真记笔记，跟以前读书一样，老师教什么就记什么。老师的 PPT 上的知识点全部记上，没有就不记；老师让记，就记；老师没说记，就不记。这就是普通学生。但是这种学习，是不会快速进步的。老师推一步，走一步，而且学的也比较机械，所以，这种情况的学习并不适合需要快速成长的学习者。

第三个视角：老师视角

这个视角的人是站在老师的角度去思考问题和行事的。学道德经，不是去背道德经的文字，而是研究为什么老子能写出道德经。听奥巴马演讲，不是去听他讲了哪些内容，而是在想他怎么能讲出这些内容？这个内容是怎么来的？坐在台下听，一边听，一边想象自己也要当老师；一边还想着，我回去之后要怎么讲给别人听，这样学习速度立刻就变快了。只有能教别人了，才算真正学会了。

第3章

销讲的信念有多强，
成交额就有多高

信念，从字面意思来理解信就是相信，念就是念头，相信这个念头就是信念。销讲师这个职业需要克服很多障碍，如果没有信念的支撑，会很快放弃，更别说成功了。信念就是成为优秀销讲师的内在动力。

3.1　销讲的内在动力从信念开始

每个人都想成功,那些获得成功的伟人大多数是在年轻的时候就播下了成功的火种。其实,我们每个人都有成功的潜力,最终没有如愿以偿,往往就是信念不够坚定,渴望还不够热切。

孙正义先生在创业的时候,遭遇到了疾病。他在住院期间读了两千本以上的书籍,出院之后召开员工大会,站在苹果箱上面说:"我,孙正义20年后我会成为世界首富。"他讲完这句话,台下的员工都觉得他疯了。然而,不到 20 年,他三次问鼎世界第一。为什么他能做到?一个重要的原因是,他始终相信,始终保持着这个信念。

我们首先需要坚定自己追求成功的信念。哈佛大学的一项研究发现:一个人的成功,85%取决于他在顺境或逆境中都能保持坚定不移的信念,只有 15%取决于智力或其他因素。

狄德罗编辑《百科全书》的故事。

在 18 世纪的法国,一位出版商敲开了翻译家狄德罗的房门。逼仄的木质楼房间里,传出了两人的对话:

"狄德罗先生,我们社想邀请您把这部英国的《百科全书》翻译成法文出版,这部书出版之后肯定会大受欢迎的! 在我们国家还没有类似的图书呢!"

听了出版商的话,狄德罗不由得反问道:"那为什么不出版一部真正属于我们国家的《百科全书》呢?"

出版商摇着头说:"编写《百科全书》需要很多人手,工程实在太浩大了。"

狄德罗略一思索,抬起头并坚定地说:"我愿意主持编写这部书。"

狄德罗集结了当时法国社会各界的学者和专家,组成编纂小组,夜以继日的编写。在狄德罗的带领下,这本预计出版 35 卷的《百科全书》终于完成了第 1 卷,他们将百科全书定名为《百科全书:科学、艺术、技艺详解辞典》,其中包括了人文科学和自然科学等。但是灾难悄悄降临了。由于封建统治阶级害怕地位的动摇,不愿让民众学习科学知识。他们禁止出版《百科全书》,并且不允许狄德罗继续编写该书。各种打击接二连三地向编纂小组压来,工作人员纷纷提出辞职。最后连《百科全书》的副主编、狄德罗最信任的助手也向狄德罗提出辞职申请:"先生,我恐怕不能再继续为你工作了。我们所做的工作是在和教会唱反调,第 1 卷就被他们禁止了,余下的 34 卷肯定无法出版。"

狄德罗放下手中的书稿,看着他,缓缓说道:"虽然现在书被禁了,但是科学是无法被禁止的,总有一天人们会知道这种禁止是错误的。现在,就算你们所有的人都离开了,我也不会停止这项工作。"

如狄德罗所说,他没有放弃自己的信念。不管工作小组受到什么样的打击,成员还剩几个人,他从来没有停止过编写工作,即使大部分的编写和校对工作最终都落在他的肩上,他也不曾放弃。这种精神深深地打动了其他成员。最终,在狄德罗的坚持下,在大家的共同努力下,1780 年,《百科全书》出完了第 35 卷。在这整整 30 年中,狄德罗和他的同伴凭着顽强的信念和坚持不懈的工作精神,顶住了来自外界的各种阻挠,终于完成了这部真正属于法国的《百科全书》。

梦想分为两种:一种刻在沙滩上,一种钉在钢板上。有些人的梦想迟早会实现,有的人只是说说而已,这就在于每个人对信念的坚定程度。你只有说服自己,才能说服别人。坚持信念,我们需要语言和行动上的双重坚持,不仅仅要说出你的信念,还要践行这个信念。我们在不断地说出信念,践行信念中,去成长和学习,最终在思维和能力上得到不断提升,才能真的实现梦想。亨利·福特说:"任何目标只要重复超过十万次就会成真。"只要你坚持实践,经常揣摩坚持信念的人的心态、心理、思维、行为、不断模仿学习，你离梦想就会越来越近。

3.2　信念形成的四个途径

每个人都有数以百万计的信念，但无法完全解释清楚，因为它们大多存在潜意识中，无法也不容易在意识层面呈现。这些信念默默地支持着我们的行为。没有它们的支持，我们就不知道该做什么和不该做什么。

如果信念能改变你的某一部分，那它也能在很短的时间内改变你的一生。你要记住，一旦信念被接受，它就像是我们神经系统上的一个紧箍咒。它能激发潜能，也能破坏潜能；它可以拓展你的现在和未来，也可以摧毁你的现在和未来。如果你想主宰自己的人生，就必须掌控住自己的信念。首先你需要知道信念是什么？"信念"这个词很常用，但并不是每个人都知道它的真正含义。

安东尼·罗宾给信念定义为："信念是对某事的确定感。"例如，当你认为自己很聪明时，你说起话来声音非常有力："我认为，我很聪明。"当你对自己的智商有信心时，你就能充分发挥自己的潜力并取得好成绩。每个人对每件事都有自己的看法，你可以向别人学习，并且得到解答。但是，如果你是一个优柔寡断的人，没有坚定的信念，很难充分发挥你的各种能力。那么，信念到底是怎么形成的呢？我们如何让信念朝好的方向发展呢？

信念形成有如下四种途径：

（1）个人的亲身经验和感受。例如，经历落水，就知道水能淹死人。

（2）观察其他人的经历。例如，看到学生因为不守规矩而被惩罚，所以知道有些行为不能在课堂上做。

（3）接受信任的人的教导。例如，我们的父母对我们说，必须提防陌生人，所以我们对陌生人表现出抗拒感。

（4）自我思考做出的总结。例如，有人总是拒绝我的好意，经过深思熟虑，认定是因为他嫉妒我升职比他快。

在上述四种途径中，第三种和第四种途径需要特别注意。父母、长辈、老师等都会在孩子成长时激发孩子的信念。教导的方式有两种：一种是直接的语言教导；第二种是行为的教导。也就是说，在他们如何做某些事情的过程中，孩子们看到、听到并形成的信念。父母、长辈和老师教导孩子的大多数信念都是好的，有助于孩子成长，但有时也有例外。一位母亲告诉她的女儿，男人最重要的是要有上进心。当她的女儿长大并坠入爱河时，她选择了一个非常积极向上的男人。十年后，他们分手了，因为这个男人太有动力了，总是忙于工作和事业，没有给家人足够的时间。这时，她意识到男人的雄心壮志对她的婚姻幸福不是最重要的。

第四种途径往往导致不恰当的信念。在有些情况下，我们以前的信念不起作用，行动需要新的信念来支持。例如，在新的工作环境中，有一个总是对我的问候几乎没有反应的人，还是一个没有先例可供我参考的人。经过深思熟虑，我得出结论：他嫉妒我的能力。现在，有了这样的信念，我知道如何处理这件事情了。你可以看到，行为需要信念的支持。事实上，没有任何信念在所有情况下都是绝对有效的。大多数信念可以帮助我们成长和处理生活中的各种情况，但有些是因为我们在接受它们时没有很好地理解和消化，或者缺乏完整的立场（与其他信念配合），让我们产生了错误的信念。我们称这些信念为"限制性信念"。

许多家长告诉他们的孩子，"你应该在阅读和完成作业后再玩耍。"这句话背后的信念是读书和玩耍是对立的。表面上看，这没有问题。玩耍带来快乐，读书必须认真。因此，幸福和严肃也是对立的。这还不是问题。此外，开心意味着快乐，而认真是未来成功所必需的品质之一。现在，"快乐"与"未来成功"两者对立了。就是这样，很多人培养出

"认真与开心、成功与快乐都是对立的"的信念,这使得一个人每次做事都严肃紧张,无法放松。这样一来,大脑就没有达到最佳效率,想出来的方法和结果可能也不是最好的,很容易引起各种问题。

如果一个人在经历了一次不好的事件后能够反思,改变信念,他就能在未来拥有更好的生活;如果他坚持认为,改变没有效果,而只是不断地指责他人和环境,他就会陷入困境。信念应该是一个人拥有的工具,它的作用和其他生活工具一样:帮助这个人建立幸福和成功的生活。如果一个人把一种工具放在他生命中更高的位置,坚持一种信念,而牺牲了他的成功和幸福,那么他是本末倒置。有些人愿意为了坚持某些信念,会受到很多人的尊重,但他们不能用自己的力量去做更好的事情,他们也不会有幸福和成功的生活,这是很遗憾的。信念必须得到价值观的支持,信念的改变也必然源于价值观的改变。信念可以改变,但不一定非要改变不可,因为信念也可以改变、扩展(兼容),甚至暂时移动并转变为另一种信念,直到出现一个有效的转折点,再保持原有的信念以继续追求。

3.3　销讲者应有的信念

一般获得成功的伟大人物之所以能充盈一生,是因为他们在年轻时就播下了成功的种子。每个人都有成功的潜能。一个人之所以不能迈向成功,往往在于不能充分相信自己的能力,没有成功的渴望。无论当下如何,你要确立信心——你是有能力和力量的,只要运用得当,便能创建一番新天地。

1. 坚定自己追求成功的信念

当你坚信自己会成功时,你就会成功。在生活中,我们经常看到这样的事情：在同样的逆境中跌倒，有些人会失去信心，最后，他们没有成功的机会；有些人即使遇到挫折，也不会放弃，最后，他们在跌跌撞撞中走向成功。在很大程度上，两种人生活方式的差异源于这样一个事实，即成功的人在做事的过程中对自己有坚定的信心。如果有人说，"我能做到，我要去做，我会做到"，这种信念将支撑他前行。

2. 成功是一种充满活力的精神创造

一个人充满怀疑和恐惧会使身心陷入消极和非创造性的精神状态，从而将富足的能量排除在生活之外。这种消极的心理状态对财富无益，也不可能在生活中吸引财富。当然，人们不想远离成功，但他们对成功总是充满怀疑和胆怯，对自己的追求也没有信心。事实上，正是这种消极的想法在不知不觉中把人们推离了成功。有了信念的力量，我们就能完成所有艰难而繁重的工作。信念坚定地追求成功，那么信念就会成为成功的基石。只要能坚定信念，就能建造生活的建筑，让它永远存在，永不崩溃。要想成功，首先必须有成功的信念。在过去遇到困惑和困难的主要原因，是我们内心缺乏成功的动力和积极创造的想法。如果使身心满足的源泉永驻心中，我们就不会感到空虚。

3. 高成就基于信念有高度

无论一个人的能力有多么突出，才华有多么出众，学识有多么渊博，最终决定他能否成功的只有一项因素——心理预期高度，即他认为自己能取得多大的成就。一个人取得的成绩永远不会高于他的心理预期高度。心理预期有多高，收获就会有多大。失败者往往是被心理预期高度所困住。他们总是认为自己不配拥有世界上最好的东西，而所有优秀美丽的东西都不是为他们设计的。这些人之所以工作卑微、生活平庸，是因为他们对自己没有太大的需求和期望。他们不明白他们可以掌控自己的命运,实现任何他们能实现的目标,成为他们想成为的人。一个士兵曾经给拿破仑寄过一封信。因为他赶时间,他的马在送信前摔死了。拿破仑口述完回信之后,将信交给这个士兵,并命令他骑上自己的马,尽可能快地将回信送过去。士兵看着那匹装饰精美的骏马说:"不,将军,这匹马对于一个普通士兵来说太豪华和高贵了。"拿破仑说:"没有什么比法国士兵更豪华或更高贵了。"

4. 搬开阻碍成功的绊脚石

许多人对成功有无限的渴望,但他们不知道怎么克服成功路上的障碍。我们来数一数这些路障。

首先就是混日子的心态。因为人与人之间没有太大的区别,优秀与平庸的根本区别在心态。当今社会,由于各种原因,许多年轻人在混日子。他们经常对别人说:"过一天是一天了!""别丢了工作就行!"事实上,他们已经承认了自己在生活中的失败。那些只想"填饱肚子"或"混日子"的人做不了什么大事。在某一领域取得成果是那些有决心、有抱负、不怕困难、有热情的人。如果一个画家想要创作一幅代代相传的杰作,他拿着笔时三心二意,他能画出一幅代代相传的杰作?对于一个想写一首名诗的伟大诗人,对于一个想写一本名著供读者阅读的作家,对于一个想在先进学科中取得重大成果的科学家,如果他们对自己的工作没有兴趣,没有目的地做事,他们能有成功的那一天吗?

在那些懒惰、愚蠢和懦弱的人眼中,世界上能做出成绩的行业已经不存在了。事实上,懒惰的人无论去哪里,都没有人需要他们。各行各业需要的是那些愿意负责任、愿意努力工作,有想法和见解的人。一些年轻人经常这样想:"我不想成为一流的人,只要我是二流的人,我就已经满足了。"事实上,这种想法一点也不明智。众所周知,今天的社会,人们通常不想要劣质商品,人也一样。有这种"混日子"心态的人,都不可能成为受欢迎的人。

其次是"坐不住"的心态。"坐不住"是最普遍存在的问题，它常常使人们陷入一种完全浮躁焦虑的境地。如果一个年轻人很难冷静坐下来从头到尾完成一项工作，好好读一本书，听一首曲子。那当他做事的时候，也会想急功近利，走捷径。

浮躁是一种病态的精神状态。如果你浮躁，你将不可避免地缺乏耐心和韧性。心情一好，觉得天朗气清，前途光明；一旦失意，便会觉得自己走到了死胡同，心灰意冷，再也找不到原来的工作状态。这样反反复复的时间长了，做什么事情都会有头没尾，"东一榔头，西一棒子"。最后，对任何工作都没有热情。

如果你认为工作是一种负担，更不要说如何实现人生价值了。为什么有人坐不住呢？原因是他们没有保持良好的心态，对自己、对工作缺乏全面的思考和了解。做什么，什么时候做，要达到什么样的目标，如何实现目标等，他们都不知道。所以，他们只是盲目地重复，即使花了很多时间，也看不到效果。事实上，世界上许多失败者在生活中并没有重大的过失，但由于他们有太多的弱点，总是半途而废，在遭遇不幸时不求上进。他们没有坚强的意志，没有持久的忍耐力，没有大胆果敢的决断力，这是他们处于失败境地的根本原因。如果这些人深思熟虑，找到一个具体的目标，做出决定并持之以恒，他们的未来仍然是光明的。

一个成功的人应该这样做：别人放弃，你坚持；别人后退，你前进；即使眼前一片黑暗，自己仍然要努力前行。优柔寡断让他们走向失败，不是因为他们缺乏能力和热情，而是因为他们缺乏毅力，缺乏坚持不懈的精神。他们往往是有始无终、虎头蛇尾。他们往往怀疑自己的目标，在行动上总是犹豫不决。例如，他们得到一份职业并对之充满热情，但做到一半却又感觉做另一件事情更有前途。他们有时自信，有时沮丧。

这些人可能在短期内取得一些成果,但从长期来看,他们最终是输家。在这个世界上,优柔寡断的人很难取得真正的成功。

当涉及问题处理时,我们必须事先仔细分析和思考,对问题和环境作出正确的评估,然后作出决定;一旦你作了一个决定,就不能再对决定产生怀疑,不管别人说什么,只要尽力去做就行了。有些人最终没有成功,不是因为他们没有能力干出一番事业,而是因为他们糟糕的决策过程。他们似乎没有自主的能力,非得依赖他人。即使他们遇到了一些琐碎的事情,也要四处征求别人的意见,自己却毫无头绪,直到最后他们都不知道该怎么办。成功者必须迅速做出决定并抓住机会。一旦他们清楚地审视了事情并制订了周密的计划,他们将不再犹豫,而且勇往直前。

年轻人最好是选择适合自己的职业,集中精力,努力工作,全力以赴,而不是把精力花在许多无关紧要的事情上,这样肯定会取得优异的成绩。如果你想成为一个令人敬佩的人,你必须把思想从混乱中解放出来。如果你想在某一方面取得巨大成就,就应该勇敢地拿起剪刀,彻底"剪断"所有琐碎、平凡和不确定的欲望。我们在做一些重要的事情之前,即使是目前有些许成绩的其他事情,也必须忍痛断舍离,把所有的精力都集中在一点上。假以时日,你会惊讶——我的事业居然可以如此成功!你要记住,事业的障碍现在就要摧毁它。如何才能做到这一点?答案是:依靠信念的力量。

你的潜意识和意识必须一致。潜意识只接受你相信的东西,所以,你真的应该在潜意识中"植入"成功而不是失败的概念。你可以用以下方法克服头脑中的对立想法,并经常肯定地重复:"没有什么我做不到的。"你应该不断重复:"我的销售额每天都会增加,我的事业在发展,我的成绩每天都会增加。"你的潜意识会产生你想要的思想。

　　仅有成功的渴望是不够的，只是每天幻想目标和愿望实现后的美好，然后喜悦地等待机会的出现，最后目标自动实现，这是不切实际的幻想，是不可能实现的。行动永远都是最重要的，没有实际的行动，只能待在空想的状态，就算手里拿着一份世界上最了不起的计划，也将是一事无成。比如，一张地图，无论它绘制得多么详细，比例尺有多么精密，它都不能带着你在地面上移动一寸。只能自己迈开脚步，去见识真实的风景。再如，一本教人成功的书，就算读上一百遍，也不可能赚回一分钱。只有脚踏实地，才能使幻想和计划变成一股鲜活的、强大的力量。

　　现实生活中，我们并没有理解如何成功的法则，更没有按照它的指引去奋斗，反而时常思虑过度，自信不足，以致原本触手可及的成功与自己失之交臂。这个观念就像数学上的定律，只有遵从它，它才会给你带来正确的结果。可见，你现在为什么失败，并不是你的能力有限，而是你还停留在成功的想象中。在你漫长的观望和等待中，所有的努力和渴望都会付诸东流，而机会也始终不会登门。

3.4　恐惧销讲的九大原因

　　一般来说，演讲时恐惧的主要原因有以下九点。

原因一：不自信

　　不自信是恐惧演讲的首要原因，几乎是所有恐惧的根源。不自信源于对自我的不认可。当不认可自己的能力时，就会失去当众演讲的自信。时间长了，会不断为自己的"不行"寻找证据，然后加重自己的不自信。是什么原因导致的不自信呢？根据心理学家的研究，大多数人的不自信是从童年开始形成。如果幼年时没有建立足够的成功经验，尤其是当众讲话的经验，就会把当众沉默的习惯带到成年。我们从小就被教导：要安静，多做事、少讲话。尤其在大庭广众之下，为了不打扰别人，父母常常勒令我们：保持安静，不要讲话，不要打扰别人，久而久之，保持缄默就成了习惯。这时再让我们当众讲话，我们会觉得困难。因此我们成年之后，会对当众讲话毫无自信，乃至感到恐惧。

原因二：无经验

经验的缺乏是恐惧当众演讲的第二大原因。没有经验，意味着我们面对的是全新的领域。"恐惧往往源于未知和不确定"。尤其是第一次登台演讲的人，没有演讲经验，演讲的结果是未知的，当然会感到焦虑和恐惧。如果你有了足够的经验，并且进行过专业的演说训练，你会发现：当众演讲并不困难，只要付出努力就能做到；它也不是一种痛苦，而是一种享受。

原因三：失败的经历

一项关于演讲恐惧的调查显示，人们对当众演讲的恐惧，70％都受到了过去失败经历的影响。这种失败的经历可能是过去演讲时的一些不愉快的经历，比如，自己演讲过程中被哄笑，或者演讲之后被当众羞辱。又如，在公司会议上，自己把想法说了出来，却被老板当众否定，甚至指责等。这种尴尬，相信所有人都不愿意再经历第二次。因此一想到过去，我们就会对当众演讲充满了恐惧和焦虑。

原因四：放不下

放不下的原因可能是我们害怕出丑，害怕自己得不到良好的评价。害怕出丑是每个人都会有的心态，剧作家萧伯纳也承认自己曾经非常害怕在演讲中出丑，但是后来他克服了这一点。他说："这跟我练习溜冰时的方法一样，我固执地练习，在这个过程中拼命地出丑，直到我完全适应。我就不再出丑了。"还有些人，除了害怕出丑之外，还担心自己得不到良好的评价。这种对评价过度的焦虑，导致当事人在演讲时更加紧张，担心别人给自己的评价太低。是什么原因导致我们十分害怕别人对自己的低评价呢？对评价感到焦虑的人，往往是自己在某些方面没有足够的信心，有自卑感，比如，担心自己长相不好看，声音不好听等。对于他们来说，当众演讲等同于要将自卑的方面展现给公众，所以对此会感到十分焦虑。很明显，我们放下自己，坚持训练，是对抗这种恐惧的最好办法。

原因五：准备不充分

我们对演讲内容准备的充分程度也会影响恐惧的程度。如果演讲前的准备不够充分，那么上台演讲时，心里就会担心，影响自己的发挥。除了演讲内容的准备，还有演讲前的准备：经常会有演讲者在演讲即将开始时才匆忙地到达会场，呼吸还没有恢复正常的水平就开始了演讲。因为赶时间而匆忙到演讲会场，对于时间的焦虑还没有得到缓解，这种焦虑很快就会转移到演讲过程中，在焦虑的作用下演讲者就很容易犯错。此外，演讲者对场地的不熟悉，也会加重恐惧。这一切的解决办法只有一个：充分准备，提前到场。

原因六：完美主义

恐惧也可能来自追求完美。完美主义者通常对自己要求非常苛刻，对自己的表现要求非常高，想要周围所有人都能欣赏自己的演讲，这演讲才算是成功。比如，很多孩子从小会被家长教育只有满分才是好的，99 分是不够的。一个人在这种完美主义的心态下，自然会对自己的演讲感到焦虑和恐惧。我也常常追求完美，因为我相信所有的事情都是没有最好，只有"更好"。但是对演讲而言，追求完美反而可能是一个缺陷，它会使你对演讲的内容过度地关注，任何一个微小的错误都可能使演讲受影响。其实我们大可不必如此。最好的永远是下一次，过度关注眼前的，只会错失表现自己的良机。

原因七：听众人数

演讲者所要面对的听众人数也会影响心态。你面对 10 个人和面对 1 000 个人演讲，产生的焦虑明显是不一样的。因为面对人数多的时候，更担心在演讲的时候出现失误，演讲者就会感到更紧张。一般来说，人越多，越容易紧张。不过也有些人看到人少会感到失望，那就不属于恐惧演讲的范畴了。此外，听众对演讲主题观点的看法也会影响演讲者的心态。如果提前知道听众的看法与你演讲的观点一致，那么演讲起来就会非常有信心。如果你所面对的听众和你持相反的观点，演讲时面对被怀疑的眼神，肯定会感觉非常紧张。

原因八：陌生的听众

对听众的熟悉程度也会影响演讲时的心态！如果面对台下的听众，你已经演讲过很多次了，那么你在他们面前再演讲时，会感觉很轻松。这是因为：台下的听众不是第一次听你演讲，所以他们了解你，他们对你的看法不会因为这一次演讲而发生太大变化。即使今天演讲出现失误，台下的听众仍会认为你是一个优秀的演讲家。今天的失误只是一个意外，他们不会拿这次意外来否定你。相反，如果台下都是陌生听众，演讲者就会对自己的表现十分在意。

原因九：有"高人"

如果自己演讲的听众身份都是比较重要的，比如，企业老板、面试官等，很多人就会感到紧张。即使一些经常在公众场合演讲的人，在面对专家、学者演讲也会感到惶恐。而如果听众换为初中学生就没有什么顾虑了，至少焦虑感会大大降低。

3.5　如何快速改变信念

如何快速改变信念？我个人的实践，能充分证实吸引力法则的有效。过去的十年时间里，我定下的所有目标都是靠吸引力法则来实现的。《秘密》这本书详细介绍了这个法则。简单来说，就是指当一个人思想集中在某一领域的时候，跟这个领域相关的人、事、物就会被它吸引而来。

《秘密》这本书阐述的"吸引力法则"基本原理是这样的：人类所有的思维活动，都会产生某种特定的频率，而这种频率好比蝙蝠用来探路的超声波，它会吸引同样的频率，引发共振，从而将我们思维活动中所涉及的任何事物吸引到我们的面前。

鲍勃·普罗克特先生分享的一句话，他说："只要你能在这里看到它，你就能在这里得到它。"反过来说，就是："假如我没有得到它，是因为我没有在大脑当中看到它。"每个人的目标和梦想都是先浮现在大脑里，你要先看到那个画面。当你看到的那个画面，运用秘密吸引力法则，创造的吸引磁场、能量、机会、资源出现在你的生命中时，这些助力有一天会把你想象的画面变成现实。

因为只有我看到了、听到了、感受到了，我才会跟它共振。我能看到那个场景，我能闻到那个味道，我能体会到那种感受。我能跟它产生共振，我的磁场会被它吸引，我的磁场会受它影响。当我内在的磁场被影响了，外在的就会自动被我影响。

3.6　用销讲改变团队的信念、改变客户的信念

销讲可以让迷茫的人产生坚定的信念，因此，销讲也可以让那些对企业怀有迷茫之心的客户对企业产生依赖。也就是说，销讲可以改变客户的信念，进一步让客户选择某家企业、某种品牌、某个产品。而企业利用销讲改变客户的信念，可以从削弱客户原有的信念和转移客户信念的焦点出发，让客户成为企业忠诚的拥护者。

如何用销讲去改变客户的信念？

第一，通过销讲的手段削弱客户原有的信念。这也是改变客户信念的方法之一，不一定非要推翻客户之前的信念。对于销售人员来说，当遇到对品牌和产品不够满意的客户时，很多人都会在第一时间想改变客户的信念。实际上，人的信念并没有那么容易被改变，除非我们能够用现实中真实可靠的证据来证明客户原有的信念是错误的。否则在一般情况下，很少有客户会在与销售人员短暂的谈论中彻底颠覆自己的信念。但是我们可以先削弱客户原有的信念，举个简单的例子，只要能够击中客户信念中最脆弱的部分，就能够在一定程度上动摇客户原有的信念。

第二，转移客户信念的焦点。转移客户信念的焦点同样也是改变客户信念的方法之一。销讲转移客户信念焦点的模式有两种：第一种就是彻底颠覆客户的信念，让客户完全接受演讲者的信念；第二种就是通过转移客户的关注点来间接转移客户的信念。我们先来看第一个，彻底颠覆客户的信念。这是多数职业销讲者惯用的模式。因为职业销讲者积累了足够的资料和经验，并且在长期演说过程中使自己的信念系统强大到能够颠覆客户的信念。对于销讲者来说，他们的客户就是台下的听众，他们的工作就是颠覆这些听众的信念。那

些善于销售的企业家，同样也可以达到这样的效果。比如，乔布斯就成功地通过 iPhone 发布会上的消息，彻底颠覆了手机使用者对手机的定义，竟然为智能手机快速开辟了全新的市场。第二种，转移客户的关注点。对于普通的销售人员来说，想要彻底颠覆客户的信念，可能需要消耗大量的时间和精力，甚至最后得到的成果还会远远低于颠覆信念所花费的成本。所以，客户对品牌或者产品产生怀疑的时候，就可以通过销讲逐渐将客户的注意力从质疑点转移到品牌和产品的优势之上。这是一种适用于任何企业的销售模式，因此企业家在与客户、合作者进行商谈的时候都可以利用这种方式。虽然转移客户的关注点没有彻底颠覆客户关注点的效果明显，但是也能够在一定程度上间接地削弱客户质疑，并给销讲者提供一个将自身信念输出给客户的机会。

第三，不要与客户的信念产生正面冲突。客户没有为你掏钱，是你给客户掏钱的理由还不够充分。无论是商务客户原有的销讲，还是转移客户的焦点，所有的销讲者一定要注意一个问题，不要与客户原有的信念产生正面冲突。比如，当客户说我喜欢某产品的时候，聪明的销讲者一定不会说某产品不好，某产品不适合你这类话，而是会从另一个角度入手，间接地将客户喜欢的产品和自己的产品进行比较，突出自己产品的优势，进而从侧面改变客户的信念。信念都是经过长期发展建立起来的，销讲者绝对不能因为急于求成而与客户的信念产生正面冲突。在冲突的情况下，销讲者根本无法改变客户的信念，甚至会让客户对自己产生厌倦的情绪。企业的发展离不开客户，无论是销讲家、企业家，还是普通的销售人员，都要把客户的感受放在第一位。只要我们不是去正面敲击客户心中原有的信念，而是从尊重客户的感受出发，从侧面找到客户内心的薄弱点，用温柔的方式让客户发现自己的错误，才能够成功地改变客户的信念。

【本篇附录】世界销售冠军不会告诉你的锦囊

我们要成为顶级销售者,需要通过无数次的练习与实践。就像运动员一样,在篮球场上的表现,绝大多数取决于平时在训练场上流过的汗水。任何一次成功都是有准备的成功;任何一次演讲的成功也是有准备的成功;任何一次销售的成功更是有准备的成功。凡事预则立,不预则废。我们做销售去达成交易,要做很多准备,而成交的那一刻,则是顺其自然的结果。

1. 形象上的准备

成交金额与形象价值成正相关。不是你穿得好就是好形象,而是你和你要销售的产品带给客户的感受。核心是你的形象跟你所销售的产品要保持一致性。

2. 状态上的准备

销售是信心的传递,能量的转移。高能量影响低能量,高状态影响低状态。因此,只有你的状态好,才能影响别人。如果自己穷困潦倒,看上去病怏怏的,根本没办法影响别人。

3. 专业知识的准备

你只有成为专家,才能成为赢家。销售、沟通、谈判,都要求我们对自己的专业知识非常了解。有一定消费能力的客户,一般都会找专业的销售人员来为他服务。为什么?原因是,这些人,尤其是自己打拼创造价值财富的人,眼光独特,非常有探究精神和怀疑精神。如果你对他的问题回答不上来,或者回答得不专业,那你一定搞不定他,也不可能成交。这种专业包括了有效的自我介绍,熟悉的专业知识以及收集客户信息的能力。

4. 客户见证的准备

客户见证通常来讲是打动客户的关键。客户看到那么多的优秀成功案例，脑海里会构想自己的样子。很多销售人员之所以没有办法影响到眼前的客户，是因为大脑当中没有一个客户服务档案表，没有一个客户见证的系统。只靠语言是苍白无力的，客户需要鲜活的案例、图片、视频、真人故事等。根据客户类型，销售人员需要准备足够多的客户见证，不同的见证吸引不同类型的人。

销讲者手上客户见证的档案太少，类型不够丰富，这会大大降低成交率。成交不同的客户，需要准备不同的见证案例：讲孩子的见证就成交有孩子的客户，讲夫妻的见证就成交有夫妻关系的客户，讲成功的见证吸引想要投资的人……人们常说，顶尖高手都是讲故事的高手，高手大脑当中有一整套见证的案例库，他用这套案例库就可以讲足够多的故事。故事讲完了，成交也就达成了。

5. 成交方案的准备

客户聊完最后的结果就是成交或者没成交。销售人员一定要提前准备好成交结构方案，要给客户详细描绘成交后的蓝图，而且要非常有针对性。大多数相对复杂的销售基本都不会一次性就成交，除非销售人员跟客户已经非常熟悉，又有一定的信任基础。那么，我们在销售成交的环节，要能够及时给客户提供个性化的方案。

最重要的是要明确客户的真正需求，只有能够找到客户真正的需求才能够成功。比如，冰箱这种常见的物品，满足了客户冷藏、冷冻食品的需求。但是这个需求，凡是制作冰箱的企业都能满足。如果你的产品能够满足其中需要更大冷冻室的客户，就是满足了这些客户最真实的需求。因此我们需要满足不同客户的个性化、细分化的需求，提供客户心里最想要的那个产品。久而久之,企业和产品就形成了客户忠诚度。

6. 广泛知识的准备

专业性知识是用来成交客户的,广泛性知识是用来交朋友的。只有交流,才能交易。销讲者搞清楚客户的兴趣点是继续沟通的关键,也是成为朋友的前提。对客户的兴趣,你不一定要很精通,但要略有所闻,略有了解,跟他能搭上话,聊到共同语言,成为朋友,卖东西就容易了。

卖产品是最初级,也是最简单的。让客户喜欢你,才是最重要的。而这些广泛性知识是你交朋友的关键,做朋友当然先要聊得来。我们要不断地提升自己的广泛性知识,以便打动对方。

获取广泛知识最方便和节约的方式就是多阅读。长期阅读的积累不仅让你博闻广识,还可以潜移默化地改变你的气质。客户会觉得和你交流如沐春风,自然愿意跟你交朋友。

7. 工具上的准备

准确来说,工具就是本产品的样品,包括虚拟产品的展示等。比如,你销售健康有机产品,那么你家里用的,平时吃的,办公室里放的都要有各种样品,而且你平时也会吃、也会用。

第**2**篇　　人性的密码

第4章

把握人的六大需求

人的六大需求理论是一切成交的基础。这一理论贯穿整本书，充分理解这六大需求且融会贯通，会使你对人性、世界和社会的认知更上一层楼。下面我详细阐述这六大需求，怎么理解、怎么运用；同时以我自身经历，讲述我是如何运用这六大需求从一个销售小白变成世界销售冠军，又是如何运用这六大需求来改变自己和家庭以及整个事业的发展的。

4.1　人有哪六大需求

销售职位在任何企业都是重中之重。办企业,首先就是能在激烈的市场竞争中活下来,实现盈利。作为公司的销售,想要突破收入瓶颈,与企业实现盈利是一个道理。这最关键的一个步骤,就是成交。销售者需要把话说出去,把钱收回来。

我们办企业也好,做销售也好,哪怕是只扮演一个家庭角色,都存在一种成交因素。如果没有成交,就不会有任何结果。毕竟社会生活的主要呈现形式还是交换,我们常常说"成交为王",就是对此现象的一个总结。你购买了某种商品,厂家和销售成交了你。你接受了一个人的观念,给你输送观点的人成交了你。哪怕是婚姻关系,某种程度上都可以看作是成交,只是这个成交关系复杂,周期非常长而已。

既然成交那么重要,那成交的秘诀是什么呢? 如何才能高效成交呢? 多年实践总结,我找到了通关密码:人的六大需求。所有的销售,都是基于某个产品、服务或者项目是否能够满足他人的需求。如果满足了需求,它就有持续发展的力量;没有满足需求,这段关系就会中断。

这些需求总结起来就是如下六种。

第一个叫确定性;

第二个叫多样性;

第三个叫重要性;

第四个叫爱与连接;

第五个叫成长;

第六个叫贡献。

这六大需求到底能有多大作用? 根据调查,你只要能满足对方两个需求,对方会跟你成为朋友;满足对方三个需求,对方会跟你成为伴侣;满足对方四个需求,对方会跟你成为生死之交。如果一个人或一件事、一个产品,能够满足他人的五到六个需求,对方就会把灵魂交给你。凡是一个组织能够做大的,都是因为这个组织的文化满足了六大需求。凡是一个人做一件事情上了瘾,是因为这件事情满足了他的六大需求。

微信就是满足人们六大需求的典型代表。微信已经成为当今社会人们最离不开的一个工具,通信、交流、支付、读书、学习、销售、游戏、娱乐、体育、教育无所不在,无所不用。微信可以拉近人与人之间的距离,可以满足人的六大需求,让你慢慢对它上瘾,除了睡觉,一天到晚都离不开它。

4.2　六大需求打造顶尖的销售机制

一个公司的销售机制,表层的销售管理机制,其实都是依赖销售的底层逻辑。这个底层逻辑十分重要,有的公司销售差,其实是这个底层逻辑出了问题,一直在内耗,甚至是在破坏,不能增长,更不会创新。

1. 销售的前提——产品要好

作为公司,最基本的,也是销售的前提——产品要好。

不管是实体产品,还是虚拟产品,只有当你看到这个产品,自己都想买的时候,即建立在好产品的基础上,你的销售方案才能做得更好。

大疆无人机就是非常好的例证。从精灵 Phantom1 到"御"MavicAir,在如此短的时间,大疆用事实证明,只要坚定不移地追求创新,无人机技术可以达到曾经似乎遥不可及的高度。从消费级无人机到专业级别的经纬 Matrice 200 系列,大疆成功地从消费级市场拓展到专业级市场,并在两个领域都占据了领先地位。凭借这一决心,大疆让世界见证了他们的产品越来越小巧、技术越来越安全、使用越来越人性化、价格越来越便宜的进阶之路。

2. 销售方案的制定要满足客户的六大需求

销售方案的制定,是否能满足客户的六大需求,到底能够满足他们的哪些需求,销售人员一定要做到心里有数。

举个例子:一个 C 端产品,优质是满足了确定性;当时购买送赠品,满足了多样性;本次购买,会有名师来服务,客户感觉跟以前的课程不一样,满足了重要性。客户有可能是首购,也有可能是复购,不同的类型要有不同的销售方案。

限时、限量、限优惠,就是让顾客感觉到产品既能满足确定性,又能满足多样性,还能满足重要性。除此之外,销售者要把握每一次与客户爱与连接的机会,要有一颗奉献的心。怎么做? 我再举个例子,销售人员服务时要多用亲切语气,称呼更有人情味,而不是冷冰冰的机器人用语。

3. 好的渠道是销售方案扩大的关键

好的渠道是销售方案扩大的关键。好的渠道方案和执行力,对销售是事半功倍的。

渠道方案的建立有三种典型类型:自建渠道、借渠道和抢渠道。一条好的渠道就是一条好的销售通路。产品卖得不够多,卖得不够好,是因为通路不好或者是太少。

(1)自建渠道

销售人员如何自建渠道? 自建渠道的核心在于产品好,分配机制牛。建立分配机制有两个关键因素,第一个关键是找到会建渠道的人,第二个是让自己成为会建渠道的人。渠道方案的建立可以分板块设计，比如，销售方案、招商方案、加盟方案等。在不断调整中，让渠道活下来，这是关键。

（2）借渠道

销售人员如何借渠道？就是把竞争对手的渠道变成自己的渠道，这是最快的方法。因为你想要的人，市场上都有了，你的任务就是如何让这些人跟你干。这可以用"刘邦创业"理解。自建渠道是建自己的团队；收服韩信，把项羽的部队拉到自己的阵营，属于借渠道。

（3）抢渠道

抢渠道，就是直接把别人的人抢过来。抢过来，你就要给他创造后路，让他觉得只有跟着你干，才有希望。简单来讲，就是你能够给他带去别人无法带给他的价值，让他愿意跟着你干。市场竞争非常残酷，蛋糕就那么大，只有比别人更快占领市场，才有机会。这里又需要重提六大需求，你想要他人重新选择道路，跟着你走，看你能满足他六大需求中的多少条。

我们提到的确定性也好，多样性也好，重要性也好，都有度的不同。农村级就是农村级的确定性；世界级就是世界级的确定性；顶尖高手有顶尖高手的标准。你说服不了人，吸引不了人，是因为没有满足别人的需求。一旦满足他人需求，他人会自动找上门。只要你懂得满足他人的六大需求，任何交易都可以达成。销售的达成最终还是要落到成交上。成交来自两部分：左手要有成交的信念；右手要有成交的沟通技巧。

第5章

确定性、多样性与
重要性

六大需求中,最基础也是最重要的需求是确定性。人对确定性的追求其实就是对安全感的追求,这是最基本的需求。马斯洛需求层次理论表明,人类的生理需求和安全感需求是生存的基本需求,其他的需求都基于此。

5.1　满足确定性是根本

1.确定性是最重要的需求

任何成交,首先要解决的就是确定性和安全感的问题,先让人感觉到安全可靠,安心放心。食品首先要做到食品安全;服装首先要做到质量过关……

我们再深挖一层,其实就是信任感。不管是客户关系,还是其他的社会关系,凡事都要建立在信任的基础上。以夫妻关系为例,男女双方大多数情况下是在信任的基础上结合的,一旦有第三方介入,那么这段婚姻关系就会出现危机,结果不得不离婚。原因就是夫妻关系的忠诚是信任,如果忠诚这个关系没有了,对方就感觉到被伤害了。确定性一旦被破坏,关系就面临着瓦解。信任感的建立非常难,但是信任感的坍塌非常容易。比如,封建社会宦官专政时,宦官会时不时地给皇上吹耳边风,让忠良将士丢失了性命。

销售跟客户的关系也是一样,首先要把确定性建立好,让客户对你形成"靠谱儿"的印象。这是最低成本的关系维护,其实也是做人的最低成本。所以确定性是维护一件事情、一层关系的根本,一旦这个基本需求被破坏了,关系就会瓦解。再如,很多人没有办法跟自己的孩子产生好的连接。孩子有心事,不跟父母聊,不是因为他不想聊,是因为他从父母身上没有得到确定性的满足。孩子本来是想从父母那儿得到安慰,是想找父母来依靠的,结果换来的是唠叨和说教,甚至是责骂。父母表现出不理解他,不在乎他,不重视他,他也就不愿意去敞开心扉了。因此,人和人之间能建立良好关系都是基于信任,也就是基于确定性。

2. 确定性的建立与毁坏

在传统文化中,我们常常被告诫切忌以貌取人。然而,实践证明,在社交初期,大多数人还是从外表来判断一个人的,这就是人们常说的第一印象。良好的第一印象常常包括了穿着得体,气质得当,谈吐恰到好处等。职场中初来乍到的新人,需要给他人留下深刻的记忆,第一印象非常重要。

当年我刚来上海的时候,虽然生活拮据,住的是平房,但是我每天上班去见客户时,都会把自己的"行头"搞得有板有眼。我在穿戴上很舍得投入,因为它必须有震慑力。因此,我常常建议年轻人,虽然在穿戴上不需要铺张浪费,但是一定要投资,穿着得体。这是为了满足大多数人对你的认知,建立一个良好的印象,让每一个人都感觉到你是一个专业的人,确定性的第一次建立就在此刻。

不仅如此,接下来的每一次见面都是在这一次确定性上的累加。我们不仅仅要在第一次确定性上下功夫,更要在持续满足确定性上下功夫。如果你仅仅只满足"以貌取人"的第一次,结果后面的确定性又破坏了,则不会有交易的。因此,确定性是一个持续累积的过程。确定性只要累积到一定阶段,品牌就建立起来了,这就是品牌效应。品牌就是有绝对确定性,顾客听到就愿意买的信任感。

我用一个商业的逻辑再进一步解释这个事。当一个品牌做到大家都认同时,有些企业会选择上市。上市就是给客户,给员工带去安全感。品牌程度越高,它的信赖感就越强,顾客做决定的速度就越快。这就是为什么我们必须要把诚信看得比生命更重要,因为确定性不是增加就是减少,不是变好就是变差。信用一旦坍塌,若想重建,比新建时难上千百倍。

确定性的破坏速度有多快? 一瞬间。我们用千万次的付出,用劳动、金钱、时间搭建的这个信任感,可能在一瞬间就坍塌了。企业用明星代言、品牌连接、拍摄宣传片、做广告、流量引进都是为了建立确定性,但是这一切很可能因一念之差就毁于一旦:三鹿奶粉的三聚氰胺事件,使得所有的广告、所有的慈善、所有的付出都没用了。因为信用被破坏了,形象从里到外都坍塌了。最近,频频有一些公众人物形象坍塌很能说明这一点。安全感体现在所有行为中。人们对他人产生可靠的印象是一个持续的过程,确定性的建立是一个持续的过程,但是毁坏却是瞬间发生的,就像多米诺骨牌,建立一个排列很难,但是要推到它,就是几秒钟的事情,所以一个人一定要非常重视自己的信用,要用生命的力量来珍惜别人对你的信赖。

5.2　满足人的需求多样性是占领市场的关键

大家都吃过海底捞火锅,它的味道真的独特到非它不可的程度吗?没有。大家去吃海底捞,多是因为它的服务与众不同。我们去海底捞排队等位,可以在门口折纸鹤,可以在门口打牌,可以在旁边做美甲,生日有人给你唱歌、跳舞……服务上真的有一种宾至如归的感觉。虽然大家都想学它的服务,但是没有哪个店学会了。这中间有一个诀窍,就是对人的需求多样性的满足。

满足顾客多样性需求是给他人带去不一样的感觉,在确定性的基础上提供更多选择,慢慢客户也就会产生依赖心理了。因为大多数的人,一旦建立信任关系,而且在可以满足多种需求的情况下,不会再耗时间去重新选择,除非你无法满足他新的需求。

满足顾客多样性需求的另外一个原因更是显而易见,就是人的贪婪。大多数人都是欲求不满的,总是追求更好更多更新的,因此,市场就随之而来。当你的产品可以满足他们更好更多更新的需求时,你自然就更加有优势。奢侈品就是多样性满足的典型代表。

包、鞋、手表,确定性非常明显,就是功能质量;但是不确定性决定了它们中有的就是奢侈品,有的就是路摊货。LV、爱马仕、Gucci 等,是买 LOGO,核心是为了那个 LOGO 亮出来,让别人知道。大家买手表也一样,不仅仅 LOGO 很重要,而且不一样的手表,花样还不一样,有的可以潜水,有的可以陀螺仪校准,有的是全镶钻,满足了顾客非常多的选择。星巴克也不是只卖咖啡,肯德基也不是只卖炸鸡,麦当劳也不是只卖汉堡。这些品牌都是在满足确定性的基础上,又满足了多样性。所有产品要满足多样性,不能只有一个功能,一个选择。

购物中心的飞速转型是多样性满足的典型代表。20 世纪 90 年代和 21 世纪初的购物中心需求满足相对是单一的,后来慢慢地开始转型做综合体,现在的购物中心简直是一个小世界。在消费升级的"新常态"下,购物中心需要以更快速的业态迭代、更新奇的业态组合,贴近当下消费主力军的多元化生活方式和个性化情感诉求,才能吸引人们去消费。比如,购物中心会设计很多场景布局,拍照背景、沉浸式空间等。一个好的购物空间正是满足了多样性的需求,在环境优良,产品有保证的情况下,人们更愿意选择这样的购物场所。

5.3 满足重要性是使业绩翻倍的秘诀

重要性这个需求,是承上启下的关键点。满足了确定性和多样性需求以后,基本需求其实已经满足得差不多了,这两点是普遍的需求。而重要性这个需求就是完全能体现特殊性的一个需求。很多商品和服务都在这一点上下功夫,做了重要的布局。比如,飞机、高铁设计的商务舱、头等舱;机场设计的贵宾候机室;美容店里的贵宾服务;大型奢侈品商店,一次只接待一个顾客等。一旦认可了这个观念,为了获得重要性,有经济实力的人可能会为它买单。

目前,市场的发展趋势慢慢倾向于该需求,尤其是服务行业,人们常常说的"满足客户的个性化需求",其实就是满足这个需求。每个人都是独一无二的,但是我们在设计产品时,还是会分类别来设计的,绝对不会无穷尽地做产品设计来满足每一个人的需求。就像彩妆设计,一般也是分人种、脸型、肤色、场景等来设计,绝不可能根据每一个客户来量身打造,除非是专门做这个市场的公司。因此,销售人员为了体现顾客的重要性,其实往往是在销售沟通技巧和服务上做文章,而不是在产品本身努力。

那么,如何满足客户对重要性的需求呢?这里我们要学习一种观念:收人收心。人们会为了重要性买单,多会出现在市场交易中。但是当一些事情并不是钱能够解决的时候,就需要学会如何通过体现顾客的重要性来收人收心。

《三国演义》在七十八回"赵云长坂坡救主,刘备手滑摔孩子"中写道:"刘备接子,掷之于地"后"赵云抱起阿斗"。这事儿说的是当年赵子龙在曹营中出生入死数进数出,险些丢了性命,这才救出了幼主阿斗。可是,刘备从赵子龙手中接过阿斗,反而勃然大怒,将亲生儿子掷之于地,曰:"为你这乳子,几乎损我一员大将。"赵子龙见此举动,立刻被感动得涕泪涟涟,连忙抱起阿斗,拜倒刘备面前说:"赵子龙就是肝脑涂地也不能报主公的知遇之恩啊!"当然,后世人认为刘备此举动,并不是出于真心,只不过想收买赵子龙及所有将士的心,让他们更加为自己卖命而已。刘备真心与否,我们不去讨论,值得我们学习的是刘备对人性的准确把握。

从刘备这一举动中,赵子龙充分感受到了自己的重要性。刘备也做到了收人收心。我们说话做事,要让对方感受到他很重要,他的利益比你的利益重要得多。再如,求婚的时候,男人会对女人说什么?肯定不会说,嫁给我,咱们能过就过,不能过就算了。那她一定不会嫁,因为没有确定性。男人求婚一般会构建出美好未来的画面:嫁给我吧,我会让你成为这个世界上最幸福的女人。这样求婚成功率就高了许多。这里就体现出了特殊性和重要性。其实就算在确定性上并没有彻底满足,如果在重要性上感觉良好,女人大多数情况下也会嫁给他。

第6章

爱与连接、成长和贡献

　　第四种需求是爱与连接。当一个人能够用爱的力量连接到更多人的时候,这个人一定会成为一个有力量、有作为的人。

　　第五种需求是成长。一个人要想成功,不是要研究如何成功,而是要研究如何成长。成长性需求是决定一个人有没有办法保持活力的关键。

　　第六种需求是贡献。贡献是一种利他的想法。我们多分享智慧启迪他人,自己也会从中收益。一个人之所以会累,是因为他自己不热爱做这件事情,他没觉得做这件事情是在贡献,而是觉得做这件事情是在索取。因为他在索取,所以他没有力量。

6.1　爱与连接长久关系的秘诀

我们大多数时候在与他人连接的时候，都没有用心和用爱，对方感受到的多是推销、说服，并没有感受到关心，这就导致很难成交。

1. 爱与连接成为生死之交

我们做销售也需要去体会爱的力量并实践。销售是你走进对方的世界，带着对方走到你的世界。所以你要先了解他，聆听他，愿意跟他一起互动，能够感受到他的快乐，感受到他的痛苦，能够重视他，在乎他，用这份爱和他产生连接。道理非常通俗，对方感受到爱，他就愿意与你成交；对方如果没有感受到爱，他只感受到你想收他的钱，他就不愿意与你成交。那么，如何让对方感受到爱呢？聆听。

一个顶尖的演说家，他的演讲不是讲他所讲，而是讲别人想听的，通过演讲第一时间跟对方产生连接，让观众感受到爱，最终才能取得满意的效果。

你可以用很多方式去与对方连接，通过他最近买的书，知道他关注的领域；通过他的朋友圈，知道他的生活工作倾向；通过和他聊天，你能够知道他的需求在哪里……他讲的每句话，都在给你释放，他的需求在哪里。当你能够懂听他的话，你就能够知道，如何满足他的需求。

2. 如何应用爱与连接成交大客户

你想要成交一个大客户，想让他变成你的客户，那最好的方法就是你先变成他的客户。因为你变成他的客户，他的需求也被你满足了，你们更加有合作的基础。前段时间有人卖我一份 200 万元的保险，我是3A 级顾客，也知道大概有多少元的提成。于是我问他，你有小孩吗？

你要不要加入我的团队中,让你的孩子上我的超级演说家的课?如果你是那个卖保险的,即使不需要这个课,你买不买?我相信你应该会好好考虑的。

任何人做任何事情,当你想要从别人身上得到东西的时候,你得先付出。这是一个非常重要的成功特质:舍得,也就是懂得付出。爱与连接的背后,是强烈的关系感。如果对方感受到了你对他释放出来的善意,而且被深深地感动了,你们就会产生一定的关系。我们来到这个世界上,除了固定的血缘关系,剩下的都是社会关系。一个人处理社会关系的能力,能充分反映他的社会化程度。我们都喜欢周边的社会关系都对自己有益,让自己感觉舒服。但是这种情况是极少的,我们为了要创造更好的条件,最重要不是从别人身上找方法,而是要从自己身上找原因。创造更好环境的前提是,你自己是一个靠谱儿且有益于他人的人。

银行存钱有两种方法,一种叫定存,一种叫活期。定存的利息比较高。定存没有到期时取出来会损失一大笔钱。同理,大的订单需要长期付出。没有大订单的原因,是你的付出还不够,所以你的回报会很低。我们想要收到大订单就要有零存整取的概念。典型的做法就是你要多想着对方,有好东西多分享给对方。简单来说,没有关心,就不会有关系;没有关系,也不需要你关心。先关心,才有关系。

因此,我们往往要学会如何产生关系,没关系也要想办法变成有关系;实在没关系,就强行发生关系。我们想要与对方结成牢固的关系,关键是底层思维方式要改变。顶尖的高手找老师是为老师做事,找朋友是成就朋友,找兄弟是支持兄弟。这样子你才会有真老师、真朋友、真兄弟。否则你只是说兄弟的话,做跟兄弟无关的事。零存整取,我们不能付出一次就要求回报。你付出多少,直接决定了他回馈你多少。我们要让对方感受到爱,跟他产生连接,产生连接就是要建立关系。这种关系是需要持续的、长久的维护,即使付出没有回报。

人际关系"银行",需要长期存钱,累积到一定程度就会产生回报;同样,如果一直取钱而不存钱,那就会透支,等到某天真正需要帮助的时候,才发现身边一个朋友也没有;从来不存钱,不和人来往,也不可取。你会发现借钱也借不到,卖东西也卖不掉,原因是你过去就没有存过钱,你的人际关系存折上面的数字是零,甚至还是负数。

如何向人际关系"银行"存钱,不同的阶段有不同的做法:有钱有有钱的做法,没钱有没钱的做法;没钱的时候要用你的真诚,要用真心让对方感受到。对方会看到你的付出,高手难道不知道你没钱或者不知道你付出了什么吗? 你没钱都懂得捧他的场,他觉得要支持你,成就你。

一个人、一件事或一个产品,能够满足别人的五六个需求,对方就会深深地上瘾,甚至把灵魂都交给你。前四个需求偏向物质层面的,后两个需求偏向精神层面的。

6.2 关于成长

很多人都喜欢谈论如何成功。成功永远是一步步脚踏实地走出来的,只有当你的才华配得起你的位置时,才不会翻车。这就是我们说的德要配位。杨绛说:"你的问题在于,读书不多,但是想得太多。"现在人最大的特点就是好思虑,想得太多。但是我不客气地说,几乎所有的思虑都源于读书少,专业技能差。

1. 追求终身成长

当你在成长时,就会充满活力,因为你对未来有信心。你的迷茫从何而来? 想得多,做得少,停止了成长。一个人要长成参天大树,需要持续地浇灌和向上生长。客户就是浇灌你的肥料和阳光,只要你保持一颗谦虚向上的心,客户就会觉得和你一起成长是非常有价值的,投资你也是值得的。

范仲淹年少求学时,家庭十分贫困,日子过得很艰苦。为了节省粮食,他每天晚上煮一盆糙米稀饭,等第二天冻成凝膏以后划成四块儿,然后一餐吃两块儿,早上两块儿,晚上两块儿,这就是"划粥"。没有菜,他就用腌菜下饭,这就是"断齑"。在这种条件下,他依然坚持专心念书。这就是"断齑划粥"典故的由来。

成长的需求也是从人性出发的。人都是向往更美好的生活,满足人对未来的期许,也就满足了成长的需求。当人们在你身上可以看到未来,那他一定会为你投资,因为你同样会给他丰厚的回报。绝大多数的父母永远都愿意为他们子女投资,因为子女就是他们的希望。

杨澜曾说,一个人可以不成功,但是不能不成长。我一直把这句话作为我的座右铭。人的一生是成长与精进自己的过程。成功是讲究一定的运气与火候的,但是在运气与火候未达成的时候,我们唯一能做的就是成长。具有成长思维的人会认真对待手头的每件事,这种思维给我们最大的影响,是以全局与系统的方式看待每件事。

他们相信人生没有白走的路。一个事情即使没有结果,或者失败了,仍可以从这件事上去精进自身。他们不会懈怠手头的任何工作,而是相信每件事都能帮助自身实现目标。

当我们拥有成长型思维的时候,不会轻易否定自己,而是相信自己伴随每次的改进所带来的成长。这种内心的定力是成长最需要的力量。

当你相信自己每天都在成长的时候,量变就会引起质变。无论你的心态,还是思维都会更有掌控度,因为你相信自己能够主宰自己的人生。

具备成长型思维的人,虽然知道结果很重要,但是在结果到来之前,会更加注重过程。这就避免了浮躁,让我们专注自己所做的事情,从而更高效地解决问题。

人的一生是见自己,见天地,见众人的过程。成长型思维,会帮助我们看到更大的视野与格局,给我们带来更广阔的天地。这样的人生路上,你才会遇到心想事成的自己。

2. 保持空杯心态

在古代,有一个人深受佛法的熏陶。他听说十里八乡有一个寺庙很有名,里面住着一位老禅师,德高望重,就去拜见。

老禅师的弟子招待了他。他非常傲慢自大,自以为是:"我对佛学有很高的造诣。你多大年纪当学徒?"

后来,老禅师很恭敬地招待了他,给他沏茶。

然而,禅师为他倒水时,杯子已经满了,但老禅师还没有停下来,不停地倒,直到杯子里的水溢出来。

他问老禅师:"师父,杯子满了,你为什么还要倒?"

禅师说:"是的,既然已经满了,为什么要倒呢?"

禅师的话很有意义。

既然你认为自己已经受过良好的教育,为什么还要来这里寻求建议呢? 这就是"空杯心态"的故事。

一杯满满的水是很难接受新事物的,所以你必须首先清空心中的"杯子",彻底清空过去的辉煌成就。只有当你清空你的心,你才能从外部吸收能量,获得更大的成功。

功夫巨星李小龙对这句话非常推崇:"清空你的杯子,方能再行注满,空无以求全"。不管我们是学本领、做学问,还是工作,都应当保持"空杯心态",善于一切归零,消除自满情绪,积极融入新环境,以清空过去的态度处理新事物和新工作。国画大师李可染晚年仍被称为"白发学童"。他尽管过尽千帆,但仍要保持孩子气的好奇心、求知欲和敬畏心,以"空杯心态"对待每一天、每一件事。对我们来说,最重要的是要有一个好的态度。如果你想学到更多,你必须把自己想象成一个空杯子,而不是骄傲自满。

有一句名言:"没有远见的地方,人就会灭亡。"如果你想获得真知灼见,你必须继续学习和进步。

骄傲自满使我们目光短浅,满足现状。懈怠使我们闭门造车,失去良机。

如果一个人想跟上时代发展的步伐,面对环境的各种变化,他必须随时根据要求和情况进行改变。要改变,我们必须有一种空杯心态。

有了空杯心态,我们就可以随时对自己拥有的知识和能力进行重新梳理和调整。删掉过时的知识,填充新鲜的知识,我们要为新能力的进入留出足够的空间,让自己的知识与能力永远都是最新的。

6.3　贡献是价值的最终体现

有人曾经问德鲁克:"我怎样才能成功?"

德鲁克说:"当你问这个问题时,意味着你不会成功。你应该问我能贡献什么吗? 当你问我如何才能成功时,你的注意力是你自己;当你问我能贡献什么时,你关心的是外界,结果来自外界。当有人需要你时,当你对别人有价值时,你就是在做贡献。"

如果一个人只会努力工作,只会强调自己唯一的权力,那么无论他对自己的头衔和职位多么自豪,他都只是一名员工。相反,如果他考虑到贡献并对工作结果负责,无论他的地位有多低,他的工作都符合"最高管理层"的实际含义。他应该是一名"高级管理人才",因为他可以对整个组织的运营绩效负责。

人们一说到对贡献的重视,说到它毫不利己专门利人的人生态度,就会听到跑偏的声音:

为什么? 值得吗?

经营者当然希望员工作出贡献! 我没有那么高的境界!

为什么呢? 我来说一说。

每个组织必须有三个主要方面的业绩:直接成果、价值实现和人才的未来发展。企业的直接结果是销售和利润。价值的实现是指经济优势和品牌效益。例如,企业应该为社会提供最好的商品和服务。人才的未来发展可以确保公司有接班人。如果一个组织只能维持今天的成果而忽视明天的,它将失去适应性,在不断变化的明天无法生存。人们承认责任和利益是平等的。你希望获得什么样的利益就要承担什么责任。就管理者的有效性而言,关键是要注意贡献。

我们对贡献的评估不同于对勤奋的评估。勤奋的员工可能并没有多大成果,而这与效率几乎没有关系。贡献者则不同,他服务于组织绩效的目标,贡献就是效率的代表。勤奋只是形式,贡献就是内容。没有贡献的勤劳是无用的。

我们对贡献的评估,不同于对权利的评估。权力是占有和控制。领导不是控制,而是激发,释放被领导者的激情和智慧。当然,领导者注重权利的结果是没有效益的。此外,任何权利的索取只是在有限范围内的乞讨。不管职位有多高,这些人都只能最大限度地从属于别人。德鲁克说:"一个欣赏贡献并对结果负责的人,应该被视为高级管理人才,即使他处于较低的职位,因为他可以对整个组织的运营绩效负责。"一个懂得贡献的人,才是真正的管理者。

我们对贡献的评估不同于对优势的评估。一个人的长处是不同于别人的天赋、技能、智力和知识。这很有可能是一个资本,但不是效果。

德鲁克在《卓有成效的管理者》一书中，有一句振聋发聩的名言："有才能的人往往是最低效的人，因为他们没有意识到才能本身不是结果。"人们只有在贡献中才能充分发挥优势，也就是说，长处只有在贡献出成果时才叫有效性。

当我们问自己能贡献什么时，我们应该在这三个方面努力。结果在组织之外，这三个方面的贡献将从外部获得结果。当然，你将从你的贡献中得到你应该得到的，你为实现组织绩效目标所做的贡献将产生良好的结果。另一点需要我们注意的是，只有组织，才会谈论贡献。这个组织是让普通人做不平凡的事情。每个人的贡献都能成就组织的事业。如果每个人都只重视索取，组织将不可避免地解体。

【本篇附录】成交流程（一）

运气式：有了强大的内在，不怕没有客户

运气式是指的一种心态，是让我们改变一种思维方式，把心态调整好了，状态自然就会出来。众所周知，练功的人首先要运气，气到了，就有力了。销售也是一样，要懂得运气，调整好心态。我们得先运好气，再试图说服别人。

遇强变强，遇弱变弱，敢于对抗，创造斗志

和动物在自然环境中一样，人类也会根据环境的不同来改变自己的生存状态。我们生活和工作的人际圈就是主要的社会环境。环境的好坏一定会影响个人的状态好坏，就像变色龙一样，环境会决定你展现出的特质。当你跟一群伤心的人在一起，莫名其妙你就伤心了；当你跟一群积极的人在一起，你也就积极了。因为环境改变了你的心理状态，从而改变了你的行为模式。如果你还没有能力去改变环境，影响他人，那很可能就会被环境改变。因此，我们想要变强，就要自动选择积极有利的环境。

有一个很有意思的现象，一个公司第一名的团队往往比第二名到第十名的总和业绩还要多。后来人们发现，因为第一名的团队人人都想拿第一名，才会产生这种结果。你去任何一家公司，要去找在这家公司混得好的人聊天。如果你找消极的人聊天，没聊两天，你就不想干了。

做任何行业、任何项目、任何公司，你想要混得好，永远要把眼光看向混得好的人。就像游泳，不会游泳的人换游泳池还是不会游泳。他到哪里都在研究游泳池够不够好，不反思是不是自己的游泳水平不好。顶尖的高手都在问，如何把业绩做好。不管做任何行业，市场再不景气，也有人景气；市场生意再不好，也有人做好。很多人都想成为百万、千万、亿万富翁，并不是市场不好，是你的圈子不对，你的状态不对；状

态不好,原因是你进入的环境不好。你要想办法去靠近结果好的人,让他用好的结果影响你。

你想培养什么样的团队,自己就先改变起来。团队氛围都基于这个团队领导人,整个公司的发展取决于公司的高层释放出来特质。因此,我们要赶快远离负面,靠近正面;远离消极,靠近积极;远离倒数,靠近前列;遇强则强,遇弱则弱。由此我们也可以推导出另外一个道理,要看对东西,听对东西,吃对东西。你看什么书、听什么课、交什么朋友会决定你的未来;吃什么东西更决定你的未来,因为它直接作用于你的健康。子曰:"非礼勿视,非礼勿听,非礼勿言,非礼勿动。"其实讲的就是这一道理。

"近朱者赤,近墨者黑"一语源自晋·傅玄《太子少傅箴》,全句是:"故近朱者赤,近墨者黑;声和则响清,形正则影直。"不言自明,它就是告诫世人,接近好人使人学好,而接近坏人则容易使人变坏;要见贤思齐,见不贤而内自省。一个人周围的环境如同一个大染缸,不知不觉就会被身边的人同化。所以人要追求充满正气的环境。修心重德的环境教化人严于律己,谨言慎行,不断进步;而一个道德败坏的环境则使人弄虚作假,正邪不分,充满了消极观念。

人要成才也是这样,受到周围环境的影响很大。1979年诺贝尔物理奖获得者温伯格曾说过,他可以获此殊荣是因为他所在的学校有一种人才共生效应。原来,和他同届的学者中,十几人都是美国著名的物理学家。他说,那时候他们的物理老师教学方式很自由,鼓励他们积极思考,作业也不多,给他们充分的余地做实验。学校还有科幻俱乐部,他们都是俱乐部的活跃分子。恩格斯说过:"人创造环境,同样,环境也创造人。"充分说明了环境育人的重要性。

我们要不要多研究一些失败的案例?失败的案例一定要研究,但同时你也要多看成功的案例,你也要多跟成功的人在一起。你要多倾听公司成功的人,他的建议、他的经验、他的分享,才能让你进步。天天看公司倒闭的案例,你也不一定能把你的公司做成功。

第3篇 台上一分钟台下十年功

第7章

信息采集：摸清到场听众的基本情况

在演讲时，听众首先感受到的是你跟他的情绪是不是在一个频道上。你要快速地走进他的情绪中，并带着他走进你的情绪中，把他的情绪同化。只有当听众的情绪跟着你走，你才有办法。如果你见过谈判专家劝服对象的话就会明白这个道理。谈判专家一上来都是先理解对方的情绪，一定是站在对方的角度帮他想问题，然后可找出对方的需求和弱点，最终解除危机。

7.1 演说解密：破解受众接收铁三角

我们一上台演讲，首先是站在观众的角度，观众要听什么？而不是站在自己的角度，把我准备的讲给你听。我之所以能够准备好，是我先想好了，观众想听什么，想要什么结果，想学到什么……我们掌握破解受众接收铁三角的方法就很重要了。

第一角——逻辑：一切演讲的基础

所有伟大的演说家，无论是招商的、发表训练的，还是打造团队的，都有一套演讲逻辑。这套逻辑就像扣衣服的扣子一样，扣子如果扣歪了，这个衣服就歪了。电话号码的顺序只要拨错了，结果就打错了。所有说话的流程和逻辑只要没理顺，我们讲出来的东西就是意义甚小的，对方收到的内容就是断章取义的。逻辑非常重要，当你自己没把逻辑闭环想清楚时，就不要开口。因为此时一开口就是漏洞，开口就是错。我建议你先画一张逻辑思维导图，把逻辑理清楚再去填充演讲的内容。

听众的逻辑：说话有说话的逻辑，听话有听话的逻辑。任何人跟你一见面，坐在你面前，只要你开口说话，他就在想：你是谁？你要讲什么？你讲的跟我有什么关系？我为什么要相信你？我为什么按照你说的去做？我为什么现在要去做？这六个问题只要没回答完，顾客都不会做，甚至持反对意见。

演说家的逻辑：第一个问题，讲清楚"我是谁"。如果你 3 分钟内没把这个问题讲明白，听众就不会买你的账了。90% 的人都在研究后面的内容，却没把我是谁这件事情搞明白。你搞不明白我是谁，后面的内容就不用讲了，搞明白了我是谁，后面的问题就好讲了。如果你不搞清楚这个问题，比尔·盖茨如果在路边走，你觉得他是个糟老头；巴菲特在路边走，你觉得他也是糟老头。因此你要先让别人知道你是谁,这是最重要的问题。

接下来,第二个问题,"我要讲什么";第三个问题,"我讲的跟你有什么关系";第四个问题,"你为什么要相信我说的";第五个问题,"你为什么按照我说的去做";第六个问题,"你为什么现在就要去做"。

你把以上几个问题梳理清楚,也就能把演讲内容整体的逻辑梳理清楚。

第二角——价值：内容的核心

在演讲的时候,听众从头到尾,都在捕捉有价值的信息,也就是我们常说的干货。为什么你说的话不中听,为什么你说的话打动不了他?是因为你在沟通交流中没有为他创造价值,没给他提供他想要的价值,所以他捕捉不到这个价值点,他就不想听你的演讲。相反,如果你的演讲可以满足他的价值点,那么他就会跟着你的思路往下听,听到最激动的时候,最有共鸣的时候,他就会成交!

所有沟通的核心是为彼此创造价值。只要你说的话没有价值,就是没有帮助到别人。演说要帮助别人,分享要帮助别人,交流要帮助别人。有价值的未必能赚钱,价值可以是开心、快乐、幸福、感动、感恩等。价值就是他想要的,他觉得有收获的,哪怕他收获的完全用不到,他觉得至少提升了他的认知,也是有价值的。

第三角——气质：影响能量场和运气

有些人一出现,他传递出来的气质就是混得不好;有些人一出现,他传递出来的气质就是成功人士;有些人一出现,就让别人感觉不靠谱;有些人一出现,就让别人觉得可信。他还没说话就把气质传递出来了,被别人打分了。

气质一直在影响你的能量场。人要好好培养自己的气质,不管是从穿着，还是从谈吐，从头到尾都在传递这份气质。你要对得起你的这份气质，你要训练这种气质，把这份气质持续地烙印在别人心里。因为气质决定印象，印象一旦形成就很难改变了。

7.2 摸清听众类型/年龄/到场目的等

会销中，了解听众的基本情况，从营销的角度讲就是对客户信息数据的采集，内容包括听众的学历、工作、收入水平、消费水平、决策能力等。其目的是通过对听众的了解和系统分析，有针对性地运用会销技巧。

1. 摸清听众的基本信息

听众的基本信息可分为描述类信息和行为类信息。下面我们对这两类信息做一个初步的了解。

所谓描述类信息，是指能够说明一个客户基本属性的信息，包括客户的性别、年龄、联系方式、住址、家庭人数、工作等。这些信息是表现客户属性的静态数据，大多数信息都比较容易采集。但有一部分信息会涉及客户隐私，比如，客户的住所、收入等，这些信息比较难采集。对于客户描述类的信息，最主要的就是要准确。经常有一些会销机构，第一次将产品卖给客户之后，再次邀请却发现电话号码是错误的或者无法接通。这是因为会销人员在采集客户描述类信息的时候没有进行有效的验证，导致信息的失效。

所谓行为类信息，是指客户的消费习惯、爱好、性格、生活方式、消费水平等。从这些信息中，我们可以分析出客户的潜在需求。对客户爱好来说，有的客户喜欢户外运动，有的客户喜欢看书，有的客户喜欢收藏名人字画等。如果你的会销产品与这些信息有交集，那么，说明客户有购买你的产品的潜力。

下面是一个会销客户的基本情况，以这个为例，我们对听众的基本情况做进一步的分析。

李先生，一家人居住在郑州，现年 49 岁，大专学历，国企职工，每月基本工资 4 200 元，收入稳定，福利待遇相对不错，每年有 15 000 元的奖金。家庭成员有三人，有一个儿子 28 岁未婚。李先生性格外向，但有时会比较冲动，平时喜欢旅游，在家庭中具有一定的话语权。

这是一个较为完整的听众信息，描述类信息和行为类信息都比较齐全，在会销中具有相当大的借鉴作用。比如，李先生在家中具有一定的话语权，也就是说他的决策能力比较强，在向其推荐产品的过程中不会出现与家人或他人商量后再做决定的情况。此外，只要我们的产品能够让李先生满意，他就会当场做出购买决定。再如，由于客户的收入不低，每月工资有 4 200 元，每年还有 15 000 元的奖金，说明他的经济情况较好，购买能力较强，不会因为缺钱而放弃自己喜欢的产品。

2. 影响会销效果的信息

客户基本情况包含的因素较多。有些对会销产生直接的作用，影响客户是否购买会销产品；有些因素对会销的影响不大。

影响会销效果的主要因素有以下几个方面。

学历：通常情况下，一个客户的学历越高，他的综合素质越高，理解能力越强，当然，辨别事情真伪的能力也会越强。对于高学历的听众，我们要言简意赅地表述，侧重于数据说明；对于低学历的听众，重视会销气氛，以及听众对产品的认可满意度。

消费水平：消费水平代表着一个听众的购买能力。一方面是指他的收入，另一方面是指他的消费习惯。对于会销来说，后者往往大于前者，因为一个冲动型的消费者，如果能够让其满意，即使收入较低，他也会花钱去购买。

决策能力：也就是说在其满意你的产品的情况下，是否能够现场拍板购买。拿一个家庭来说，有的妻子决策能力强，有的丈夫决策能力强。如果对方决策能力弱，即使我们说得讲得再好，让其百分之百的满意，对方也很难做出购买决定。

3. 如何采集听众的基本信息

作为一名会销讲师，既然听众的基本情况这么重要，那么，该如何采集这些信息呢？

我们可以从以下几点入手。

第一，通过会销主办方采集信息。会销中，主办方对客户的基本情况通常了解得比较多，因为这些听众是他们邀请来的。因此，从主办方那里获得信息最直接，也最容易。

第二，通过现场沟通了解信息。有些会销听众可能是主办方随机组织的，他们也不太了解听众的信息。这时我们可以通过与客户现场的沟通、问答了解信息。

7.3　确定产品的消费主力人群

任何一件产品在设计生产的过程中都有一个清晰的主力消费人群，也就是产品所面对的消费群体。因为每个消费群体的购物习惯和使用商品的习惯都有所不同，只有锁定消费群体，才能设计并生产出适合消费者的产品，才可能有一个好的销量。

产品上市之后，销售员在销售的时候也是如此，明白你销售的产品所面对的消费群体，不但有利于我们快速找到准客户，更有利于我们通过对消费主力人群的研究，运用正确有效的销售方法，提升成交效率。

小刘是某烟草公司的业务员，主要负责某品牌 10 元以下的香烟业务。那么，他如何才能够提升香烟的销售量呢？

首先，他要对消费者进行一个分析，不同的人抽烟的目的是不同的。抽烟的主要有这样三种人：一种是为了自我放松，减轻压力；一种是为了自我表现，这类群体中刚抽烟的人占比较大；一种是社交的需要，比如见面之后敬烟。

其次，通过不同人吸烟的目的，结合自己负责的香烟档次，便可以确定香烟消费主力人群了。他负责的是 10 元以下的香烟，属于中低档次，第二类和第三类人群消费得少，主要是第一类人群消费。在第一类人群中，中低收入的人群才是他的主力消费人群。

通过以上两点的分析，他的推销业务就有了明确的方向，比如，中低档小区、工地附近的超市等，这些地方必然是他销售香烟的主力人群最多的地方。会销更是如此，要高效地说服客户购买产品，同样要明确我们会销产品的消费人群。一方面，方便在邀请客户参加会销时准确地锁定人群，使得参加会销的人群更加有质量，为做出优秀的会销业绩打下基础；另一方面，作为会销讲师，如果能够根据产品特性准确锁定现场的主力消费群体，那么，就可以有针对性地对会场听众推广介绍。

在确定消费主力人群时，可以通过以下几种方法进行操作。

1. 根据产品特性确定

我们要明白产品的主要功能是什么，能够解决消费者什么样的问题，这是确定消费主力人群的前提条件。如果你的会销产品是治疗高血压的保健产品，那么消费主力人群就是患有高血压的老人，或者具有高血压前期症状的人群。如果你的会销产品是家具，那么消费主力人群就是刚刚买了房子还没有装修的人群，或者准备结婚想购买新家具的人群。

我有一个朋友想开一个干洗店，问我开在什么地方好。我问他价格是怎么定的，他说中低档吧。我说："那你开在居民小区里面吧。"他问为什么，我说："因为你的价格中等偏低，最适合小区居民里的家庭主妇。如果你开在闹市或繁华街道，成本太高，没有利润。"他听了我的分析连连点头。就我这位朋友来说，他的干洗店就是他的产品，价格中等偏低就是他产品的特点。根据这一特点，一些家庭主妇必然会非常喜欢，因为价格实惠，所以，他的消费主力人群就是居民小区中的家庭主妇。

2. 通过熟人确定消费主力人群

我们主要是通过与熟人、亲朋好友、同事、邻居等聊天沟通，询问他们是否有对该产品的需求；或者询问他们是否在使用同类产品以及对该产品的看法。比如，你要推广的是保健品，而通过与朋友的沟通得知对方有保养身体的需求，或者在使用同类产品对身体进行保养，那么，他就属于你的产品的消费人群。同时，我们还可以根据年龄、性别、工作性质等因素，大致圈定一个消费人群。

3. 陌生人拜访

这是最常见的一种方式。在会销开始前，通常主办方都会派一些相关人员去寻找消费人群，邀请他们来参加会议。这种方式虽说简单，但耗费精力，操作起来没有目的性，在有其他更好的方法下，建议不要使用此方法。

4. 调查搜索

我们可以通过网络，比如，在会销网进行搜索，在搜索引擎中输入会销产品的功能、名字、特点等关键词，寻找哪些人在使用这些产品或者同类产品，评价如何。最后，再通过对这些数据进行综合分析、分类筛选，确定产品的主力消费人群。

7.4　定位现场显性与潜在客户

会销销售人员在销讲的过程中,应该善于察言观色,通过客户的表情动作判断其当时的心理状态。如果你能有效地做到这一点,就可以把握会场的主动权,找到潜在的客户,就可以取得谈判的主动权,促进销售成功。

客户在谈话或者在会销中,举手投足间表现出来的动作、神态都不同程度地传递着他内心真实的想法。对销售人员而言,这些信息就是销售机会。你能把握得好,就容易顺利达成交易。反之,则很难说服客户。

1. 观察客户的姿势和坐姿

如果顾客懒洋洋地坐在椅子上,手脚放松,这表明顾客相当自信,甚至有点瞧不上谈话的主题。如果顾客习惯坐在椅子边上,这意味着顾客不那么自信,有点害羞。如果客户轻轻地坐下去,这意味着客户心情平静,我们可以与他自由交谈。如果客户双臂交叉,表示客户缺乏自信,有点紧张。如果客户用手指轻轻触摸脖子,则表示客户对我们持怀疑或否定态度。

2. 观察客户的眼睛

从心理学上讲,一个人的眼睛纯粹是属于潜意识行为,不受人控制。因此,眼睛是一个人内心思想最真实的表达。如果客户再和你说话时正视你的眼睛,这意味着他尊重你。如果客户长时间盯着你看,这表明它具有挑衅性的含义。如果客户总是不看你,这意味着他看不起你或对你不感兴趣。如果客户总是对你眨眼,要么是他在撒谎,要么是他对自己说的话不确定。

总而言之,人类的每一种行为都是有原因和目的的。只有了解客户心理,销售人员才能与他有效沟通。但在很多情况下,人们的心理并没有表现出来，这迫使我们需要通过他的外在表现，如表情、姿势和动作，反复了解他的心理活动，即学会察言观色。在实际工作中，察言观色的技巧性很强，这就要求我们不断积累经验。察言观色是一种非语言沟通能力。我们掌握非语言沟通能力等于为自己打开另一种没有障碍的沟通方式。只有销售人员准确地收集客户的语言和行为所提供的信息，并结合当时的具体情况准确地加以解释，才能将这些信息转化为购买力。因此，在会场上，会销员要十分善于察言观色，去判断潜在的客户。

7.5 找出听众中有影响力的那些人作为"首攻"对象

在"人"这个群体中，虽说每个人的观点、看法、思维方式不同，但是，总有一些人影响或引领着其他人的观点、看法，甚至思维。

比如，在时尚界，一些明星的着装总是引导着大多数爱美人士对衣着的选择。某天，一个明星在公众场合穿了一件某款式的裙子，那么，这一年这款裙子就有可能成为时尚品。某年，某位赛车手开了一部某品牌某型号的车，那么，这款车型就有可能成为人们钟爱的车型等。

为什么会出现这种现象呢？原因很简单，因为在社会上，总有那么一些跟风之人，也总有一些具有影响力的人左右着那些跟风之人的思想、行为。这种现象在工作中很常见，比如，在开会的时候，一些在公司有地位有影响力的人提出意见之后，总有一部分人会附和、拍手称赞。这就是有影响的人对那些跟风之人的影响。

试想一下，在会销中，台下那么多的观众，必然会有一些跟风的人，也必然会有一些非常有主见或具有影响力的人。如果我们能够让这些有影响力的人满意，那么，其他人就很容易被说服，会销必然会有一个不错的效果。

也许有人会有这样的疑问，现在的人这么聪明，而且也越来越理智，跟风的人未必有那么多吧？尤其在会销中，每个人都为自己的利益考虑，谁会跟风呢？

其实，在任何时候都会有这样一类人。每个人都有跟风的一面，决定因素在于这个人是不是对某方面，是不是一个很有主见的人。对某领域熟悉的人，即使他没有主见，也不会轻易跟风。对某领域不熟悉的人，即使他有主见，也可能会跟风，因为他不想做出错误的决定。

因此，会销中跟风的人占相当大的比例，只要让那些会场中有影响力的人满意，得到他们的认可，那么，他们的号召力就可以影响其他人。明白了这一点后，我们的主要工作便是在会场中找到那些有影响力的人，然后将他们作为首先"进攻"的对象。

第一，从听众基本信息中预测。我在前面介绍了关于客户的基本信息，以及采集客户基本信息的方法。从这些信息中，我们可以先预测哪些人有可能是具有影响力的人。比如，我们要进行会销的产品是家庭制氧机，从客户的基本信息中发现，有某位听众从事室内空气环境方面的工作，那么他必然对家庭制氧机有一定的了解，他就可能会成为本次会销有影响力的人。如果你发现某位听众是某家大型企业的领导，那么他也可能会成为此次会销有影响力的人。一方面，某些人对大型企业的领导有崇拜心理；另一方面，他习惯了引导他人的意见。因此，可以巧妙地利用客户的基本信息，帮助我们提前预测出哪些听众具有影响力。

第二，从听众的行为举止中分析。讲师在台上讲解的过程中，有些听众会当场提出一些自己的看法或问题，有些听众可能会在下面交头接耳。看似一些简单的行为举止，却体现了一个人是否有主见，是否有影响他人的欲望。在你演讲的过程中，敢于提问，甚至质疑的人，必然有自己的主见，渴望成为有影响力的人。那些在台下交头接耳、默默无闻地听课、有问题有疑问不当面提出的人，有很大一部分是跟风之人，还有一部分是理智淡定之人。对于后面的这两类人，我们可暂且不着急说服。我们首先要"进攻"有主见的这一类人，说服了这类人，就成功了一半。

第三，通过沟通确定。沟通交流是最能够确定对方是何种人的一种方法。比如，你去询问对方对会销产品的意见，如果对方说"还行，我再了解了解""看着不错，挺好的"等类似的话，那么对方可能是在看其他人的反应，准备跟风。如果有多人购买，他可能才会购买。如果对方说"我觉得你这个产品不合适""产品挺好，就是……"等类似的话，说明对方是一个有主见的人，能够影响其他人的想法。那么，这些人就是你首先"进攻"的对象。

7.6　听众对信息的接受是有选择性的

人们倾向于搜索和关注支持他们观点的信息和线索，忽视不能支持他们观点的信息。过滤信息通常很有用，因为它可以减少我们每次必须关注的信息量。但是过滤信息会导致错误的选择，或者让我们缺乏行动。心理学家称这种信息过滤行为为"确认偏误"。

人们倾向于同意支持他们现有信念的信息，收集证据并有选择地记住信息。他们越相信某些观点，确认的偏误效应就越强。那么，如何避免听众在你演讲时过滤信息，使听众以开放的心态接受你的想法呢？如果他们过滤了大量信息，你的观点就没有机会被听到。要阻止听众的"自动过滤"，可采取以下办法。

1. 从听众想听的、相信的想法开始说起

如果你在演讲开始时说了一些听众不同意的观点，他们可能会反感。例如，如果你在演讲开始时谈安卓手机有多好用，观众可能会在演讲开始时对你的演讲失去兴趣。然而，如果你从观众赞同的观点开始分享，比如，赞扬听众的手机有多好，听众就会开始关注你的讲话内容了。

2. 出乎意料

演讲深深扎根于观众心中的一种方式是提供意想不到的信息或经历。

1956 年,美国社会心理学家利昂·费斯廷格写了《当预言破灭时》一书。该书详细阐述了认知失调这个概念,即当一个人面对两种他认为都正确的观点时,他会感到心理不适。例如,如果我认为自己是一个有爱心的人,但我拒绝向慈善机构捐款,我就会有认知失调。这两种观点相互矛盾,由此产生的认知失衡会让人感到不舒服。我可以否认其中一种观点,如我可以否认我是一个有爱心的人,今年没有向慈善机构捐款是正确的;或者改变我的行为来摆脱这种认知失调——我现在可能有兴趣向慈善机构捐款。

我们总结一下,假设听众坚持自己的观点,而且会过滤信息或言论要点。在演讲之前,你对听众了解得越多,你就越能预测被他们过滤的信息。因此,你对将要表达的观点深入研究有助于克服听众的"过滤阶段"。当你向听众介绍一个新观点时,请首先确认他们坚信的一点(例如,"我知道你喜欢哪个牌子的手机"),以便他们感到被理解并愿意听你的演讲。我们需要找到并展示一些令听众惊讶的想法和数据,打破观众的"过滤阶段"。

第8章

动作修炼：巧妙运用体态，无声胜有声

俗话说："好的开始是成功的一半！"作为会销者，如何才能给观众建立起非常好的第一印象呢？如何在演讲前，能瞬间抓住所有观众的焦点呢？这就需要动作修炼——巧妙运用体态，无声胜有声。

8.1　站姿：前进式、稍息式、自然式的应用

站姿是一种必备礼仪，在任何场合都是必要的，更不用说你在观众面前演讲了。下面我给大家介绍我从演讲中学到的一些礼仪站姿，希望对大家有用。

1. 标准

(1)保持脊柱和背部挺直，胸部略微向前和向上。

(2)放松肩膀，重心专注在脚底和足弓。

(3)保持胸部挺直，腹部收紧，气沉丹田。

(4)保持双脚直立，稳定重心。

2. 分类

(1)前进式

这种姿势是演讲者最常用和最灵活的直立姿势。右脚在前面，左脚在后面，脚尖指向前面或略微向外倾斜，两脚的延长线夹角约为 45°，脚跟距约为 15 厘米。这个姿势的重心不是固定的。随着上身前后移动的变化，可分别固定在前跟和后脚上，身体不会长时间不动，不会僵硬而奇怪。此外，前进式可以使手势灵活多变。因为上半身可以前后、左右移动，可以旋转，所以可以保证双手做出不同的姿势，表达不同的情感。

(2)稍息式

一只脚自然站立，另一只脚向前走半步，两脚后跟之间的距离约为 12 厘米，两脚之间形成 75°的夹角。使用这种姿势，表现出的形象比较一致，重心始终落在后脚上。它一般适用于在长期演讲中短期改变姿

势，使身体在短时间内得到放松和休息。它通常不会长时间单独使用，因为它给人一种不严肃的感觉。

（3）自然式

双脚应自然分开，平行，与肩同宽，20厘米左右较好。在演讲中，如果你站在讲台后面，自然会把手放在讲台的两边。否则，你的手自然垂在身体两侧。当然你还可以用手操作媒体、握住题词卡、笔或做手势。不管在任何情况下，你都不应该把手放在裤兜里或不自然地交叉双臂。

8.2　手势：运用抒情、指示、模拟、习惯手势

在演讲中，自然而稳定的手势可以帮助演讲者冷静地解释问题；尖锐而有力的手势可以帮助演讲者升华自己的感情；稳定而含蓄的手势可以帮助演讲者展示自己的内心。以下是我在演讲中会常使用的手势心得体会，希望对你有所帮助。

1. 指示手势

该手势用于表示特定的具体真实形象，可分为实指和虚指。实指——演讲者的手势指的是在场的人、事或方向，并且在观众目所能及的范围内。例如，"我"或"你"，"这里"或"向上"，"这些"或"这个"等。虚指——手势指的是演讲者和观众看不见的东西。例如，"很久以前""在遥远的地方"。指示手势相对清晰，没有情感色彩，更容易操作。

2. 模拟手势

演讲者用手势来描述形式对象的特点、形状等，特点是"追求神似，而非形似"。例如，双手捧着梨，可以用虚拟手势，做成一个大球形，来

表达人们的真实感受。模拟手势包含了大量的信息，升华了情感，具有一定的夸张性。

3. 抒情手势

这种手势在演讲中最常用。例如，当你兴奋时，会拍手称快；当你生气时，紧握拳头；当你不耐烦时，搓手；当你果断时，猛地砍下。抒情的手势是一种具有强烈抽象情感的手势。

4. 习惯手势

每位演讲者都有一些只有他自己才有的惯用手势，而且这些手势的含义并不明确和固定，反映了不同内容和含义。

演讲时手势自然最好，要避免做作；注意协调，避免脱节；注意简化，避免杂乱；注意变化，避免僵化。最重要的是你要考虑全局，切忌前紧后松或前松后紧。

8.3　表情：眼睛、眉毛、嘴唇、面部肌肉的应用与训练

面部表情包括丰富而敏感的面部肌肉、眼睛、眉毛和嘴唇。这些部位的每一个细微变化都是为了表达说话人的思想和内心变化。例如，快乐、悲伤、担忧、等待、怀疑、满足、钦佩等。下面是一些我在演讲中使用的面部表情技巧，希望你可以借鉴。

1. 面部表情在演讲中的重要性

在身体语言中，面部表情和手势一样是最具表现力的。它是人们内心思想感情的外在表现。正如法国作家和社会活动家罗曼·罗兰所说："面部表情是一种已经成功培养了许多世纪的语言，它比嘴里说的

语言复杂数千倍。"专家演讲者总是充分利用面部表情和温暖的双手来表达丰富的思想感情，吸引、影响和感染观众。

达尔文在《人与动物的表情》一书中强调，"现代人的表情和动作是从人类祖先那里继承下来的，因此人类的原始表情具有全人类的特征。"这种人类表达方式已经成为交际过程中最重要的媒介之一。它具有最为敏感的共同特征，展现出内心世界的各种复杂变化。像快乐、悲伤、痛苦、恐惧、愤怒、失望、担忧、怀疑、不满、骄傲等，思想和情感可以充分反映在面部表情中。"喜怒形于色"就是这个意思。这种"色"是由面部表情和眼神决定的。

法国作家雨果说："他脸上的神情永远是他内心的反映。"经常观看演讲的人都有这样的经历：当我们坐在房间里观看演讲者的演讲时，他一上台，我们首先感受到的是他的整体形象，自然的风度，优雅的气质、大方的步伐、得体的衣着等。在一个接一个的比较和审视之后，演讲者的形象定格在了我们的心中。但是慢慢听得入神之后，我们的眼睛会聚焦在演讲者脸上。这并不是因为演讲者有一张美丽迷人的脸庞，而是因为脸是情感的"晴雨表"，观众可以从中了解演讲者的情感世界。

谈到罗斯福总统的演讲，美国著名教育家戴尔·卡内基说，他的整个身体就像一台表达感情的机器，脸上充满了动人的感情。这使他的演讲更加有力、勇敢和积极。当代著名理论演说家邵绍义在演讲时，面部表情丰富多彩，能表达出复杂的思想。

有些演讲者不善于使用面部表情。无论内容如何变化，无论感情如何起伏，他始终是一种表情，好像面部表情与思想感情的变化没有一点关系。这不仅会给观众一种无聊和麻木的感觉，还会影响演讲者的思想感情的表达。

2. 常见的表情

演讲者在演讲中微笑与平和是脸部表情的核心。脸部表情运用时要适时、适事、适情、适度,切忌呆滞麻木、情不由衷、晦涩不明与矫揉造作。

3. 运用表情调节气氛

演讲者演讲时,不要因为过于紧张而把自己的脸变成一张没有表情的扑克脸。自然的面部表情可以提供另一个有效沟通的渠道。一般来说,面部表情的变化先于并预测气氛或情绪的变化。与不加区别地使用"但更严重的是……"这句话相比,演讲者用皱眉惆怅的表情取代这句话,效果会更好。你不必面对镜子练习微笑、怪笑等——你所要做的就是在正常表情的基础上略带一点夸张。你不必担心,后排的观众无法察觉到这种密切接触时可能出现的细微面部变化。

微笑在所有文化中都有相同的含义。绝大多数演讲者没有充分利用或是滥用这一强有力的工具。龇牙咧嘴的傻笑比扑克脸更糟糕。在悲伤或严肃的场合,微笑也是不合适的。然而,你要坚定你的信念,记得真诚地微笑。这是建立和谐友好关系的最简单方式之一,它可以展示你的良好意图,让你和你的观众感到舒适。

8.4 其他动作:上身动作、腿部动作等的运用

对于一位演讲者来说,一个好的站立姿势不仅能反映你的气质和修养,还能显示你的言谈状态。一般来说,当我们站在舞台上时,男士应该看起来挺拔舒展,而女士应该看起来亭亭玉立。因此,站立时要保持抬头挺胸,切忌弯腰驼背,或者把重心偏向某一边,给人一种松垮懒

散的感觉。男士可以自然站立，双腿分开，两脚之间的距离大约是两拳，脚紧紧抓住地面，让自己看起来很稳定。女士可以"丁"字步站立，也可双腿并拢站立，或者双腿分开一点，但距离不超过一个拳头，看起来自然、大方、优雅。如果演讲者想坐下来发表演讲，对坐姿的要求是美感必须高于舒适。演讲者最好坐椅子的三分之一处，保持上半身直立，或者稍微向前倾。不管是男士，还是女士，都应该注意双腿的姿势，不要盘腿或过于随意。女士若为裙装，裙子的长度在膝盖处更好；如果不到膝盖，可以双腿并拢或稍稍倾斜到一边。男人的腿可以稍微分开，双脚自然踩地即可。

总之，每个人都有自己独特的美。无论你是站着，还是坐着，演讲都将反映您的修养和气质。我们常说，一个人在舞台上的形象，是他个人日常习惯的放大。例如，有些人喜欢做一些小动作，当他们在舞台上时，他们的小动作会更加明显；有些人喜欢边走边说话，所以他们在舞台上会无意识地来回走动。这些都是很不适宜的习惯。

因此，训练演讲礼仪最有效的方法是真正体验登台演讲，把它录下来，反复观看。每一位演讲者都是逐渐从青涩走向成熟的，每一位优秀的演讲者都是逐渐从不断地练习和纠错中脱颖而出的。如果你想在演讲台上大放异彩，请从现在开始认真练习！

第9章

声音魅力：用语调、语气增强你的表达力

生活中，的确有些人说话含糊，吐字无力，而为了纠正这个毛病，又用力过猛，从"含糊"走向另一个极端——说话硬邦邦的，说的人和听的人都感觉吃力，不舒服。如何说话才能做到吐字清晰、声音饱满呢？如何养成字正腔圆的好习惯呢？口腔是人类语音形成的最后一个制造场。口腔控制对吐字归音、字正腔圆起着关键性作用。

9.1　语音修炼：吐字清晰、读音准确的训练方法

不同于英语、法语、俄语等语言，汉语是一字一音节。这样一来，每一个音节承载的信息量大于其他语言。因此，汉语对吐字清晰度的要求，要高于其他语言。汉语的优势在于元音响亮，使得我们说话声音敞亮。但是，元音响亮也容易导致前面不响亮的辅音黯然失色。这就要求吐字必须注意开头的辅音的力度，避免"吃字"（发辅音时发得不清晰，听起来像是少了一些音节）现象。

明代魏良辅说："曲有三绝，字清为一绝"。"字清"不仅指吐字要清晰，还要字音清扬，也就是要优美动听。我们说话时由于受到不够响亮的辅音影响，一旦唇舌无力，就容易"吃字"。我们要美化声音，达到"字音清扬，吐字颗粒饱满，光泽晶莹，如珠如流之美"，这就要纠正以下四大症状。

症状一：说话"吃字"

原因：唇齿相离，唇和舌的力量不集中，那么发音就没有力量，造成有些音节听起来像丢失的感觉。

方法一：唇的力量集中到唇中央三分之一，注意展唇（口张开成"一"字状，保持唇齿相依），不拢唇。我们可通过绕口令快速调动我们的唇舌力度，体验唇齿相依的感觉：一平盆面，烙一平盆饼，饼碰盆，盆碰饼。

方法二：舌的力量主要集中在舌的前后中纵线上，呈收势，练习 ba、da、ga、ka、ha、na。我们通过绕口令练习强化：调到敌岛打特盗，特盗太刁投短刀；当推顶打短刀掉，踏盗得刀盗打倒。

方法三：丢失字头或辅音的"吃字"情况相当普遍。比如，"中央台报

道的"（zhōngyāngtáibàodàode）成了"装台报道的"（zhuāngtáibàodàode），"谢亚芳"（xièyàfāng）成了"夏芳"（xiàfāng）。"皮袄"（pí, ǎo）听起来就像"飘"（piāo），音节粘连，"吃字"就会更严重。解决方法是：我们在零声母音节，如"ao"前加一个类似于"呃"的喉塞音——声带先有意识收紧，然后突然松开，气流冲出而发出的零辅音，瞬间让舌头变得有力，字音清晰。这样字音不粘连，说话清晰，防止"吃字"。

我们基于以上动作反复练习以下词组：皮袄（pí, ǎo）、高傲（gāoào）、暮霭（mùǎi）、平安（píngān）、彼岸（bǐ, àn）、小阿炳（xiǎoābǐng）。

症状二：说话声音刻板

原因：问题在于"叼字"过紧，即咬字过紧，导致说话声音刻板。如绕口令：大老虎叼着小老虎过山涧，叼得过紧，会把小老虎咬死。

方法："叼字"用巧劲。比如，b、p、m这三个双唇音，我们发音时不要满口用力，而是要"叼住"且弹出，这时双唇力量集中在前三分之一处。我们发b音时切忌双唇用力过猛，裹着双唇，这样声音会刻板生硬。正确的方法是：我们仅双唇内缘接触，叼住弹出。我们可通过反复练习下面的绕口令强化肌肉记忆：八百标兵奔北坡，炮兵并排北边跑；炮兵怕把标兵碰，标兵怕碰炮兵炮。我们要美化声音，首先要叼住字头，弹出瞬间轻捷有力，像弹出弹丸，不拖泥带水，不使拙劲。

症状三：说话听起来"支支吾吾"

原因：我们说话时，元音扁平，不够饱满，立不起，拉不开。

方法一：我们要避免说话支支吾吾，秘诀就在"立"字上，即"吐字如珠，圆润饱满"。具体而言，就是字头让字腹。比如，üan、ian，韵头ü、i与韵腹a的舌位距离近，容易把字腹的音窄化，字音就立不起来，常常把 ian 发得像 in，把 üan 发得像 ün，因为韵头 ü、i 发得太长，抢了韵腹拉开和立起的位置，字音就不准了。比如，"宣传"（xuānchuán）发得像"熏传"（xūnchuán）。字腹立不起来，不但准确度下降，而且没有圆润之美。因此，我们要缩短字头，把空间让给字腹，把字腹的音发长。

方法二：我们在字头轻轻弹出后，讲究声音发出的路线和字音的着力位置。具体而言，在字头轻轻弹出后，吐字时口腔如"枣核形"，口腔里充满气息的感觉，比如，"八宝"的"宝"（bǎo），其中 a 音拉长时，硬腭前部是发音的主要内感区，以此为字音 a 的着力位置，再把声音沿软腭和硬腭的中纵线推进到硬腭前部。这样我们便可以明显改善音色，使声音明亮、集中、不扁不塌，也不会给人支支吾吾的感觉。

方法三：虽然有些字的元音省略，但发音时不可省略。比如，韵母 uei、uen，与声母相拼时一般会省略主元音 e，比如，"开会讨论讨论"的"会"（huì）、"论"（lún），但是，我们发音时不能省略，要恢复并保持主元音 e 的开度，说话不再有含含糊糊、支支吾吾的问题。

主持人说话，快而不乱，秘诀也在此。字腹拉开立起的瞬间，你的语音会让人耳目一新，职场形象也会落落大方。

症状四：说话快得像打机关枪，听起来似敷衍应付

原因：虎头蛇尾，一个完整的字变成了"半截字"，主要问题在于忽略了声音美化的最后一步——归音，导致归音不到位。字尾归音不完整，或者出现半截字，给人以"大撒口"的懈怠、满不在乎之感，传递出说话人相应的形象。从汉语的发音角度分析，我们每一次口腔肌肉的紧张程度增而复减，就形成一个音节。我们发声母时的紧张是突然增强的，紧张的最高点在元音，随后紧张程度逐渐减弱，这个减弱过程正好是发字尾时。如果我们发音时只注重声音的响亮，不注意音节的完整，很容易把这个处于"衰落阶段"的字尾忽略掉，发成了半截字，听起来好

像态度很敷衍。

方法：归音是最后一步。字尾归音要求"到位、弱收"，我们要根据不同的字音，收到不同的部位。比如，"o"做字尾的时候，归音位置实际在"u"上，比如，"晓"（xiǎo）归音到"u"最好。但字尾也不能归得太过，比如，"死"（sǐ）字的尾音，如果我们咬字咬得太死，会显得生硬。所以"到位"是针对不收而言，尾音不收住，就成了半截字；"弱收"是针对强收而言的，若我们尾音收得重而紧，违反了音节发音的生理规律，听起来节奏生硬，语流不畅。字尾归音到位，我们要余气托送，干净利索，趋向鲜明，同时避免收得太急，太硬，影响完整性。不过，我们有极端情绪要表达时，比如，当你愤怒或惊愕时，字尾归音反而可以"急收"。

综上所述，我们要根除以上四种症状，拥有清晰圆润的发音，控制出字、立字，归音是关键。我们吐字归音的总体要求如下：字头：声母或零声母韵母（辅音）——出字，叼住弹出；字腹：韵腹（主要元音）——立字，拉开立起；字尾：韵尾（尾音）——归音到位，弱收。说出的每个字在口腔都形成"枣核形"——以声母的字头位置为起点，韵腹为核心，韵尾为终点，完成一个枣核形，是声音纯正圆润的秘诀。

但是，如果我们片面强调字字吐出如大枣核，必然导致吐字生硬，无法正常交流。好的表达，应该是元音长短不同，即枣核大小变化不一，才能灵动地表达情感。语无定势，音无定法。一般而言，我们表达昂扬的情绪，元音饱满立起，字尾干净收束；而表达柔和抒情色彩，则要将元音拉长，显得悠荡，韵尾弱收，"余音袅袅，不绝于缕"。假以时日练习，我们口中必有功夫。

9.2　音量控制：话音颤抖、音量过高或过低的修正方法

我们想安安静静喝个咖啡很难。电梯里、办公室里、宴席间……随

着社交圈的变化，人们说话时不加控制的音量可能不经意间就冒犯了周围的人。公共场所，音量多大才是可接受？杜威说："凡是强烈的光亮、巨大的声响，都能引起人们的注意。"所谓的"大嗓门"，就是这样一种可以引起注意但同时也降低尊重感的特质。

"意大利人给法国人的印象就是一副大嗓门。"从保加利亚摄影师扬科·萨佛诺夫在《世界偏见地图》里的这番描述来看，音量在传递形象。因此，我们在公众场合讲话，需掌握控制音量的方法，塑造良好的形象。

常见问题：你说话时总是"大嗓门"，怎么办？你一对着话筒说话，总会爆发出强烈的噪声，怎么办？

原因：你的气息力度不稳，话筒距离没有控制好。解决方法：稳定你的气息力度，控制好与话筒的距离，用多层次的音强进行表达。在演讲的舞台上，有的人拿话筒说话，就像拿话筒唱歌，双手举着话筒近乎贴到双唇，"麦霸"一样地释放自己强大的声音，音量失控，令现场观众躁动不安。

同样的力气，经过训练的人说话声音的强度，能很快与环境契合。而没有经过训练的人常常一开口说话就换气，显得力气足，第一句音量就大，而越到句尾声音越弱，造成一开口猛"喷"，每一句话都是开头很"冲"，音量的变化幅度过大，容易给人"粗俗无礼"之感。即便我们是在公众场合做一次激励人心的演讲，也不可以一味加大音量。一味地强，或一味地弱，这种单调的声束，只会削弱我们语言的表现力。

避免上述问题，我们的具体做法如下。

第一，控制好呼吸，气息不要直冲出来，句首蓄气，快吸慢呼，呈抛物线，从口腔送出。

第二，说话重音少而精。重音太多，生硬，气场弱。因此，我们要控制到每句话只有一个重音。

第三，注意使用停顿控制声音节奏，表达思考，宜不疾不徐。

第四，控制话筒距离。我们的嘴离话筒要保持一拳距离，同时避免大声呼吸，以便将大音量带来的噪声降到最低。

有时候，我们不希望自己的声音听起来很友善，为了表明立场，强势的大音量也是需要的。但是大多数时候，人们还是希望自己的声音听起来比较友善。

我见过一个三岁小女孩，她坐在一旁，看一群奶奶一边打牌一边扯着嗓门争论。小女孩轻轻说了一句话："好好玩，不要吵架哦。"小女孩轻轻说话的瞬间，一群奶奶立刻安静了下来，很美好的一幕。

9.3 语速修炼：不同场合、不同情感的语速配合技巧

人们常说"一见钟情"。人们在第一眼看到心爱的人时，便将心交付于他，想必是在视觉上收获了极大的享受和"冲击"吧？因为看进了心里。实际上悦耳的声音也足以让人"一听钟情"。当一个心仪的声音在耳畔响起时，那振动频率仿佛化作一只无形的手撩动着你的心弦。

通过前面的学习，我们已经懂得如何通过协调身体各部位更好地发声和发音了。但我们想要达到让人"一听钟情"的境界，还有一个更为关键的要素，就是声音的情感。一个有温度的声音才是悦耳的灵魂所在。倘若我们的声音里没有"情"，便无法把话真正说进对方心里，也称不上真正的好听。

市面上有许多课程可以从"沟通技巧""运用"等层面教我们如何把话说好，还可以教我们剖析他人、了解他人，从而判断自己该呈现给对方怎样的"内容"。这些都在教我们如何把话说进别人心里，但不少人发现，在实际操作中很难奏效。因为问题或许不仅是"说什么"，还有

"声音表现"上"怎么说"的学问。

同样的一句话，当我们内心的情绪不同时，用了不同的音色、语气、节奏，把重音放在不同的位置，表现的效果是完全不一样的。比如，"你为什么不早点告诉我？"这短短的十个字，我们可以用欣喜的语气问，也可以用难过的语气问，甚至可以带着埋怨的语气去责问，听到的人便会有完全不同的反应。可惜，许多人虽然内心有千百种情绪在翻滚，但声音所传达的情感十分单薄，或表里不一，与内在该有的心境不匹配。因此内容固然重要，但同样的文字内容，我们声音的情绪变化也可以是多种多样的。

我们用哪种情绪是最合适、最贴切的呢？这要根据你当下所处的环境、你的情绪，以及你与对方的关系等来决定。你做对了，对方就能够轻而易举地解读出你话语中所传达的态度和情感，可以大大增加沟通的效率。倘若你的声音表现平淡无奇，甚至是错用了表现方式，轻则对他人没有吸引力，严重的还可能会让对方误解你的意思。这也是为什么同样一件事且采用同样的沟通技巧，有人谈得很好，但有人谈不好的原因之一。

回想一下，我们脑海中那些说话有魅力的人。比如，《朗读者》的制作人兼主持人董卿，她的那种知性优雅、柔和而坚定的声音唤起了很多人对传统文化和真挚情感的追寻与热爱。他们的声音好像有一股神奇的力量，让你振奋、让你感动、让你安神、让你为之痴迷。她在说话的时候不只追求把一个个文字准确无误地送到你的耳边，更讲究把声音与内心感受完美结合，传达出有声文字更深层次的含义，把话说进你的心里。归根结底，她动情且用情了。

如果说科学发声、锻造发声器官是在打磨声音的硬件，使你发出更优质的音色，那么在这一部分中我们将学会如何让声音更好地呈现内心情感，适应当下的环境，更好地表达意图、吸引听众等，这是在优化声音的软件。

9.4　语调修炼：语调轻重、停顿、升降及拖音处理技巧

1. 语调

语调是一种用来表达词组意义和情感的韵律。它由声音的高度、强度和速度决定。不同的语调可以表达不同的情感。文章内容不同，语调也不同。例如，《小溪流的新家》一文的基调欢快活泼，《十里长街送总理》一文的基调深沉哀伤。我们朗读时要注意这其中的差异。

2. 重音

（1）语法重音

在不表达特定思想和感情的情况下，根据语法结构的特点，在句子的某些部分重读，称为语法重音。语法重音的位置是相对固定的。普遍的规律如下：

第一，一般短句子里的谓语常重读；

第二，动词或形容词前的状语常重读；

第三，动词后面由形容词、动词及部分词组充当的补语常重读；

第四，名词前的定语常重读；

第五，有些代词需重读。

如果一句话里成分较多，那么重读也就不止一处。一般规律是，优先重读定语、状语、补语等连带成分。例如：

我们是怎样度过这惊涛骇浪的瞬息！

快把那炉火烧得通红。

要注意的是，语法重音的强度不是很强，只是同语句的其他部分相

比，读得比较重一些罢了。

（2）强调重音

强调重音是指为了吸引听者的注意力而故意强调的音，以表达一种特殊的情感并强调一种特定的意。形象地说，强调重音就是你想画线的部分。强调重音没有固定的规律，而是受到表达环境的影响。内容和情感占主导地位。在同一句话中，不同的强调重音往往表达不同的意思。例如：

我去过上海。（回答"谁去过上海"）

我去过上海。（回答"你去没去过上海"）

我去过上海。（回答"北京、上海等地，你去过哪儿？"）

因此，在朗诵时，首先要认真钻研作品，正确理解作者意图，才能准确地找到强调重音之所在。

3. 停顿

停顿有心理停顿、语法停顿、语调停顿。

（1）生理停顿

生理停顿是指朗读者因为气息需要，做的停顿，根据呼吸的需要，语义的完整性不会受到影响。我们要注意生理停顿时，不要妨碍语义表达，不要分割语法结构。

（2）语法停顿

语法停顿反映了句子中的语法关系，并反映为书面语中的标点符号。一般来说，语法停顿时间的长短大致与标点符号相关。例如，句号、问号、叹号后的停顿比分号、冒号长；分号、冒号后的停顿比逗号长；逗号后的停顿比顿号长；段落之间的停顿则长于句子停顿的时间。

（3）强调停顿

朗读者为了强调某件事并突出某一意义或情感，可以在书面上没有标点、在生理上也没有停顿必要的地方做停顿，或者是停顿较大，停顿多于书面标点的地方。这样的停顿，我们称为强调停顿。强调停顿主要是通过仔细揣摩作品内容并深刻理解其内在含义来判断表达的。

如果我们不仔细揣摩作品而任意作强调停顿，容易产生错误的理解。例如，贺敬之《雷锋之歌》中的一句："来呵！让我们紧紧挽住雷锋的这三条刀伤的手臂吧！"有人在"三条"之后略作停顿，就会给听众造成"三条手臂"的错觉，影响理解的正确性。

4. 语速

语速必须根据文章的内容来确定。在朗读时，叙述或解释说明的内容，使用中等速度；描述、回忆抒情的内容要读得稍慢；表达焦虑和紧张的句子，或表达兴奋和愤怒的句子，通常要读得快；表达严肃、痛苦和沉默内容的句子，通常要读得更慢。

如：

周：梅家的一个年轻小姐，很贤惠，也很规矩。有一天夜里，忽然地投水死了。后来，后来——你知道吗？（慢速。周朴园故作与鲁侍萍闲谈状，以便探听一些情况。）

鲁：这个梅姑娘倒是有一天晚上跳的河，可是不是一个，她手里抱着一个刚生下三天的男孩，听人说她生前是不规矩的。（慢速，侍萍回忆悲痛的往事，又想极力克制怨愤，以免周朴园认出）

鲁：我前几天还见着她！（中速）

周：什么？她就在这儿？此地？（快速，表现周朴园的吃惊与紧张）

鲁：老爷，您想见一见她么？（慢速，鲁故意试探）

周：不，不，不用。（快速，表现周朴园的慌乱与心虚）

周:我看过去的事不必再提了吧。(中速)

鲁:我要提,我要提,我闷了三十年了!(快速,表现鲁侍萍极度的悲愤以至几乎喊叫)

5. 句调

在汉语中,字有字调,词有词调,句有句调。我们通常称这个词为声调,指音节的升降。句调,我们称之为语调,指的是短语的升降。句调贯穿整个句子,但在句子的末音节中尤为明显。根据不同的心理状态和情感态度,句子的语调可以分为四种类型:升调、降调、平调和曲调。

(1)升调,前低后高,语势上升。一般用来表示疑问、反问、惊异等语气。

(2)降调,前高后低,语势渐降。一般用于陈述句、感叹句、祈使句,表示肯定、坚决、赞美、祝福等感情。

(3)平调,这种调子,语势平稳舒缓,没有明显的升降变化,用于不带特殊感情的陈述和说明,还可以表示庄严、悲痛、冷淡等情感。

(4)曲调。整个句子的语调是曲折的,要么先升后降,要么先降后升。通常我们会延长句子中需要突出的词语。这种语调通常用来表达讽刺、厌恶、反讥、言外之意等。

除了上述基本的表达方式外,为了使声音和朗读色彩更生动,还必须使用一些特殊的表达方式,如笑声、颤音、抽泣、重音轻度等。在这里不再详细介绍。

9.5　嗓音修炼: 呼吸技巧、发声技巧

诗曰:"气乃形之本,察之见贤愚。"

气场与气息相关：

第一，吸气急，声音浅急，气场弱；

第二，吸气深，声音宽舒，气场静；

第三，气沉丹田，声音浑厚，气场强。

在公众面前发言，如何才能用声音掌控全场？在工作疲劳后，如何说话从容不累？发言前，先了解生活中的呼吸方式，然后，选择一种科学的呼吸方式。在生活中，我们的呼吸是不受主观意识控制的活动，它的"开关"就在人体的呼吸神经中枢中。安静状态下，人的呼气与吸气量平均约 500 毫升，一般吸气后还可以深吸进 1 500 毫升；呼气后，也可以再深呼出约 1 500 毫升，而此时肺内还会有余气 1 500 毫升。

我们呼吸节律的快慢与深浅，同身体的状态相关。安静状态下，我们的呼吸多为腹式呼吸，即胸廓没有明显活动，主要靠膈肌的收缩与放松完成。腹壁随之一瘪一突地起伏，上下移动约 12 毫米，这是休息或睡眠时的一般呼吸状态。我们一呼一吸的持续时间是 3～4 秒，每分钟呼吸次数为 16～20 次；吸气时长与呼气时长比为 1：1.2，二者相差无几。

而我们在说话时呼吸状态的不同之处在于，吸气时间短，呼气时间长。我们说话时一般采用较深的腹式呼吸或胸腹联合式呼吸（一种科学的呼吸方式），呼吸次数降低，降到每分钟 8～10 次，吸气与呼气的时长比变为 1：5～1：8，呼吸气量加大到每次 1 000～1 500 毫升。

说话时的呼吸节律和深浅，与人的精神状态和身体动态相关，加上情绪变化的影响，呼吸会发生各种不同的变化。生理学表明，我们要运用互相对抗、互相制约的力量，才能对肌体的某部位进行调节、控制。

在呼吸控制中，这种力量就是我们吸气肌肉群与呼气肌肉群的对抗。具体来讲，就是我们两肋与小腹的对抗。我们的吸气肌肉群不仅在吸气过程中起作用，在呼气过程中它们还在勤奋地继续工作，与呼气肌肉群形成一种对抗力量，这样，就可以控制呼出气流的急徐强弱。有控制的呼吸方式，才是靠谱的呼吸方式——胸腹联合式呼吸。我们以这种方式吸气时，吸气肌肉群是收缩的，把气深吸进肺的底部，膈肌会下降，下肋同时向两侧扩张；由于胸腔下部及腹腔不扩展开来，此时我们会感觉腰部发胀，腰带渐紧，小腹随之逐渐收缩。

因此，当你站着发言时，要注意吸气时肌肉群不能像休息时那样松垮。吸气时，你小腹的肌肉群一定要保持微收状态，否则，就会腆着肚子，不仅台上站姿不雅，还会导致呼吸不舒畅，气场大大消减。

胸腹联合式呼吸要领：你要小腹微收，腹壁站定（即腹部收紧平坦如墙壁），吸气时，吸入肺的底部，两肋肌肉向两侧扩张，腰带渐紧。呼气时，你仍要保持小腹的收缩感，以牵制膈肌与两肋不迅速回弹，随着气流缓缓呼出，小腹逐渐放松，但是最后仍不失去收住的感觉，膈肌与两肋在这种控制下逐渐恢复到自然状态。简而言之，你要气下沉，两肋开，小腹收。

我们在职场发言，最科学的呼吸方式是胸腹联合式呼吸。胸腹联合式呼吸，不仅能使呼吸、共鸣、吐字等器官的肌肉减少耗能，同时也能确保上部发声器官与下腹肌肉之间配合协调，有利于喉部健康，可以让你的声音变得洪亮持久、刚柔相济、稳健有力。

"医经以一呼一吸为一息，凡人昼夜计一万三千五百息。"我们每天启合双唇，说话，甚至一呼一吸，任何时候、在任何地方都不可随便松散，要养成好的呼吸习惯。这不仅是声音悦耳动听的物理支撑，还是一种极重要的情感表达基本功。

"胸腹联合式呼吸"是横膈升降与胸廓扩张收缩相结合的呼吸方

式。这种呼吸方式在日常生活中并不常用。对许多人来说，这种呼吸方式需要训练，以便有意识地使用。胸腹联合式呼吸能满足播音的特殊要求，比如，气息量大，进气快和发音时间长等。对播音员或主持人来说，这是应该掌握的基本能力。

胸腹联合式呼吸并不是胸式呼吸和腹式呼吸的简单相加。它是利用我们腹式呼吸吸气量大和胸式呼吸的补气作用，尽可能加大吸气量；呼气时，则利用适当的控制手段，保持呼气的均匀，增加发音时间。它可分为吸气和呼气两个阶段。

1. 吸气

吸气时，口和鼻子同时进行，可以提高吸气速度。当发音速度快时，换气时间往往很短。在这种情况下，应尽可能缩短吸入时间，以保持句子的连贯性。吸气过程中，可使用两种控制方法。

一是在吸气时间足够的情况下，可采用先腹式、后胸式的呼吸。使用这种吸气方式，腹部处于相对放松的状态：首先使用横膈膜下降吸入气息，然后在下腹部有扩张感后，使用胸部扩张进一步吸入，最后，两根肋骨都感觉张开了。我们经常在深吸花香时使用这种方法。

另一种吸气方法是在吸气时适当收缩小腹，保持小腹向上的压力，然后降下横膈膜吸气。由于横膈膜下降时遇到阻力，胸廓将通过扩大胸部直径来吸入气息进行补偿。因此，腹式呼吸和胸式呼吸同时起作用。如果控制得当，可以在很短的时间内吸入较多的气息。这种吸入方法，通常在急促的呼吸状态下使用。

这两种吸气方式可称为"顺序吸气法"和"同时吸气法"。当需要大量的气息，但语言状态相对放松时，可以使用"顺序吸气法"。当需要大量的气息，语言状态相对紧张急迫时，可以使用"同时吸气法"。这两种呼吸方式，可以根据播讲的需要灵活使用。在播音时胸腹联合呼吸，吸气时腹部肌肉应保持略微收缩，而不是在吸气过程中完全放松，正确的腹部收缩可以为呼气发音做好准备。

2. 呼气

呼气阶段是胸腹联合呼吸过程中的关键阶段。如果在呼气阶段需要保持较长的呼气时间和稳定的气流，那么，通常是用呼气时肌肉力量对抗的方式控制呼出气流，并不是简单地通过膈肌放松回弹的方式来控制气流。

人体某个器官运动通常是通过两组力量相反的肌肉来控制的。在做一些细微动作时，两块相反作用力的肌肉就会同时产生力量。这个器官是否可以良好运动以及它的运动量是由这两种力量差来决定。当你呼气时，你可以通过放松膈肌和反弹横膈来产生气流。但是，你用这种呼气方法产生的气流是不稳定的，而且缺乏力量，声音会先大后小且很难控制。

还有一种呼气方法，就是用肌肉力量来控制呼气。在吸气的同时要让腹部肌肉轻微收缩，准备呼气。这里的收缩力不需要过度用力，过度用力反而会影响膈肌下降和气息下沉，导致吸气量下降。在呼气时，腹部收缩力增加，力量向上压缩。这时，吸气的膈肌收缩的下沉力还没有完全消除，使得膈膜的上升和下降力形成对抗。腹部向上的压力大于横膈膜收缩向下的压力时，膈肌回升，气流呼出。如果气流量大，就需要增加腹肌力量，增加腹腔对胸腔的压力，或者减少横膈膜的收缩力来提高膈肌上升的力度。演讲的句子如果有停顿，没有气流，就可以用膈肌下压和腹肌上压等压的方式使呼气保持静止，节省气息。胸廓也可以用肋间肌肉的力量来控制其扩张和收缩。显然，我们的胸廓的呼吸功能有限，远不如横膈控制明显。

借助呼吸肌力量的对抗来控制呼气过程，这样可以让气息稳定且呼吸时间延长，这是典型的播音呼气法，是播音主持人提高发音质量的坚实基础。由于胸腹联合式呼吸是通过控制肌肉来控制呼气，所以需要长期的体育锻炼来保持肌肉组织的力量。但是也不能过度，如果过度控制呼气，会导致气息僵硬，语言表现力减弱。

【本篇附录】成交流程（二）

拿下式：成交前的自我准备和关键点

我们前面的准备工作已经做好，就可以顺其自然走成交流程了。

为了保险起见，最后一步的演练过程，我们需要问自己几个问题。

（1）顾客相信我吗？也就是你的信赖感是否已经建立了。客户相信你，他就很容易向你购买。为什么客户老是怀疑不定？因为你的信赖感没有建立好。

（2）我有解除客户疑虑的办法吗？客户不买，就是因为他的疑虑没被解除。

（3）客户有没有购买的能力？你卖他东西，是要收大单，还是收小单？你要先评估他有没有购买能力。他有购买能力，就可以准备大单的方案；没购买能力，可以从小单做起。你还要评估对方的决策能力，给客户适合的解决方案。

（4）客户有没有决定权？你要评估一下，他有没有可能跟他的老婆商量；跟他的父母商量；还是他现在就能做决定。你要解除他这方面的疑虑。

（5）你是否有客户无法抗拒的成交方案？有的时候你会发现，你本来没准备要买，可是你看了李佳琦的直播，突然就买了，这是为什么呢？因为他当时做出了让你无法抗拒的购买方案，好像不买就亏大了。这个机会太难得了，非买不可。

（6）你要用沟通技巧让客户无法拒绝。所有的说服和成交方案都需要提前准备好。今天我要用什么样的沟通技巧，我要用什么样的方案，能够得到我想要的结果，这就叫成交前的思考。

成交分为三种类型，第一种叫一对一成交；第二种叫一对多成交；第三种叫策略成交。成交不是为了赚钱，成交是为了建立链接。如果每一次聊天都没成交（产生结果），或者是没有为下一步的成交做铺垫，这等同于没聊；没有成交，就相当于烧了一壶水没开；没有成交，就相当于炒了一盘菜没熟；没有成交，就相当于开了一家公司倒闭了；没有成交，就等同于今天看了一部电影没有大结局……你拍拍自己肩膀，不要让没有成交的结局在你身上发生。

最好的成交不是我要卖，是你求我卖。《复仇者联盟1》播完之后，观众就在等2；2播完之后，观众就在等3……电视剧就是刚刚把一个故事讲完，下一个故事出来了，但没告诉你故事是怎么演的。你要了解客户需求，塑造产品价值，提出解决方案。七个步骤你都准备好了，成交就是水到渠成，甚至客户会向你主动求购。

第 **4** 篇　　销讲现场

第10章

开场

演讲时什么样的开场方式能够瞬间抓住观众的注意力？什么样的互动式提问能够让你迅速成为观众的焦点？你在这一章都能找到答案。

10.1　自我介绍

如何做自我介绍呢？自我介绍有两个标准，你做了一个有效的自我介绍，会出现两个结果。

第一个标准：没人理我

很多时候朋友们一起吃饭，经常转了一圈回来，根本记不住你的名字。而且人一多，更加没有印象，这种情况怪不了别人，是你自己毫无特色，让人完全记不住名字。这个时候最好设计一个能让人印象深刻的开场白和自我介绍。

著名文学家高尔基也曾说过，最难的是开场白，如同在音乐会上，全曲的音调都是第一句给予的。开场白可以拉近你和对方的距离，建立信任，引起受众的兴趣。好的开场白如同一股魔力，能瞬间让你成为舞台的焦点。如果你没有足够的气场、名誉这些能在演讲开始前就激发听众强烈兴趣的特质，不妨参考以下开场模式，帮你轻松赢得演讲的成功。

问句开场：比起中规中矩的问好、自我介绍开场，一些有经验的演讲者会在开场时提出一个问题，使得听众按照他的思路去思考问题，逐步再过渡、牵引听众到演讲的核心内容，以问题开始，让听众跟随你的思路，无法逃脱你的"魔掌"。

讲故事开场：我们通过讲一个精心设计的小故事、寓言、笑话等开场，往往会有意想不到的效果。人们更愿意听一些幽默、有趣的言辞。当然，这个故事要帮你引入立体，和你的演讲主题要息息相关。

赞美式开场：这种开场方式，我们用到比较多，也是最简单易行的方式。我们去一个陌生的城市，赞美听众城市的自然风光、悠久历史，对当地人的善良勤劳、精神风貌、文化名人提出由衷地赞赏,引发对方的自豪感,从而拉近彼此的距离。如果我们再举一个例子,会显得更真诚。

当然,也可以借助物品进行开场白:俗话说"口说无凭"。如果你在演讲时,通过一件物品作为陪衬,那么你的演讲将更有说服力。

第二个标准:找我签名

有些演讲家,一讲完就会有不少人求合影和签名。这个时候,一个好看又有设计感的签名就显得非常重要。你最好找专业的人设计一个名字的签名,能长期使用,最好用一辈子。因为你一换签名,大家就开始怀疑,前面那个是真的,还是现在这个是真的。

10.2　开场的目的和步骤

开场是所有演讲的重中之重,一个好的开场是成功演讲的一半。开场开得好,观众就会信任你,也有兴趣听下去。

1. 开场的目的

第一个目的,引发听众兴趣。不管你到任何地方,只要你开口说话,必须要让别人对你感兴趣。这就是开场最重要的目的。不管用什么样的方法,你的目的就是吸引观众的注意力,让他们的双眼紧盯着你。

第二个目的,做无懈可击的自我介绍,让观众记住你。你一出场,你的形象就基本定型了,加上你的演讲谈吐和让人眼前一亮的自我介绍,观众对你的认可度就会直线上升。

第三个目的,推出主题。这个目的非常关键。整场演讲的主题,如果在开场引用的非常好,意味着这场的观众会认真参与的。因为观众对你讲的内容非常感兴趣,也愿意学习。那么,本场演讲成功的概率就上升了。而且,一个好的主题,是演讲最重要的部分,是演讲的灵魂。你在开场时一定突出主题,这是演讲的必要环节。

第四个目的,引爆全场。在前面三个目的都可以实现的前提下,最后就是调动全场观众的情绪了。只有把观众的情绪调动起来,才能保持持续输出。让全场充满正能量是演讲者最需要培养的控场能力。积极的情绪是推动演讲进行下去的必要因素。你必须让观众都兴奋起来,那你的分享就算成功了。

下面是我辅导学员学习自我介绍的对话。这段对话充分地展现了从零到一的学习过程,可以让你以非常快的速度掌握自我介绍的精髓。

客户:我想问,我是打工的,我没有什么可对比的内容,我要怎么去写我的演讲稿?

姬老师:现在,我问你了,怎么称呼你?

客户:我叫 UK。

姬老师:我觉得 OK,那你以前有多不好,最坏的情况有多不好?

客户:就是没有钱用,18 岁去打工的时候就没地方住。

姬老师:没地方,那你住哪里?

客户:暂时住在朋友那边。

姬老师:所以你过去就是没地方住,寄人篱下。你是负债开始的还是有资产开始的?

客户:就从 0 开始。

姬老师:那你现在情况怎么样呢?

客户:现在是负债。

姬老师:哇,太棒了。所以你从 0 变成负债了。哎呀,太好了。这标准不得了。你创业多少年? 工作多少年? 怎么越做越负债?

客户：我是因为投资了房子，就变成负债了。

姬老师：你买了一套房子之后负债了。你听好了，自我介绍的目的是听完之后，让听众觉得你厉害，还是不厉害？让听众必须觉得你厉害。也就是你的讲法是不能讲负债。你的讲法是因为你买房，你要把焦点放在那个房上，而不是把焦点放在负债上。那你为什么会来学演讲？

客户：因为我要改变。

姬老师：那你打算接下来去做什么？

客户：创业，跟着我的团队领导，希望在他们团队里面做个讲师。

姬老师：未来你要成为一个优秀的讲师。你刚刚开始创业的时候，月收入多少？最少的时候？

客户：最少的时候 100 欧元。

姬老师：好，那你现在的马币是多少？

客户：3 000 欧元（相当于人民币 20 000 元）。

姬老师：所以你看第一段内容就已经有了。很多的人都想演讲，但他们有钱的未必舍得花钱学演讲。有的人是千万富翁，但他舍不得拿2万元学演讲。有的人愿意买房买车，但他不舍得用自己的钱投资智慧。可是假如有这样的一个人，在他创业过程中，加入到一个了不起的平台，看到了这个公司的发展，看到这个公司的产品可以造福别人。他迫不及待想要学会演讲，站上舞台去帮助别人。一个偶然的原因，他遇到了亚洲首席创业家导师姬剑晶老师。姬老师从中国到马来西亚演讲，演讲结束之后，在马来西亚 2 000 万人当中，挑选了 20 个最有机会成为马来西亚下一个行业冠军的人进行演讲培训。结果，他成了 1/20，受到姬老师的邀请，从马来西亚来到中国上海总部学习演讲。假如还是这个人，过去的他觉得自己只要有房有车就可以了。可是，现在他的梦想是要在未来 3～5 年打造出上千人的团队，帮助 10 个人成为千万富翁，

100 个人成为百万富翁;帮助加入他团队的每一个人,都能实现买车买房的梦想。

我国台湾有个歌手叫 UK,一个歌曲唱响全亚洲,为华人争了光。马来西亚有个直销女皇叫 UK,用产品造福于民,用项目引爆亚洲。各位想不想认识这个人? 想认识的,请举手。这个人就是站在大家面前的 UK。

姬老师:你自己听完感觉怎么样?

客户:哇,好夸张。

姬老师:不夸张啊,这不夸张。你觉得夸张,它就夸张。你觉得这是不是你的人生嘛? 是不是你想要的人生嘛? 你看,这推崇了自己,推崇了公司,推崇了未来,让听众听完之后,立刻就想加入你的团队了。你感觉怎么样?

客户:非常棒,好激动。

姬老师:自己都感动哭了。你今天的任务就是把刚才这段,你们都有视频就让他背下来,明天让他一模一样的讲完,然后你看他的眼神就不一样了。你照做就是,我辅导完了,你就按照这个一模一样的话来讲。

客户:谢谢老师。

2. 开场的流程

第一个步骤,三最三好,三个希望。

作为热场,我简称"三最三好,三个希望。"什么叫三最三好? 你要先问候现场最优秀、最成功、最渴望改变的企业家朋友们,大家现在好,现在好,现在好。什么叫三个希望? 希望自己在未来的人生当中,收入可以是现在的 3 倍、5 倍,有 50 倍爆炸式增长的人。希望自己在未来,可以成为行业的冠军,并且持续成为行业冠军的人。希望自己在未来人生当中，可以获得全方位平衡式大成功的人，请给自己最热烈的掌声。

第一个步骤进行完，听众就开心了。这个内容在公司培训时可以用，在微信群里面讲课可以用，给投资人分享可以用，招商可以用，打造团队可以用。

你要注意，卖不同的东西，"三个希望"后面的内容就不同：卖健康产品就是希望自己的人生更健康、更幸福、更成功；卖美容产品的，就希望自己可以永远活在 18 岁，拥有巅峰状态；创业的老板就希望自己小投入大回报，可以成为上市公司股东的……也就是你要知道你可以给别人带去的好处是什么？我建议你用陈述句把好处列下来，用问句把好处问出来。

同样，"三个希望"也是因情况而定。比如，你的产品的好处是让人们既省钱又赚钱，那你就问："希望自己既省钱又赚钱，买你原本就要买的，赚你原本赚不到的财富的人，请举手。"这个时候你就可以把这个产品的好处通过问句问出来，问完之后，大家就开始参与你的演讲了。他们一参与进来，就开始觉得你的演讲跟他们有关系了。

第二个步骤：三个假如。

"三个假如"怎么写？主要格式是：假如有一个人过去很悲惨，通过什么原因，让他拥有了美好的现在。类似这样的话，可以套用，融入真情实感，可以在自我介绍时用。我们要的效果就是前后形成强烈对比，认可这个人，非常想认识这个人，这样就可以自然而然地过渡到自我介绍了。然后我们就可以将时间轴拉开，进行大胆假设：努力奋斗，未来的你会是个成功的人，认识他，你离成功就不远了。

举例：

在座的各位，假如有一个年轻人曾经内向、害羞、不敢讲话，负债超过 20 万元，来到上海，却通过一次学习，找到两位世界级的人生教练，短短三年时间,就让自己从一无所有,到现在开着一辆宝马车,你们觉得此人棒不棒?更不可思议的是,短短三年,让他从一无所有成了全中国最年轻的劳斯莱斯车主。假如他还送给他团队的四个伙伴每人一辆劳斯莱斯。我们会发出什么的声音?哇!假如还是这个人,曾经面对十几个人说话都会脸色苍白,却通过学习说服力演说,站在舞台上演讲,敢面对 500 人演讲,我们觉得,此人棒不棒?棒!

不可思议的是,这个人最高纪录当场面对 15 800 人发表演讲。关键他还是在新加坡跟尼克·胡哲(澳大利亚励志演讲家)同台演讲。重要的不是他站在世界的舞台上发表演讲,而是站在世界的舞台用中文发表演讲。哇,假如还是这个人,过去的他认为这个世界上,能够让他活下来,就已经很不错了。可是他居然通过努力,创建自己的轩辕国际产业集团。

短短几年时间,他的轩辕国际产业集团在全世界各地拥有多家分公司和分支机构,并且在上海股交中心成功挂牌上市,而且还在未来目标要孵化 100 家上市公司,帮助 1 亿家庭过上高品质幸福生活。这个人就是站在大家面前的姬剑晶老师,姬是霸王别姬的姬,剑是刀剑龙门的剑,晶是晶莹剔透的晶。姬剑晶老师的成功,为你们的成长道路指引着方向。

第三个步骤,推出主题,引爆全场。

作为开场,最重要的就是引起关注,引爆全场,调动全场观众的积极性。这一点做到了,就成功了一半。

第四个步骤,获得许可,引爆全场。

所谓引爆全场,我们需要根据场内的实际情况来定,一般情况是大型和小型两种情况。我来分别说明一下。

前面提到,作为大型演讲,最重要的是调动情绪和气氛。这里提供几个方法。

第一，运用名人佳句。不管是名言佳句还是精辟见解，都是可以引起观众的共鸣，也是兴奋点。在演讲时，我们需要时不时地有规划、有目的地把这些句子设计在演讲稿中。这些句子在关键的时刻，总会闪烁出智慧的光芒，满足观众的需求，拉近彼此之间的距离。要注意的是，这样的运用不能过多，滔滔不绝反而会适得其反。

第二，打破定式，标新立异。这可以理解为脱口秀中的"梗"。我们能打破常规的表达方式，常常会博得一片喝彩，是设置兴奋点的好方法。

在尊重文化传统和思维习惯的基础上，我们要对演讲稿进行必要的创新，打破思维定式，敢于创造，善于借鉴。

第三，为情绪酝酿留白。精彩的演讲一定少不了掌声。所以，在写演讲稿的时候，注意把这一部分的空隙留出来，给演讲者以"感情回报"，使之心情更加愉快，思维更加敏捷，更加认真投入。

第四，提高抑扬顿挫的强度。语音语调是表达感情的重要手段。人的感官接收外来刺激的强度越大，神经兴奋的程度越高。演讲中，你的声音忽高忽低，忽快忽慢，抑扬顿挫强烈，会给观众带来强大的刺激，效果很好。一般情况，人们更加容易记住有强大刺激的信息。演讲者要尽最大努力把问题看得透彻、准确、鲜明，始终给观众一种压力感和责任感。

第五，肢体语言辅助。在演讲时，外在包装和肢体表现非常重要，包括了仪态仪表和肢体语言、表情三方面。在演讲中，手势、表情要配合起来，这才是演讲投入的状态。演讲，就有"演"的部分，这才可以引起共鸣。

对小型演讲，甚至只有三五个人的演讲，采用低调版的引爆全场的方法。此时用日常聊天的方式是最自然放松的："今天跟大家见面都是缘分，所以为了表示诚意，待会儿可以加我微信，或者设几个名额，送每人一本书,或与大家一起吃顿饭。"你要送一个别人想要的东西,才能吸引观众的兴趣。

10.3　十种开场破冰方式

在我参加过的一些展会上,有些现在想起来还历历在目。而有些会销,即使能记住当时销售的是什么产品,但根本记不清销售的过程。主要原因是营销中每个环节的场景不同。有些会销人员在每个人出场时都会给人留下深刻印象,而有些则平淡无奇,没有出彩的地方。我们如何能够有效地开场,如何能够有效地破冰呢?

第一式:跳舞热场破冰

公司员工大会、代理商培训会,尤其是招商会,在主讲者正式演讲之前,主办方最好要安排人来跳一个舞,通过跳舞开场,让现场的人在还没正式演讲之前就先热起来。

第二式:放宣传片破冰

(姬剑晶老师所创立的轩辕国际继承千年轩辕文化与精神,立志帮助全球华人再造文化繁盛。有一种传奇,望其项背;有一种力量,振奋人心。姬剑晶,一个充满传奇的励志人生,一个改变无数人,鼓励无数人的力量源泉。)宣传片可以让听众提前对讲演者有所了解。

第三式:抽奖破冰

在正式演讲之前,让大家手机拿出来摇一摇,扫码抽奖。今天第一个大奖,第二个大奖,第三个大奖,纷纷抽出,大家会因此而觉得棒。

第四式：表演破冰

比如，在正式演讲之前，你专门请名家过来，帮你表演一个小品。

第五式：唱歌破冰

你上台演讲之前，先邀请明星唱一首歌。实际上歌手只要唱两句，他们也就觉得你跟别人一样，就开心起来了。

第六式：护送上场破冰

你上场不能自己上。上台的时候，或者是在你自己公司里，即使你一个人上台，应该让别人护送着你上台。

第七式：上台签名破冰

你给别人签一些名，签完了。那些新人一看，就会觉得这个人应该有点料，这么多人找他签名。

第八式：自己跳舞破冰

自己上台跳舞，确实有点挑战性。如果你是位女士，又会跳舞，可以尝试。你跳完之后，大家就跟你一起高兴起来了，觉得这个人挺会玩的。

第九式：自己上台带动鼓掌破冰

你放一个不错的音乐，大家就跟着你一起拍拍手。这个时候拍拍手，大家都挺开心的。安东尼·罗宾上台演讲，他就拍手，烘托气氛，拍着拍着就调动场内气氛。

第十式：角色扮演破冰

角色扮演，像一些经营者在年会上扮演成迈克尔·杰克逊——当然这是需要充足准备的。没有充足的准备，想要好的表现是不可能的。

10.4　设计演讲主题

演说最大的一个魅力就是可以化解危机，可以让大家想象不到的，所以这就是机会，这就是顶尖高手。

演讲主题的设计就像是电影名称的设定。你说是书的内容重要，还是书名重要？都重要，但相比之下，书名比书的内容更重要一些。书名都不好，书基本是卖不出去的。很多人买了书，可能也不会看，为了书名买书的人，大有人在。演讲主题就跟书名一样重要。

演讲主题的设计方法。

1. 以结果为导向的主题

比如，"月入百万的秘密""把握趋势，成就未来""如何成为亿万富翁"。这些都是以结果为导向的主题。他一来就知道，我是来了解趋势的。他一听就知道，他是让我赚钱的。

2. 以价值为导向的主题

我们要很明显地让别人知道，这个主题给他带来的价值。价值就是解除痛苦、带来快乐，帮他避免风险，帮他获得快乐。"巴菲特投资学不教的秘密"，巴菲特不教，我来教。那些想学巴菲特的人都来了，学过的人也来了。"有钱人和你想的不一样""终极成功法则"，这些都是以价值为导向的主题。他一看大概就知道，你可以给他带来什么价值。

3. 以情怀为导向的主题

情怀最重要的是共鸣和贡献。这种情况一般是偏文艺风格的演讲。很多大咖就比较喜欢这种表达方式，比如，雷军、罗永浩，对于情怀的追求会显得更加高大上。

4. 通用类主题

最简单、最普遍的主题，一般的公式是"如何×××"：如何成为亿万富翁，如何成为顶尖厨师，如何把货卖爆，如何让你年轻……

10.5　写出优秀的演讲大纲

如何写出优秀而吸引人的内容，是非常重要的。在内容的设计上，接下来我把成套高效的内容生产方法，讲给大家。

如何设计演讲大纲，才能成交？

首先，你要记住演讲唯一的目的是帮助别人。这是底层的逻辑，抛弃这个逻辑，内容就站不住脚，也是大多数人讲不好而且很容易受内伤的原因。哪怕不赚钱，你都要愿意讲，你都愿意去奉献，去分享。因为你热爱分享，你迫不及待想要分享你的产品……如果你是销售保健品，你要分享健康理念，帮助顾客获得健康。如果你是销售保险，你要分享保障理财，帮助顾客获得安全感。如果你是销售美容产品，你要分享美和气质，帮助顾客获得美丽……

其次，是内容的价值感。观众永远在捕捉你讲话给他带来的价值。永远不在乎你自己身上发生了什么事情，除非这件事与他有关。所以你在设计内容时，每个故事都是在解决观众的一个问题，并不是为了讲故事而讲故事。有些演讲者，讲到感动的时候，自己哭得稀里哗啦，台下没人哭，根本带不动情绪，原因是没有价值，没有做到真正地解决问题。比如，在自我介绍时，回忆自己家庭贫困，命运如何等。这个时候，一定要注意，你家庭贫困跟观众无关。观众在乎的是，你的命运变好了，是如何变好的，你励志的精神，能让我学到什么。

我凭什么能讲这个主题？

你能站在讲台演讲，前提是你做到观众想要的了。比如，你教"如何月入百万元？"那么你一定自己月入百万，才能教观众月入百万元。我深入访谈过很多月入百万元的人，他们教过我方式方法。我教会过别人月入百万元，他们都实现了这个目标等。你必须要明确自己凭什么能讲这个主题。

有的人说，我现在刚刚加盟一个健康事业，我想把健康产品推广好，但我身体现在还健康。我能不能讲呢？能，为什么？演讲的目的就是让你成为那个人。为什么讲得越多的人越优秀？讲得的越多的人越能自我改进。在教观众如何健康的同时，自己就开始要求自己健康了。因此，我们在很多情况下，不是会，才讲，是讲了，就会。我们在会与不会的中间状态，一定要多讲、多学。

10.6　杀伤力爆棚的奥秘

讲一个我自己的真实案例。我刚刚入行演讲的时候，在我老师的公司做销售，卖老师的课程。第一次出去演讲，我讲的内容跟我老师的演讲稿是一样的。可我讲了一半，自己讲不下去了，台下的观众也听不下去了。因为我自己负债 20 万元，却教别人如何成为销售冠军！当时我的状态就是，自己一边讲，一边自我怀疑，完全没有任何效果，后来只能求别人来报名。当时别人开宝马请我去讲，后来让我坐地铁回家；中午本来请我吃大餐，后来请我吃盒饭。现场有 200 人，一个报名的都没有。客户听完之后,拍拍我的肩膀说了一句话,姬老师,我发现干你们这行真不容易,一个报名都没有,干脆我支持你一下,结果第二天还退款了。从那一天开始,我就告诉我自己,对,我不要只是讲了,我自己也要做得到。

后来,我就问老师,我说我的目标是要成为一个超级演说家。我天天都在公司里面做业务,我什么时候能够成为演说家? 我的老师告诉我,讲师分为三种:

(1)讲师讲别人的故事;

(2)名师讲名人的故事;

(3)大师讲自己的故事。

他说对我说:"剑晶,如果你要演讲,你就每天在早会上跟员工讲,晚会跟团队讲。你把他们带好了,你自己就讲出来了。"为了讲的有内容,我就必须每天去做,总结出经验,把经验讲出来,帮助更多人。其实,你讲的是不是亲身实践出来的经验,观众一听就知道了,真的东西一定会有震撼力的。我总结一点就是,你演讲的东西要有杀伤力,自己的体验越多越好,你就有资格讲。没有体验过的演讲,都是空洞无力的。

资格条件只来自于三种:

(1)我体验到的,我能讲给你的。比如,你讲健康,你自己体验过从死亡线上走过来,你能讲;你讲保险,你自己体验过保险带来的保障,你可以讲。

(2)你学到的,你能教。因为我学过如何销售,我学过如何演讲;我学过如何美丽,我学过如何理财,我学过如何包装,我学过如何打造团队,我学过你没学过的,所以我能教。总之,你要么就是讲你做到别人没做到的,要么就是要教你懂得的而别人没懂得的。你必须要具备这个条件才有演讲的资格。如果我两个都不具备,那应具有第三个条件。

（3）我未来会成为能讲这个主题的人：我为了教《如何成为销售冠军》，把自己变成了销售冠军；为了教如何成为成功致富，让自己成功致富了；为了教如何让公司成功上市，把自己公司变成上市公司了；为了教如何让自己健康幸福 100 岁，让自己很健康，很幸福。这就是你获得资格的关键。

你的演讲杀伤力爆棚的奥秘有五点。

第一，明确演讲故事的五要素

时间、地点、人物、事件、意义是演讲故事的五要素。

会讲故事的人，他能把一个小故事讲成一个很大意义的事。不会讲故事的人，即使很精彩的故事，也会让他讲的索然无味。你要明确故事发生的时间、地点和人物；这个事情发生对你产生了什么启发；给你带来了什么帮助；产生了什么意义和价值。你要杜绝流水账式的讲述方式。你要明白，在不同场合同一个故事的讲述方式也要发生改变。一个故事，你要怎么讲，根据你的主题来决定，根据你最后要求的结果来决定。你用来招商的故事和做慈善的故事，讲法一定是不一样。

好的演讲是从一开始就抛出一个问题，引入一个故事，而且在过程中不断地制造悬念、制造苦难，因为好的演讲都是欲扬先抑。好的演讲是要大家觉得这件事情很难做到，最后却做到了。整个演讲的过程，让观众看到很多画面感。

第二，真感情就是好文章

故事的讲述中，我们要流露出真情实感，其中比较常见的表达方式是，自我对话。因为你自己跟自己对话完之后，感情就升华了，让观众感觉到你真的很了不起。除此之外，你还可以让大家从故事中学到很多东西，让他们感受到精神的影响，感受到结果的震撼。比如，给大家分享几个非常重要的观念，让每个观众都能够获得收获。

第三，讲故事就是讲画面

最好的故事一定是画面感很丰富。你要让观众听故事像在看电影，把当时的情景讲述出来，把你内心的自我对话，和自我的心声都要讲出来。当你可以把画面讲出来，就可以把客户的渴望和追求具象化，就可以快速成交。

第四，有爱、有使命、有收获

你有必要、有能力、有责任、有义务站在这个神圣的讲台上。这个讲台是给有爱的人准备的，是给有使命的人准备的，是为渴望帮助别人、点亮他人灵魂的人准备的。你把生命里的收获，重要的故事分享出来，让观众都有收获和成长。

第五，会讲、能讲、敢讲

会讲、能讲、敢讲，哪个最重要？敢讲最重要。因为敢讲就会讲，不敢讲就不会讲。

（1）我是独一无二的。演讲最害怕的就是拿别人的经历跟你的经历比，因为一比较，你就不自信了。你要相信你是独一无二的。你生而富有，你的故事与众不同。无论你的故事有多平凡，别人的故事有多壮观，都不如你讲述自己生命当中发生的故事精彩。别人赚了再多钱，都不如你自己赚到的钱兴奋，所以你是独一无二的。

（2）不管三七二十一，你得先走上讲台。

第11章

加分项目：让演讲更具魅力的四要素

如何让自己的演讲受到观众的欢迎？如何让自己表达出慷慨激昂、滔滔不绝的言语？如何打动观众、感染观众，引起观众的共鸣，使演讲生辉，收到预期的效果？所有演讲者都有这样的疑问。演讲是一种口语表达的艺术活动。下面我就说说让演讲更具魅力的四个要素。

11.1　开场设计：构建"坡道"，一秒抓住听众的耳朵

影响深刻的开场方式是一场精彩演讲的必备前提。观众的注意力非常珍贵，你走上讲台的那一刻，一定要抓住观众的注意力，千万不要用闲聊把它消耗掉。演讲一开始就要吸引观众，你可以做一段精彩的陈述，或提出一个有趣的问题，或讲一个简短的故事，或展示一张精美的图片。

在这个时代，任何内容片段的展示都是一场注意力大战，需要与无数其他信息，争夺观众的时间和精力。当你站在舞台上，观众手上的智能手机就是致命的干扰因素，一旦他的注意力被手机吸引，你的演讲就注定失败。其次，就是走神和倦怠，只要你的演讲无趣，尤其是开场，让观众觉得无聊，观众大概率会走神，甚至离场。你浪费掉演讲开场时的一分钟，就是主动抛弃观众。这将决定你的演讲是被广为传播，还是悲剧性地夭折。

以下是吸引观众注意力的四种开场方式。

1. 开场白加一点戏剧性的元素

开场的时间非常短，你要在很短的时间里吸引观众，就像一部电影或者小说，上来就要抛出一些实实在在的干货。

喜剧演员梅修·扎伊德在出生时，由于医疗事故得了脑瘫，当时她颤抖着登上 TED 舞台，台下的观众便出乎意料了，她的开场白更是惊艳全场："我没醉……是给我接生的医生醉了。"接下来，她以非常精彩的演讲折服了观众，观众的视线与注意力全都集中到了她身上。英国厨师杰米·奥利弗在 TED 年度颁奖的开场白是这样的："令人悲伤的是，在接下来的 18 分钟里……四个在世的美国人将死于他们所吃的食

物。"悬念，非常吸引人，我相信你一定想听下文。设计开场白的时候，你要以主线为向导。如何引出你的演讲主题，让观众耳目一新呢？请问问自己。如果演讲是电影或者小说的话，怎么开始？这并不是说你必须从一开始就加上一些不寻常的因素，而是说，你真的只有短时间吸引观众，并且在第一段结束前，抛出真正的干货，才有可能成功。

2. 提问激发兴趣式开场白

激发兴趣是吸引观众的最简单有效的工具。如果演讲的目标是让观众接受一种思想，那么兴趣就是促使观众积极参与的催化剂。你想要让观众认真聆听你所讲的内容，就要激发观众的兴趣。那么，如何激发观众的兴趣呢？最简单的方式就是提问！学会提问，尤其重要。有时候，一个小小的阐述就能把一个普通的问题变成激发兴趣的关键点。

这是哲学家迈克尔·桑德尔的开场白：有一个问题值得重新思考：货币和市场在社会中应该扮演什么角色？你有兴趣吗？今天，几乎没有钱买不到的东西。如果你被判在加利福尼亚州的圣巴巴拉监狱服刑，你应该知道，如果你不喜欢标准房间，你可以买一个高级监房。这是真的！你觉得要花多少钱？你猜猜？500 美元？这不是丽思卡尔顿酒店，这是一座监狱！晚上 82 美元。

好奇心是吸引观众听演讲的磁石。如果你能有效地使用它，你也可以使棘手的话题变得趣味横生。如果你的演讲具有挑战性，观众的好奇心可能是最有力的助推器。

3. 开场展示抓人眼球的幻灯片、视频或实物等

开场展示画面、视频或实物能更加引人入胜，真实可信。现在有很多的讲演者都喜欢在开始的时候播放一段视频，不管视频内容是演讲介绍梗概，还是前奏渲染，视频确实能提高现场观众的关注度。

　　这种开场更加具有创意性，展示方式更加多样，可以在短时间内吸引观众的目光。你可以用各种丰富的动画手段将画面进行各种抽象化设计，通过唯美的画面，引起观众的观看兴趣。除此之外，你还能在内容上加入创意设计，提升视频趣味性，增加对观众的吸引力。

4. 开场白设计悬念

　　你不要一开始就和盘托出整个故事。你要想一想什么样的表达才能吸引观众，让他们愿意和你一起旅行。面对不同的观众，应使用不同的语言。正如 J. J. 艾布拉姆斯在 TED 演讲中谈到的神秘力量，电影《大白鲨》的影响力主要归功于导演在电影的前半部分隐藏了大白鲨。当然，你知道它会显现出来，但它是隐而不现，它可以让你永远待在电影院座位上。当你演讲时，你可以在内心设定一条"大白鲨"。

　　这种方式不仅适用于神奇的魔幻电影，也适合神奇的突破。斯坦福大学的李菲菲教授在 2015 年与大家分享了他的令人震惊的研究成果，展示了机器学习如何对照片内容进行视觉识别。但他并没有一开始就演示，而是播放了一段视频，视频中的一个三岁的孩子正在看照片并识别内容。"一只小猫坐在床上。""孩子在摸大象。"然后他告诉我们，孩子们的能力有多么惊人，如果我们能训练计算机发展同样的能力，那将是多么有意义。这是一个很好的开场白，用来描述这个研究，智能机器人是在演讲后半部分才出场，自始至终观众都被深深地吸引着。

　　如果你决定留下一些悬念，请注意指出你要去哪里以及为什么去，这是非常重要的。所有的演讲都必须对观众讲清楚，你要去哪里，你现在在哪里，你去过哪里。如果观众对此感到困惑，他们很快会失去对演讲的兴趣。

　　在设计演讲的开场白时，你可以从上面的例子中获得灵感。你还可以结合我们前面讨论过的一些技巧：你可以讲故事，让观众大笑。关键是你要找到适合你的演讲方法和话题，并尽量告诉你的观众。如果你觉得不自然或太戏剧化，那就改变。记住，你的目标是让观众相信你的演讲值得一听。

11.2　擅用幽默：调动听众情绪，形成互动磁场效应

我们常说，幽默其实是一种天赋，它能反映知识、才华、智慧和灵感。这是一种"捕捉笑话和幽默想象力的能力"。在演讲中适时使用幽默的词语，可以活跃舞台气氛，使枯燥的事情变得有趣，消沉的现场变得活跃，大大提高舞台效果。那些真正擅长对话和演讲艺术的人是幽默的，他们善于引导话题，将无意义的对话转化得乐趣盎然。

幽默的方法不仅用于一般的谈话场合，在政治演讲中也很受重视。据说，美国第十六任总统林肯经常在枕头旁放着《哈罗笑话集》，并经常在业余时间读这些笑话，以便他能够以适当的方式熟练地将幽默运用到演讲中。

幽默可以在瞬间缩短你与观众的距离。幽默不仅是你演讲的风格和特点，也是一个亮点。在演讲中，一个有趣的人往往能赢得观众的青睐，而且很容易迅速打开演讲的局面，赢得演讲的成功。那些让人发笑的人往往让人记忆深刻。观众可能会忘记你说的话，但他们不会忘记你给他们的感觉。笑声往往能给观众带来愉快的感觉，让他们快乐，让他们更难忘。

马克思更是在政治演讲中善于运用幽默的典范。1848 年欧洲大革命前夕，马克思在布鲁塞尔民主协会作了《关于自由贸易》的演说。这篇演讲的主题是揭露和批判资产阶级以自由贸易为名，残酷剥削无产阶级的罪恶本质。在这篇演讲中，幽默的话语比比皆是。马克思说："要是地主出卖我们的骸骨，那么你们这些厂主就会首先买去放在蒸汽

磨中磨成面粉。"又说："现在英国廉价的粮食,如同法国的廉价政府一样。"马克思在这里通过幽默的手法,使演讲犀利尖刻而又生动有趣,从而增强了演讲的效果。

所以,如果你善于在演讲中加入一些幽默搞笑的元素,不失为一种打造亮点的好方法。这种亮点既能活跃现场气氛,还能瞬间拉近你与观众的距离。幽默是生活的调节剂,有了幽默,生活会变得更加有意思。

1. 幽默段子不能低俗

为了增加演讲效果,你的演讲中可以有诙谐幽默的段子,但一定不能低俗,更不能带有性别歧视或有害公序良俗的内容。这是一个基本原则。

2. 笑点要少而精

在演讲中制造笑点,一定要少而精,不能多而杂。首先,观众一直在听你的笑点,可能就会忽略你通过笑点传达出来的思想和观点。这样,你的笑点就会喧宾夺主,失去了"绿叶"作用。其次,任何事情都过犹不及,笑点太多的话,观众会产生疲劳感,同样影响演讲效果。

3. 笑点要有内涵

笑点要符合演讲的语境和主题,具有一定的内涵,不能光让观众笑,还要能给观众留下深刻印象,让观众难忘。电影《你好,李焕英》就是以喜剧的形式讲述了一个悲剧的故事,给观众带来的感觉是很强烈的,笑过之后,会体验到一种深深的悲伤。这也是越是悲伤的事情,如果你用看似轻松,甚至搞笑的方式来呈现,就越让观众难以忘怀的原因,因为它能深深触动观众的心灵。因此,在很多时候,悲伤的情绪不是用哭来体现的，而是用笑，这是有经验的演员才能做到的。

11.3 适当自嘲：展现反转魅力，拉近与听众的距离

在会销演讲中，自嘲以一种戏谑的、自我解嘲的语气开始。对于观众来说，因为你是一名讲师，主观上认为你比他们知道得多。当你以自嘲的方式"攻击"自己时，观众通常会有一种亲近感。这让他们更容易接受你的演讲。事实上，一些演讲者经常使用这种方法。

例如，爱因斯坦在一次科学研究会议上说，"因为我对权威的蔑视，命运惩罚了我，使我成为权威。这真是一个十分有趣的怪圈。"爱因斯坦说完这句话后，观众大笑起来。显然，观众被他俘获并接受了他的演讲。

古希腊演说家伊索·卡斯在对学生的演讲中开场说道："我的生活很遗憾，它是在政治道路上形成的一个'S'形，有太多弯曲的部分。听着，我的噪声就像一阵阵微弱的风，但我仍然想成为一阵风来震撼你的心，让你明白修辞的重要性！"伊索·卡斯在结束这次开幕式演讲后，也赢得了学生的笑声和掌声。这表明他演讲的非常成功。虽然这种开幕式非常个性化，但也存在一些风险。一旦使用不当，它可能会适得其反，弄巧成拙。

在使用这种演讲方式时，我们应该注意：自嘲不应该过度，也就是说不要严重地贬低自己的形象。自嘲应该保持积极乐观的情绪，保持一定的高度，最好有一点幽默感。也可以根据自己的语言风格和适销对路的产品特点，设计定制的创意开场白。适合自己的，就是最好的。

1. 自嘲是一种理性的人生哲学，是一种明智的处事方式

我们对自己的轻松幽默自嘲，是对人生百味深刻的咀嚼和对生活

的明智感悟。美国总统罗斯福有一次家里被偷，他的贵重物品被洗劫一空。当他的朋友知道后，都来安慰他。然而，罗斯福开玩笑地向他们解释说："亲爱的朋友们，谢谢你们的安慰。我要感谢上帝，因为：第一，小偷偷了我的东西，但没有伤害我的生命；第二，小偷只偷了我的一些东西，而不是全部；第三，最幸运的是他是小偷，我不是。"普通人的逻辑思维是，罗斯福应该谴责盗贼的不道德行为。但他知道盗窃已经发生，即使是最严厉的谴责也无济于事。他用某种自嘲来庆祝。他意识到生活不如意事常八九。面对人生凄风苦雨，我们应该有一种满足的心态。

2. 自嘲本身就是一种智慧

我们想想所面临的不愉快的事情、不幸的处境和不甘心的结果。在这一刻，如果你能冷静地对待自己，学会自嘲，你就会从被动变为主动，给对方一种轻松感。里根成为美国总统后，他前往加拿大进行国事访问。里根在演讲一开始就经常被反美抗议者打断。对此，加拿大总理皮埃尔·特鲁多看起来很不舒服，但里根对他微笑着说："这些事情在美国时有发生。我想这些人是从美国来到贵国的。他们想让我有宾至如归的感觉。"这种幽默的自嘲让特鲁多笑了。特鲁多顿时眉开眼笑，里根也摆脱了尴尬。

3. 自嘲是一种自信

自嘲人从不抱怨。我们敢于自嘲，也就是敢于面对自己的缺点和失败。自嘲的背后是一种人格力量。林肯是美国第十任总统，当时林肯的政治对手说他人前人后两幅面孔。林肯却说："世界上所有的人都知道我没有两面性。如果我有的话，我就不会以我这副尊容出现在所有人面前。"林肯在政治舞台上对对手的诽谤做出的自嘲回应，让人们觉得他气度豁达，很有人情味。从林肯的回答中，我们可以看到他的潇洒和自信。是的，一个人虽然长相普通，但拥有一颗美丽的心和非凡的智慧，是不是比那些金玉其外，败絮其中的人更可信、更可爱呢？这种自信本身就超越了自卑和崇高，体现了一种向上的人生哲学和乐观的人生态度。在即兴演讲中，如果演讲者能够恰当而适度地自我解嘲，这便是高度的智慧和教养。演讲者可以获得幽默感来"润滑"演讲者和听众之间的关系，增加演讲的趣味性。

4. 自嘲是调整心理平衡的良药

人受到委屈时，善于自我解嘲，用以调整心态，使不满的情绪得到缓解，为自己的心灵增加一层保护膜，还能使别人对你有个新认识。在生活中，恰当地运用自嘲，不是忌讳地谈论自己的缺点，扭转局势，反败为胜，需要足够的智慧和勇气。我们不妨试着锻炼锻炼，以豁达的心情面对自己的缺点，不要对自己的缺点斤斤计较，在适当的时候拿自己的缺点开开玩笑。这样不仅可以消除自己的尴尬，还可以获得他人的理解和尊重，确实是一种高超的沟通方式。

11.4　重复重点：强化你最想让听众感知的内容

作为演讲者，你最大的挑战是听众很快就会忘记你 90% 的演讲。因此，我们要解决这个问题，就要使用重复功能。它不仅是为了听众，也是为了演讲者。因为重复可以重组你的思维，并且再次驱动你，确保你没有偏离主题。

一个完整的会销过程需要较长的时间，从产品介绍到最后的成交，需要和客户不断地过招。在这个过程中，会销讲师所说的观点其实并不能够完全让客户记住。而这是关系交易是否能够成功的关键部分，是重点内容。因此，会销讲师在语言表达中需要重复地说出重点内容，以此来加强客户对重点内容的印象。

　　每一个产品都有他吸引人的特点，每一个优秀的特点都能够打动客户。同样，每个人的记忆力都是有限的。在给客户进行产品表述的过程中，如果我们只是平铺直叙的进行，那么在客户的脑海里，就会认为你的产品没有什么特别之处。你的产品对客户失去了吸引力，尤其是对一些善于比较的客户，你失去了对他们的说服力。

　　事实上，会销也是我们说服观众的过程。只有说服对方，我们才能有效沟通，达到我们的销售目的。最有说服力的是客户需求的关键内容。如果我们只向客户描述这些关键内容，就不会给客户留下太深的印象。我们在表达的过程中，要不断重复重要的内容，从不同的角度以不同的方式传递给客户，以达到在不影响顾客情绪的情况下传递重要信息的目的。

　　你想让对方记住某一件事情，最好的方法就是重复。喜欢看电视的人都知道，有的广告一次连放三遍，现在听说有的已经连放五遍了。这种广告虽然我们总是非常的讨厌，甚至是鄙视，但是我们总是最能够记住这类广告，甚至有时候还能够倒背如流，这就是重复的效果。我们阐述的重点内容也需要重复，不过我们的重复需要把握一定的技巧，要让客户在不厌烦的情况下记住这些重要内容。我们需要注意的是：

　　第一，从不同的角度进行重点内容的重复。比如，我们要突出一台车的离地间隙高的好处，我们可以这样说："如果您和您的朋友去野营，在遇到路况极差的情况下，这辆车会轻松的跨越一切障碍，极大地提高通过性……""我们这辆车具有越野车的离地间隙，您在享受轿车舒适性的同时，也可以享受到越野车的通过性"等。这种表达方式我们看到凸显的目的都是一样的，但分析的角度却不同，因此给客户的感觉也有所不同。

　　第二，以不同的表达方式进行重点内容的重复。比如，一位售楼人员为了体现房子结构的合理性，在刚接待客户时可以说："我们这个房子是南北通透，不管在冬天，还是在夏天，您都可以晒到太阳，格局设计是我省最著名的某某亲自设计……"在带客户看房子的时候可以说："这个房子的格局设计可以说是非常的成功，他让您一年四季都不出门就可以沐浴到阳光的温暖……"这两种表达方式不同，但目的是一样的。我们在不同的环境采用不同的表达方式，对重点内容重复，会让客户感到耳目一新，更有益于加深客户对重点信息的印象。

第12章

巧妙提问：探索客户更多需求

在会销演讲开始时，你要用互动式的提问去引出接下来要讲的内容。如果你的问题能够击中大多数观众的"痛点"，那么你就可以瞬间抓住观众的注意力，使大家一开始就带着一种"渴望"、带着一种寻找答案的心情，认真地倾听你的分享。

12.1　抛砖引玉，引起客户对自身需求的再发现

所谓"抛砖引玉"，是指销售人员要对客户的需求能起到引导的作用。当我们在聊天中发现了客户的痛点，挖掘出了一定的需求，而且可以确定客户对此有一定的认知，那么我们就可以像"主持人"一样开始引导客户。这并不意味着卖家在销售中处于最主导的地位（客户是真正的领导者），而是说卖家的做法与"主持人"的日常工作类似。

销售中最好的沟通方式就是把你想说的话设计成问题，抛给客户，然后让客户通过回答你的问题，说出他想要的东西；也就是让客户自己说服自己，自己成交自己。我们拜访客户前设计好的问题就是"砖"，拜访客户时就可以结合当下的情景抛出问题，引导客户说出他的那块需求的"玉"。

"抛砖引玉"这个利器分成两部分：设计问题，抛问题。设计问题其实就是我们要列一个"问题清单"。所以，我们在拜访客户之前，或在即将展开一场谈判之前，先试试这个"设计问题"的利器。我们在拜访客户前的"第一步精心准备"中总结了优势和给客户带来的利益。

1. 结合客户的需求，设计开放式问题

我们总结出了个人、公司、产品的独特优势，但这些好处不一定全是客户需要的，"放之四海皆准"的东西是没有价值的。比如，你认为大公司能给客户带来影响力，而这个客户在当地已经是龙头了。他喜欢和小公司合作，享受那种受尊重、受重视的 VIP 感觉。所以你的大公司有实力，这个好处在他的面前没有价值了。关键是我们要从"第三步找到的客户痛点"中，找出那些与我们的独特优势相匹配的痛点，把我们的优势跟顾客的痛点搭一座桥梁，用开放式问题把它们连起来。我们

之所以要使用开放式的问题,是因为这样的提问方式不会让客户产生厌烦的情绪,还可以让客户透露自己更多的想法。同时确定客户是否存在这个需求,你才可以有的放矢。

2. 抛话题,确认需求

要把设计好的问题一个一个抛出来,得到客户的确认;不能自说自话,一厢情愿,要反复地跟客户确认他的需求。

3. 杠杆问题

如果客户有这个需求,就要用杠杆式问题,进一步放大、加强需求的重要性和紧迫性。这样你所拥有的独特优势才有价值,否则没有价值。

下面以销售和客户之间的简短对话为例,进行简要分析。

(1)针对"需要增加客源"这个痛点"抛砖引玉"。

业务经理:您现在的终端客户有多少?

客户:因为我做这个行业才一年时间,所以客户不多,也就 50 个左右吧。

业务经理:如果客户不多,对您的业绩有多大影响?

客户:客户少,业绩上不去,所以经营成本高,没优势。

(2)针对"对蓄电池品质要求高"这个痛点"抛砖引玉"。

业务经理:我看您这里出租车生意很多啊,您目前经营的品牌在出租车上使用情况怎么样啊?

客户:别提了,很多车主用了半年就退回来了,我正头疼这些事呢。

业务经理:产品质量这么差,客户会怎么评价您呢?

客户:有的跟我吵,有的让我赔偿,这次算是吃够苦头了!

(3)针对"店面建设"这个痛点"抛砖引玉"。

业务经理:您的店面位置挺好的,您觉得您的店面形象怎么样呢?

客户：不太满意，装修一个好的店面大概要花两三万元，现在手头紧，过一阵子想好好装修一下。

业务经理：如果把店面装修得高端、大气、上档次，会对您的客流量有多大影响？

客户：会吸引更多的客户进店啦！

业务经理通过三次"抛砖引玉"，已经胸有成竹了。

12.2　因势利导，挖掘出客户的潜在消费力

在日常生活中，每个客户都有不同的需求。有些客户的需求非常明确，不需要卖家提供太多建议，但他的购买并不意味着他所有的需求都得到了满足。事实上，他仍然有很大的购买潜力，但他还需要开发。这些优秀的卖家不仅满足了客户当前的需求，还最大限度地发挥了客户潜在的消费能力。当然，一些客户会找到各种理由拒绝卖家的推荐。并不是客户真的没有需求，而是卖家不能很好地利用这种情况，更不用说刺激客户的潜在消费了。

事实上，卖家要想刺激和挖掘客户的潜在消费，关键是要学会利用这种情况。那么，你是如何挖掘的呢？自然是通过对话和沟通来了解客户"最初"购买的目的、功能和风格，然后逐步挖掘。最后，根据客户的需求，在风格、色彩、功能上进行"组合设计"，以呈现产品的三维形象，最终满足客户的需求。下面的案例，我们可能已经见过数千次了，但有必要在这里重复一下。

一位老太太出去买水果。路边有几个水果店，里面有各种各样的水果。

老太太走进第一个水果店。

老太太：你的李子味道怎么样？

卖家1：我的李子又大又甜，不贵。你要多少斤呢？

老太太摇摇头走了。

老太太来到第二家水果店。

老太太：你喜欢李子吗？

卖家2：我的李子很新鲜。你想尝尝吗？

老太太还是走了。

老太太来到第三家水果店。

老太太：你的李子味道怎么样？

卖家3：我这里有各种各样的李子。你要多少斤？

老太太又走了。

老太太来到第四家水果店。

老太太：你的李子味道怎么样啊？

卖家4：老太太，如果你一个人吃，我建议你买这个成熟的，又软又甜的。如果你买给年轻人，我建议你买这个八成熟的，虽然有点硬也有点酸，但嘎嘣脆很爽口！你想要什么样的？

老太太：我想要一些酸的。

卖家4：哦，夫人，大多数人喜欢甜点，而且害怕酸。你为什么要酸的？

老太太：我儿媳妇怀孕了，想要酸李子。

卖家4：夫人，你对儿媳妇真好。将来，你的儿媳会给你生一个胖孙子。你想要多少斤？

卖家4：电视上说，在怀孕期间必须保持营养。这样，出生的孩子就会很聪明，将来上一所名牌大学是没有问题的。猕猴桃含有多种维生素。你想买一些吗？

老太太：给我称三斤！

为什么同一条街上有四个水果摊，质量和价格都差不多，但第四个却取得了如此巨大的成功？这是因为第四个卖家开发了老太太的消费潜力。前三个水果摊的老板感觉老太太想要李子时，他们直接问"你要多少斤？"他们不会问这些水果是给自己吃的，还是给别人吃的。从服务的角度看，他不够关心。但第四个卖家利用各层面的情况，深入挖掘老太太的需求，恭维老太太快有孙子的喜悦，给了老太太一个美丽的愿景——"大胖孙子"和"名牌大学生"。对此，老太太能不高兴吗？

那么，销售员在因势利导客户的时候，应该注意哪些问题呢？

1. 完全了解你的客户

只有充分了解客户，我们才能完全控制客户，在推荐产品时"尽力而为"。当卖家向客户推荐产品时，必须介绍产品的优点，但请记住，不要在介绍时眉毛胡子一把抓。如果你说了很多，但是客户还是不了解产品的好处，那么这些话将是徒劳的。

2. 沟通要深入，切忌只停留在表面

我们跟客户沟通的时候，不能只停留在客户所说的需求表面，如果这样只能卖给客户一件产品；若是能够跟客户深入地沟通，不仅能卖给客户一件产品，十件、一百件也是有可能的，而且客户会变成一老客户。

3. 沟通内容要宽泛

每个人都不是孤立存在的，要想通过一个客户带动更多的客户，就需要销售员在与每一个客户沟通的过程中注意扩大沟通的范围。你不仅可以和客户聊他当下所需要产品的内容，还可以聊聊客户家庭成员的兴趣爱好等。如果你跟当下这一个客户聊得很好，他就会将身边的七大姑八大姨介绍给你，这样你的客户资源就会越来越多。

总之，我们在引导客户消费的过程中，不仅要了解他们当下的需求，还要挖掘客户的潜在消费力。这是一个成功销售员必须具备的技能。

我们要全面了解客户的需求，重在挖掘客户的消费潜能。客户只需要一双鞋子，但是买了鞋子之后发现和鞋子搭配还需要一条裤子，与裤子搭配还需要买一件上衣，如果再配一条丝巾就更加完美了……由一双鞋子到裤子、上衣、丝巾就是消费潜力不断挖掘的一个过程。

你要学会引导你的客户进行消费。在引导的过程中你要全面了解客户，不仅了解客户本人，客户的家庭成员、周围邻居都是你要了解的内容。他们都是你未来的客户，关键看你怎么去引导了！

12.3　换位思考，从客户角度帮助客户解决问题

如果卖家希望客户心甘情愿掏钱付款，他必须学会从客户的角度理解并帮助客户解决问题，从而真正打动客户。如果卖家自始至终都站在销售产品的角度，他不仅无法理解客户的情绪，也让客户感觉到卖家是为他的钱而来，而不是真正帮助自己解决问题的。如果你给客户这种感觉，就很难达成交易，因为客户总是保持警惕。他们介绍得越多，客户就越感觉不安全。

事实上，销售是与人打交道的艺术。移情，也就是换位思考，是从客户的角度帮助客户解决其真实需求的过程；就是要在情感上打动顾客，把顾客的心和你的心联系起来，你的想法就是顾客的想法。这样才能赢得顾客的心，自然地达成交易。

丽贝卡的工作就是卖化妆品。那天她去拜访一位老客户。当她走进商店时，发现店主躺在沙发上看电影。

丽贝卡接着问：姐姐，你的小日子很舒服！多羡慕啊！

客户：嘿！谁想整天无所事事！但是现在生意越来越难做了！瞧，我店里有几个顾客我不认识？顺便说一下，我几乎没有从你们的化妆品中获利，所以我没有把它们放在货架上！

丽贝卡：姐，我的化妆品上架不上架无所谓，您店的生意才是大事情。对了，上个月我来您店里感觉生意还挺好的，怎么短短一个月就会发生这样大的变化呢？

客户：你可不知道啊！我们店周围又开了几家化妆品店，有了竞争对手，我的生意就大不如以前了！

丽贝卡：原来是这样啊！姐，您也别着急。您这家店依然有自己独特的优势，比如，您周围有好几个高档小区，有了这些得天独厚的优势，相信重新赢回客户不是多么大的难事。要不这样吧！我之前也有开化妆品店的经验，我们一起分析，看那几家化妆品店的优势在哪里？知此知彼才能打赢这场战斗！

客户：那几家店开业没有多久，为了吸引更多的客户，他们三天一小促五天一大促，而且今天六折明天五折，很多客户都跑到那些店去了！

丽贝卡：原来是这样啊！那些店只能短时间内搞一些促销折扣活动，长期做活动是不可能的，再说，客户都跑到那些新店，是因为对新店有些新鲜感而已，去一两次，新鲜感过去了，不可能像现在这样冲动了！所以，我建议您将店里陈列布局变一变，将橱窗的广告也换一换，再上一些新的化妆品，这不就有新鲜感了吗？另外，您也可以选一些利润点高，销量好的产品，隔三岔五做一些促销活动，照样可以吸引一些客户回头来您这里消费了，您说是吧？

客户：不错，不错，你说得很有道理！

丽贝卡：我们公司最近推出几款新的化妆品，客户反响还不错，正好适合做促销活动，您可以试试看！

客户：好，给我订一些！

通过丽贝卡的成功案例可以看出，她从进客户的门得知客户生意不如意的时候，就没有再急切地推销自己的产品，而是站在客户的角度考虑，不仅为客户的生意不如意感觉到惋惜，更重要的是她站在客户的角度思考，帮助客户出谋划策，真正地帮助客户解决问题，让客户有生意做。客户也没有将丽贝卡当外人，所以很快接受了丽贝卡的推荐。那么，销售员在换位思考的时候，如何顺理成章地推荐自己的产品呢？在这个过程中需要注意哪些问题呢？

在与客户沟通中，要找到客户真正想解决的问题，为客户着想。如果卖方从自己的角度思考，很容易引起客户的戒备，最终也很难达成一致。如果卖方从客户的角度思考，能够与客户产生共鸣，客户很容易信任你，那么交易就很容易。当客户面临无法解决的问题时，如果卖方能够站起来帮助客户解决问题，客户将非常感激。这样，产品的销售就不会成为问题。我们要学会在正确的时间提出正确的要求，没有无缘无故的爱或恨。卖家帮助客户的最终目的是推销他们的产品。在向客户提供产品建议时，他们必须抓住机会，在正确的时间提出适当的要求。只有这样，顾客才会心甘情愿地接受你。只有通过换位思考，顾客才会觉得你不是一个自私的人；只有通过换位思考，客户才能感觉到你是一个可靠的人；只有通过换位思考，你才能实现有针对性和成功的交易。

换位思考很关键。如果不能换位思考，销售员说自己的，客户说他自己的，彼此不能同频，只能让彼此的心距离很远，成交距离更远。如果我们能够换位思考，彼此的心才能在一起，成交就更容易。我们要"创造困难"，换位解决。只有客户有需要解决的困难，销售员才能顺理成章地去帮助解决，才能为换位思考创造条件。如果客户没有困难，那么销售员一定要"创造困难"，找准痛点，在帮助客户的过程中换位思考，才能真正打动客户的心，为成交打下坚实的基础。

12.4　以请教的口吻解决客户问题

在销售过程中，如果卖家能够及时发现客户的隐患和顾虑，那么客户是可以被锁定的。但是我们如何才能发现客户的隐患和顾虑呢，特别是当客户没有明确指出他们目前面临的问题时？让我们用比林斯印刷公司的销售经验来解释一下。当比利斯去见她的老客户时，她并没有一开口就销售她的产品。相反，她问她的客户。

"我听说你已经使用我们的打印机很多年了。现在我在做产品调研。我问个问题方便吗？"

客户：可以的！

比林斯：你使用的打印机的正常使用寿命是五年，对吗？

客户：是的。

比利斯：我们的打印机在市场上卖 2 000 元，那么你每年的平均投资是多少元？

客户：400 元！

比利斯：我们一年有将近 50 个星期，所以每周的工资应该是 8 元？

客户：是的。

比利斯：我知道你们公司工作时间长，经常加班。所以假设这台打印机每周工作 6 天，每天的费用是多少元？

客户：1.3 元。

比利斯：如果市场上推出高速打印机，它可以节省成本和时间，你会选择试用吗？

客户：让我试一试，看看效果如何！

节约成本不仅是每个企业的追求，也是企业的痛点。聪明的卖家知道在不同的客户面前有不同的销售方法。从他对客户的理解来看，比利斯并没有在他一见面就直接指出客户业务的痛点,而是首先提出建议,通过一系列问题进行指导和深化,以便客户能够从中说出自己答案。顾客不可能颠倒他们的答案,否则他们就是自己打自己的脸!客户只能按照卖家的指导一步一步地进行,最后才能进行交易。

如果卖家一开始说他想帮助公司解决成本节约的问题,那客户一定会想你是谁?你想做什么?你的目的是什么?一旦客户警觉起来,就很难再次打开周转。如果你像上述案例中的女销售员一样,首先通过提问打开话匣子,以请教的方式打开突破口,客户就很容易接受了。别人请教你问题,你好意思拒绝吗?当然不好意思拒绝了。客户自然没有拒绝,很快参与进来,看似在帮助销售员解决问题,实际上是销售员指挥客户给自己"挖坑",到最后客户将自己置于"坑底",成交就成了唯一的"出路"。

销售员以请教这种方式提问的时候,一定要注意以下几个问题。

(1)不要什么问题都问,比如,隐私与商业机密等。如果这样的问题问多了,可能会引起客户的反感,客户甚至会拒绝回答任何问题。所以销售员不要什么问题都问,应该抓住几个关键的、有利于促成交易的问题进行提问。

(2)当客户给出的回答模棱两可时,销售员切忌慌乱,可以在模棱两可答案的基础上进一步提问,从而让客户慢慢地暴露出自己的真实意图和想法。

(3)切入产品推荐的环节时,销售员尽量以提问的方式让客户自己给答案,千万不要强迫客户必须接受你的产品,否则会适得其反。

(4)销售员在与客户沟通的时候,适时地降低姿态,让客户放松警惕,以请教客户问题的方式切入是完全可以的。而在不断地提问中,客户会不断暴露自己的痛点,销售工作也就能够顺利地开展下去了。

（5）请教不是低三下四。销售员在请教客户问题的时候，放低姿态没有错，但是绝对不能低三下四的。最好的状态就是请教者与专家两个角色随时互换，当向客户请教问题的时候，你是请教者；当面对产品专业问题的时候，你就是专家。

（6）帮助客户，不一定立马要回报。很多时候销售员是帮助客户真正地打开了心结，但是客户未必就立马购买你的产品。此刻，销售员千万不要对客户产生抵触的心理，而是应该具有平常心态。客户今天不购买，不代表着明天不购买。

12.5 旁敲侧击，探索客户的隐藏性需求

推销员经常遇到这样的顾客。他们没有明确的购物目的，看看这个，看看那个。如果他们认为有什么合适的，他们会买的。如果没有合适的，他们会在以后再说。事实上，这种类型的客户有很强的潜在隐藏消费。只要卖家有一些沟通能力，你就可以开发客户的购物潜力，并最终达成交易。如果卖家认为客户没有要求，并在听到客户说"我只是四处看看"，就放弃了对这种客户的挖掘，那么销售员就失去了一次挖掘客户的机会，失去了一次成交的机会。对于这种类型的隐藏消费者，卖家必须有耐心，并采取策略来发现客户的真正需求。销售培训中有一个经典案例。

主角是琳达，一位摄影器材店的售货员。那天，一个年轻人在琳达热情的接待下走进店里，只是说"我来看看"。琳达没有离开，她走近年轻人，看到他的眼睛从相机上掠过。

琳达问：你似乎对相机很感兴趣。你是摄影师吗？年轻人没有回答。

因为他没有表情，琳达问：通常是你在使用相机，还是你的家人会

更多地使用它？

年轻人：我们家刚生了一个孩子，我妻子想给孩子拍些照片。

琳达：祝贺你做了父亲。

年轻人笑了，但没有说话。

琳达：你有什么要拍照的要求吗？

年轻人：我爱人就想给孩子拍一些特写，留住孩子小时候的每个瞬间！

琳达：那您就买一台相机吧！

年轻人：可是我家里已经有相机啦！

琳达：现在的这台相机有什么地方使您不满意？

年轻人：这个相机旅游时候拍拍风景没有问题，但给孩子拍照片时感觉效果不是很好！

琳达：那应该是卡片相机，这种相机如果拍远景还可以，如果拍近景很容易模糊，尤其人物会显得不够精致。您用过单反相机吗？

年轻人：曾经用过朋友的单反相机。

琳达：您感觉怎么样？

年轻人：照片效果不错，但是这种相机显得有些笨重，携带不方便。

琳达：嗯，的确是这样，一旦携带不方便的话，就会错过很多孩子的精彩瞬间，会造成无法弥补的损失！

年轻人：我爱人就想将宝宝照片做成成长相册，不仅老家的爷爷奶奶看，更重要的是宝宝将来长大了，也可以成为他人生最宝贵的记忆。去影楼太贵了，本来现在有相机的人越来越多，影楼拍摄应该便宜才对，可没有想到现在影楼拍摄越来越贵了。

琳达：没有错，去影楼拍两三次的费用还不如买一台相机，再说孩子在父母身边，父母最容易捕捉到孩子的精彩瞬间，到影楼摆几个姿势，拍得肯定有点不自然。

年轻人：对，你说得没有错！

琳达：那我建议买一台既轻便又能够近距离拍照的相机，而且价格又不是太贵的，您觉得怎么样？

年轻人：太好了，我就需要这样的相机。你这里有吗？

遇到这样没有明确购买需求的客户，你会怎么做呢？琳达作为一位资深销售员，非常懂得挖掘客户的潜在消费欲望。她并没有被年轻人的冷淡击退，而是巧妙地旁敲侧击，让客户主动说出自己的困扰和目前的情况。在了解了客户的问题后，琳达进行了一番专业的回答，给客户提供了一个完美解决困扰的答案。结果自然是美好的，年轻人购买了一部满意的相机，琳达的业绩也一如既往的好。

我们还会遇到一些客户，他们表面上有明确的购物目的，但实际上对自己购物的对象及定位都不是很明确，甚至还有可能随时改变主意。那么，销售员只能不断与客户沟通，缩小产品的范围，明确购物的种类、功能、可以接受的价格，并且为客户提供最佳的服务，让客户觉得物有所值。无论客户的目的到底是什么，销售员都要认真对待。如果仅凭客户口头意思，随意给客户推荐几款产品，客户买回家觉得不满意，或者并非是自己想要的产品，那么销售员不但要面临售后的折腾，也会让客户对自己心生芥蒂。

因此，销售员在推销商品的时候不能只顾及眼前的利益，还应该顾及未来的利益，认真服务客户，以获得客户的信任、认可，客户才能成就你的现在和未来。

注意，你不要"敲"离主题。销售员在"旁敲侧击"的时候，一定要"敲"对地方；另外，始终不忘自己的核心目标，但还要将"目标"隐藏起来，不能让客户看到，否则，客户认为你就是冲着他的钱来的。我们开发客户隐藏的需求，需要一个过程。所以，我们开发潜在客户千万不要着急，如果想一步到位，只能适得其反。最好的办法是步步为营,层层深入,最终不知不觉到达客户真正的需求点,这样才是最完美的开发。

12.6　将客户的注意力从演讲者转移到产品上

为了在销售会议上引起听众的兴趣,吸引潜在消费者的注意,销售人员的叙述需要有亮点,这主要取决于产品的卖点。我们想象一下,在一个盆景展览中,有各种各样的绿叶,而且风格和谐统一。此时,如果你在绿叶上展示一株红茎的盆栽植物,疲惫的人们,麻木的眼睛都会立即受到冲击。这种视觉冲击很可能让人们有心理冲动,也许下一秒就是"消费的举动"。当然,这个"红蕊"是让消费者成为消费者的关键。我们从专业角度来看,"红蕊"成了一个"销售点"。

随着互联网的快速发展,一家公司采取了视频直播的方式来推广和销售产品。直播持续了一个多月,很少有人观看视频,粉丝也很少。当然,效果不是很好,也没有达到老板的预期效果。老板有点担心,让我找个向导看看问题出在哪里。我说:"好的,我去看看你以前是怎么做的。"

直播室位于公司办公室的一栋房子里,有两个二十多岁的年轻女孩照常轮流直播。我坐在老板的办公室里,打开电脑,仔细观看了现场直播的内容。直播开始后,与很多直播一样,主播开场了打招呼,之后便是产品介绍,有时回答一些观众的问题。这时的观看人数是 60 人。直播时间总共 2 小时,看了 1 小时后,虽然主播说了很多关于产品的内容,但我始终不明白产品的卖点是什么。

我实在忍不住,于是问身边的老板:"现在直播的这款产品卖点是什么?"

老板说:"不是主播在介绍产品的时候说过了吗?"

　　我说："主播只是把产品的特性详细地说了一遍，哪些是产品的卖点，好像并没有凸显出来呀！"

　　对老板及熟悉他们产品的人来说，主播将产品功能详细介绍一遍就是将卖点告诉了消费者。而对于像我这样不熟悉他们产品的人来说，因为重点不突出，似乎并没有发现产品的卖点是什么。对于大多数观众来说，他们和我一样，相信也不知道到产品的卖点。直到两小时直播结束，我看了一下，观看人数不到 80 人。显然，粉丝少、效果不明显的主要原因是主播在介绍产品的过程中平铺直叙，没有凸显产品的卖点，没有精彩点，抓不住观众的眼球及好奇心。

　　那么，产品的卖点是什么？它究竟蕴含什么内容呢？卖点，顾名思义，就是产品出售的亮点，即产品与众不同之处。对于会销人来说，一个你能看到、听到或者想到的"另类"的点，能够吸引消费者的眼球，这就是产品的卖点。从消费者的角度上来说，卖点就是他们消费的理由。一个产品一旦有了"卖点"，就预示着它已经是一个成功的产品了。

　　在通常情况下，卖点可以划分为显性和隐性两类。

1. 隐性卖点

　　先说说隐性卖点。有一家咖啡店，店内布置得古色古香，空气中飘散着饮品的香味和优美的音乐。店主在经营茶品、咖啡的同时，又在店内布置了一个和装饰搭配的书架，书架上摆放着各种类型的书籍以供顾客取阅。这家店每逢周末就会客满，而且顾客通常都会停留两三小时，甚至更久。咖啡店的顾客虽然不是源源不断，但盈利一直非常好。故事中咖啡店的"另类"之处就在于它的书。一个书架，几本书，既提升了店的档次，又拖住了消费者的脚步。消费者渴望在忙碌之余放松片刻，而咖啡店正好抓住这种心理，提供闲适的享受。在这里，"享受"就是卖点,也是消费者的买点。

"享受"是一种抽象的心态,是看不见摸不着的。人们通过产品满足自身情感所需要的慰藉。类似于"享受"这种看似在无形之中,但又使人真真切切感受得到的卖点,我们称为隐性卖点,也叫"精神卖点"。隐性卖点是会销人员较为容易发掘的,也是消费者最常接触的,如商品的信誉、文化及上面讲述的"享受"等。

2. 显性卖点

相对于隐性卖点,显性卖点就很容易理解了。

随着高科技不断进步发展,各种数码产品层出不穷。而技术的不断革新,在推动人类进步的同时,也给商家带来巨大利益。飞利浦将"声控拨号"技术应用在移动电话上,使品牌的知名度和销售量迅速增长。英特尔的核心产品——电脑芯片,技术含量在世界上首屈一指。实例中的"声控拨号""电脑芯片"都是属于高新技术,其技术的"革新"是它们独步天下的关键,是让产品在众多同类中胜出的重点。这个技术革新带来的"创新",就是我所说的卖点。

但是,人们在追求"新意"的同时,还存在一种从众心理。当某一个产品流行的时候,人们也会不约而同地蜂拥而上。对消费者来说,会场中的"潮流"是一个很大的卖点。当然,很多商店数十年,甚至数百年屹立不倒,靠的不仅仅是顺应潮流的变化或者其自身不断更新的特色,最重要的还是品质。品质是绝大多数消费者所看重的,也可以说是一个商品永恒的卖点、消费者永恒的买点。

显性卖点还有很多,如形象、售后服务等。

在会销方面,与商品的其他销售渠道一样,凡是能给消费者带来身体、精神、情感上的冲击,使消费者形成"消费心理"的东西,都可以称为"卖点"。需要注意的是,在发掘或者创造卖点之前,会销讲师要先清楚产品的目标受众是哪些人，也就是首先要确定产品面向的是哪类消费群体。会销过程中，会销讲师务必要明确推销产品的目的是服务生活。如果你把一个价值百万元的水晶面向年收入十万元的人群做销售，即便这颗水晶再有卖点，对于消费群体来说，也是难以存在买点的。所以，卖点并不是被盲目地创造、传播的，它在成为卖点的同时，也要成为消费者的买点。

第13章

演讲效率：重视结构化表达

　　人人都可以演讲，但讲出来的内容往往有天壤之别。你觉得自己讲得不好，于是拼命练习表达技巧，训练写讲稿的能力，努力提升文采，以求提高演讲水平。你如果只是这样练习，很难讲好。因为在演讲方面，新手与高手的差距除了表达能力和写稿能力外，还有一个更核心的东西——结构化表达水平。

13.1　说服与引导原理：放大你的影响力

影响力是什么？影响力一般是指在人际交往中影响、改变他人心理和行为的能力。从概念上看，影响力的本质和说服力是一样的，两者产生的结果都是让他人的行为和心理发生变化。因此，影响力也是说服力。

在所有的影响力中，最明显的是领导的影响力。领导是在各社会组织和团体中产生的。这个领导的言行和自己的价值观都会对组织的成员产生很深的影响。成功的领导者凭借自己的影响力，使集团成员在集体生活中与他保持一致，让行动成功地符合集体活动目标，最终顺利实现组织构想。因此，影响力也是考查领导者是否合格的标志。

美国耶鲁大学曾经做过实验。被试者是当地一个专业知识能力很强却一向不怎么受欢迎的人给大家讲述一些理论知识。实验结束后，研究人员发现他的理论很少被人们所接受。过了一段时间，研究人员再次测试了当时的听众。随着时间的推移，人们已经记不清楚这些理论的解释者是谁，但发现这些理论影响着他们的生活。

通过这个实验，研究人员发现一个人的素质和知识都可以影响人，但是发生主要影响的还是知识。也就是说，说服他人的不是这个人，而是这个人在某个领域的权威。当然，如果这个人有着发自内心让人追随的个人魅力就更好了。上面的实验还告诉了我们一个道理，虽然不是谁都能成为领导者，但是通过掌握某个领域的专业知识，成为让人信服的"专家"，让这种"专家权威"来帮助自己成功地说服别人。

通过影响人们日常生活的各种现象，我们可以看到，最有影响力的人有以下三个特点：重视他人、团队合作、风雨同舟。这是耶鲁大学心理学教授通过研究得出的领导者特征。这三个特征满足了人们的心理需求,即被重视、归属感和集体感这三种心理需求。这些心理需求是由人性造成的,正是这种心理需求造就了领导的诞生。然而,即使人群中没有明确的团队,我们仍然可以从这个角度找到培养影响力的方法。要培养你的影响力,你应该从心胸宽广开始。

托尔斯泰说:"世界上最广阔的是海洋,比海洋更广阔的是天空,比天空更广阔的是人的胸怀。"只有一个人的心胸足够宽,才可以容纳他人并看到他人的优点。一个人只有胸襟开阔,才能不拘于小节,容忍别人的错误。一个人只有心胸开阔,才能不以自我为中心,看到别人,关注别人,从而让与之相处的人产生被重视的感觉。如果你宽容大度,你就不会对他人太苛刻。这样,你不仅可以与他人和睦相处,还可以让人们主动接近你,在不知不觉中塑造你的影响力。

再有,我们要博学广闻,以才服人,能了解情况并广泛听取意见。在生活中,有时我们不能成为专家,但我们不能忽视自身才能的培养。

我们要说服人,首先要培养思辨能力,知道说什么,不说什么,在什么场合说什么,不恰当的言辞会导致什么后果。一个人只有仔细地思考和分析他所面临的情况,才能始终采取谨慎的态度,不让自己难堪,为赢得他人的信任奠定基础。

我们以才服人,还要注意自身综合能力的培养。一个人的综合能力需要以广博的知识和丰富的经验作为铺垫。当一个人具有很强的综合能力,在现实生活中表现出很强的适应能力时,很容易得到周围人的钦佩。这种钦佩感一定会像磁场一样吸引周围的人,让这些人能够自然而然地接受他的思维方式和行为方式。

最后,要强调的是,无论你如何培养自己的影响力,都不要忽视自己的内在品质,尤其是诚实守信。否则,无论我们建造多高的大楼,基石不稳,终究不稳定,道理是一样的。

13.2　黄金圈法则结构：Why/How/What

Facebook 创始人扎克伯格，2015 年在清华大学经济与管理学院发表了一次中文演讲，引发了一场热潮。人们不仅对演讲的内容感兴趣，而且对演讲所使用的技巧也津津乐道。这篇演讲的结构如下："今天我想讨论世界变化的话题。今天我想给大家讲三个故事，就三个故事。"

这三个故事的结构是：

第一层：Why。讲述"我"为什么要做 Facebook，是什么让我想改变世界。

第二层，"How"。"我"如何改变世界，有了目标和使命之后，怎么才能做好？答案是专注。

第三层，"What"。"我"要向前看，不放弃，成为全球的领导者，去改变世界。带来什么结果？可以提高人们的生活，可以用互联网影响全世界。

这三个故事其实就是黄金圈结构：Why/How/What。扎克伯格运用黄金圈法，把一个宏大的主题做了完美且到位的诠释。

黄金圈思维模式的提出者是西蒙・斯涅克，他在 TED"伟大的领导者如何激励行动"的演讲中提出"Why/What/How"的思维模式。为了说明这种模式的优势，和解释从"为什么"出发和从"是什么"出发有多么不同，西蒙举了一个非常精彩的例子：

普通人这样做营销："我们生产的电脑性能好，外观好，运输方便。买一台怎么样？"这告诉客户，你卖的电脑的特点是什么（What）。

苹果的营销人员会说："我们所做的一切都是为了突破和创新。我们坚信，我们应该有不同的思考方式。我们挑战现状的方式是设计精美的产品，用起来简单友好。在这个过程中，我们制造出了最好的电脑。你想买一台吗？"

苹果的广告语言传达了它的价值观、目标以及它制造这台电脑的原因。我们每个人都渴望克服现状，追求更好的东西。这是人类的天性。苹果告诉你，"我也是。来吧，上我的船，我们是一样的！"这是在谈论底层逻辑（Why）。

Why：思考为什么要这么做，我们的目标、意义、价值观。

How：我们采用什么方法、措施。

What：我们的产品表现形式是什么。

例如，Why：①消费者想要更快的马，而马做不到。②消费者想要的是更快的交通工具，方便出行。③How：用工具取代马。黄金圈思维模式是一种由内而外的思考方式，从原理开始，先弄清楚"为什么"，搞定意义和价值观；然后再回到战术层面，我们应该"怎么做"；最后才是了解我们做的"是什么"。

我们为什么要用黄金圈思维？因为我们先从 Why 思考，更容易发现事物的本质。苹果公司 Why 的这一层说的是"Think different"；How 的这一层说的是"极致的用户体验和先进的技术"；What 这一层说的是 iPhone，高清视网膜屏、超薄的金属拉丝外壳等。因此，它没有像当时的其他手机制造商那样盲目追求通信质量，而是开发了一款独特的 iPhone。

再如，几家国内旅游巨头将涉足酒店业，因为人们在旅行时总是住在酒店。对他们来说确定了 What，然后就是不断地围绕 What 去做 How，比如，如何让游客住酒店更舒适，如何让生活更方便等。但 Airbnb 却恰恰相反。你旅行时为什么要住旅馆？这真的是人们需要的酒店吗？也许很多人只是需要一张床和一顿早餐。这就是黄金圈思维的威力。我们把"Why 优先"作为一种习惯，可以深刻理解用户的真实需求，直接聚焦问题的本质。

我们总结一下，黄金圈结构模型，特别适合用来做产品介绍或者项目演讲：

（Why）我为什么要做这个项目？

（How）这个项目如何帮助、改变他人？

（What）这个项目有什么价值？

在这三部分中，如果我们能分别加入其中一个故事，那将是一个杀手级的演讲者。

13.3　PREP 结构：Point/Reason/Example/Point

PREP 结构的名称听起来很高大上。事实上，它是最基本的总分总结构，用途广阔。你可以在任何演讲场合使用它，无论时间长短都可以。

PREP 四个英文字母分别代表：Point，观点；Reason，理由；Example，案例；Point，观点。我们是不是感觉很熟悉？其实我们在学生时代经常用这个结构来写作文，是最经典的作文结构，也是绝佳的演讲结构。

PREP 结构的关键是毫不犹豫地表达意见，抛出观点；最后两三个理由就足够了。我通常建议给出两个理由，这样比较容易让观众接受；在这种情况下，最好讲述自己的经历或故事，这样会更有说服力；最后，重复并强调你的观点。我给你举个例子：假装自己是手机生产商，要准备一场发布演讲。如果你试着用这个结构，你可能会这么说：

Point，观点：所有拒绝平庸的人都应该配备一部××××××手机。

Reason，理由：第一个理由是拥有××××手机，就是拥有话题主动权，无论是品牌、外观、配置，还是软件，都充满了话题点，走到哪里聊起天来都会引人注目,随时随地成为话题中心。第二个理由是×××手机非常低调,××××手机的低调众所周知。

Example,例子:几天前,一个漂亮的女孩来参加我一个朋友的聚会。正好她的手机快没电了,当时,手边是没有充电设备的,充电器和充电宝都没有。就在这个时候,我从容拿出我的×××手机,递给这位美女,手机续航成功。她很惊喜,×××手机居然可以给她的手机充电。然后很自然,我们俩就加了微信,成了好友……

Point,论点:想要你的低调被全世界都知道,×××手机是你最好的选择。

13.4　时间轴结构:赋予演讲清晰的逻辑

流程思维,顾名思义就是在处理事情时,从事物发展的流程上进行思考和把控。流程思维是按照时间顺序(也是步骤顺序),将一个事件进行分解,可以将其简单地分为事前、事中、事后。那么,我们对"前、中、后"的把控,以及对"前"和"后"程度的拿捏,就是流程思维的艺术了。

我们先来看一个案例。

李先生原来是一家外企的行政经理,后来跳槽进入某快速成长型民营企业,做总裁办主任,直接向公司老板兼 CEO 汇报工作。走马上任后,老板交给他的第一项任务是写一份会议管理制度,以提升公司会议管理水平。

李先生问老板:"会议管理制度的目的是什么? 当前会议管理中存在哪些问题? 您希望我通过改进会议管理来实现哪些目标?"

老板想了想说:"公司的会议是有组织、无纪律,按计划在 9:00 举行的会议,常常要等到 9:30,人才能到齐,正式会议效率很低。我希望通过这个制度，我们能够有效地解决会议人员到会晚、效率低的问题，给公司会议管理带来重大变化。"

在明确了目标后，李先生立即制定了《关于强化会议纪律的管理规定》，明确了会议签到要求、会议纪律管理要求，如手机调成振动模式、不允许带笔记本电脑等。

制度出台后，李先生通过检查、考核等方式严格执行制度，受益于过往外资企业训练有素的执行督导能力，一个月下来，会议纪律有了明显的提升，迟到、缺席的现象几乎没有了。对此，老板给予了他高度的肯定。

可是好景不长，几天后，老板把李先生叫到他的办公室，对他说："你这个会议制度还是不行，需要修改。"

李先生非常纳闷儿："不会吧，难道还有会议纪律问题？"他谨慎地问道："老板，会议纪律还有哪些问题呢？"

老板说："会议纪律是没问题了，但会议室管理有问题，太混乱了。前两天，我去参加公司月度经营检讨会的时候，我开会的时候发现，会议室没有人打扫，会议设备也没有准备就绪，影响了会议的效率，你得好好整治一番。"

李先生接到任务之后，马上写了一份《关于加强会议室管理的规定》，发布之后亲自督导执行。一周后，会议室管理有了明显改善。看着会议室的管理井井有条，李先生不由得暗自得意起来，心想，老板一定会对他大加赞赏。一个月之后，老板又将李先生叫到办公室谈会议管理的事情。没有想到的是，老板对会议管理仍然不满意。

李先生怯怯地问道："会议室管理有什么问题吗？"

老板回答说："会议室管理是没有问题了，但我又发现公司存在会议跟进不到位的问题。我们开了很多会议，最后没有几条决议得到落实。决议如果不执行，召开会议有什么意义呢？"

李先生说："那我赶紧去写一个《强化会议跟进管理的规定》。"

老板说："你先别急着写，你能否一次将会议管理制度写到位，实现会议管理的有效管控呢？我需要的是系统的会议管理制度，而不是打补丁式的会议制度。否则一个会议管理我都不知道你要制定出多少制度，这种管理太散了，让人不放心。"

提出问题、分析问题，然后去解决问题，是李先生的强项。可是老板这次不说具体问题，要求解决会议管理的所有问题。这个时候，李先生感觉非常迷茫，真的是无从下手，束手无策。

我们可以看出，李先生执行能力非常强，并且擅长分析问题、解决问题。但是，在老板没有提出具体问题时，他就无从下手了。如果把企业的员工进行简单的职责分层，普通员工的职责就是做好自己手头上的工作，也就是做好执行。主管的职责是管好自己所负责的这一项工作，也就是落实执行，对月度目标负责。经理层是分管某一方面的工作，要思考清楚"怎样做"（如门店经理就要想清楚盈利模式，培训经理就要想清楚培训方案），并且确保达成年度目标。

每个层级各司其职，让公司良性运转。由此可见，李先生在制度完善的外企担任经理一职，是在完善的制度之下落实执行的工作。而正在高速发展的民营企业，制度还没有完善（即使完善，也是阶段性完善，随着企业的发展，还需要继续完善各种制度），他需要做的是使用全面解决问题的思维，由小到大，由点到面，自始至终。不是针对一个一个的问题去解决，而是从一个问题点切入，解决这个问题所在层面的整体问题。我们运用流程思维，可以很好地达成这个目标。

当老板不直接说出会议管理的所有问题时，李先生无从下手，是因为他还没有建立起流程思维，无法对一个事情全面地思考，更不要说解决问题了。所以，流程思维最重要的是转变思路，从问题导向变成流程导向。我们就拿这个会议举例，老板提出的会议问题有哪些呢？比如，参会人员迟到、缺席，会议室管理混乱，议而不决，决而不行等。

我们日常工作中还会出现会议资料准备不到位，各部门会议时间冲突等情况。如果把这些问题进行整理，我们会发现如下的关键词。

首先，会议流程分析。我们要对会议体系进行管理，做会议规划，系统地识别公司会议有哪些；要安排好不同会议之间的关系，计划好重要会议的时间，尤其是关注公司高管时间的分配，确保重要的会议得到优先的资源保障。

其次，从单个会议来看，我们按照会议召开的逻辑顺序可以将其分成会前准备、会议召开、会后跟进三个过程。会前准备包括：准备会议材料、通知会议、预定会议室。会议召开包括签到、会议主持、会议纪律管理、会议决议。会后跟进包括下发会议纪要、跟进会议执行情况、执行效果评估。

最后，我们要为会议召开提供合适的资源保障，即会议资源管理，主要包括会议室环境、会议设备等管理。这样进行分模块、分步骤的梳理，从而把控整个流程，就是流程思维的精髓。所以流程思维就是让我们从问题解决者转变成系统的设计者。

到底什么是"流程"呢？流程是把一个或者多个输入转化为对客户有价值的输出的活动。这里需要解释一下：首先，流程是一组活动，而非一个单独的活动。所以流程思维需要建立的是多次管理，而不是单次管理；其次，流程是要能够创造价值的，而不是无病呻吟、形式主义；最后，流程永远都会有一个对象，这个对象就是我们的客户。

有的朋友可能会说："我又不是销售部门，我哪里有客户呢？"对于后勤保障部门，"客户"就是在一线市场打拼的部门，还是自己的同事、上司。这并不是狭义上的客户，而是指与这个流程相关，能够获得价值的人。比如，公司与其他公司联合举办一场单身男女联谊活动，那么，客户就是参加这场联谊活动的单身男女和工作人员。这些人都是这场活动的客户,组织活动就是让这些客户在这场活动中收获价值,达到自己的目标,这个活动才会有意义。

在流程中,一共有几个要素,需要进行把控。

第一,输入资源,即保证活动顺利开展所需要投入的资源,包括时间、人力、物力、财力等。

第二,活动,即活动本身,比如,联谊会、招聘会。

第三,活动与活动之间的关系。流程并不是一个单一的活动,而是多个活动,这些活动之间相互存在关系。两个活动之间如果有关系,一般是并列关系或者串联关系。

时间流程是过去、现在和未来。此结构根据时间线指示来陈述。你可以摆事实、讲想法,关键是要遵循时间线。时间的前后关系是一种很强的逻辑关系。时间轴结构的含义是,不同的事物或故事可以通过时间线索联系起来,并给出清晰的逻辑。时间线是一个宏伟的结构,因为动不动就是 5 年、10 年、50 年、100 年。它特别适合领导和首席执行官之类的角色使用。

如何使用时间轴结构?你必须找到不同事物或故事之间的关系,然后根据这些关系对它们进行排序。让我们看一个例子,著名的葛底斯堡演讲。

美国第十任总统亚伯拉罕·林肯设计了一个"时间轴结构"的演讲。他说:"87 年前,我们的祖先在这个大陆上建立了一个国家。这个国家孕育于自由之中,致力于人人生而平等的理念。"这里第一次提到的时间点是 87 年前。

"目前,我们正在进行一场伟大的内战。我们正在考验这个国家,到底这个国家,或者任何一个有着这样思想和信仰的国家,是否能够持久存在。"这是林肯提到的第二时间点"目前"。

第三个时间点是未来。"我们应该致力于我们面前的伟大工作,要使那民有、民治、民享的政府不致从地球上消失。"林肯对民众发表号召说道。

在这里，林肯总统演讲的时间轴是"过去——现在——未来"。这种结构背后的逻辑是"过去——现在"的发展过程，它反映了事物发展的规律或趋势。根据这一趋势，我们可以预测未来。

13.5 金字塔结构：问题、原因、措施、结果

探讨结构化思维，一定要先讲一下金字塔结构。金字塔结构是芭芭拉·明托在《金字塔原理》一书中提出来的概念。金字塔结构是将结构化思维具象成一幅画后，形成的类似三角形结构的树状图。它直观地体现了由结论、论点、论据组成"先总后分"的结构。金字塔结构是在纵向上由一层至多层，在横向上分组排列的一个结构。

例如，在某次战斗指导中，司令官开门见山地说："就目前局势看，关于这次战斗，无非三种情况：第一种情况，我军先于敌军到达根据地；第二种情况，我军与敌军同时到达根据地；第三种情况，敌军先于我军到达根据地。"然后司令员一一讲述每种情况下我军应如何开展战斗。这便是经典的金字塔结构。

战斗指导结构图金字塔结构具有完美的逻辑性和结构性。为什么这样说呢？我们先来看一下金字塔的四个原则：结论先行、以上统下、归类分组、逻辑递进。接下来，我们对这四个原则分别进行探讨。

1. 结论先行

结论先行的意思是只有一个中心思想，并且把它放在金字塔的顶端。也就是说，我们的一段表达只有一个中心思想，并且放在最前面。

为什么要结论先行呢？

第一，大脑存储能力有限。相信大家都遇到过这样的场景：开会的

时候，领导讲第一点内容时，我们清楚地知道领导讲的意图；讲到第二点时，我们知道领导讲的重点是什么；可是讲到第五、第六点的时候，我们已经忘了第一点是什么。如果领导再继续发言，即使我们强迫自己去听，也记不住。这是为什么呢？因为我们的大脑有功能性缺陷——存储功能不强，每次能接收的信息量有限。如果我们不让结论先行，大脑里已经塞满了背景、冲突、要素、论点、论证等信息，就没有空间接收后面的观点了。《金字塔原理》一书中提到，一个人每次接收的信息量不能超过7点，3点最佳。所以，我们同时发出或者接收的信息量不能过多，并且结论先行，让大脑第一时间记住核心观点。

第二，大脑会按句理解信息内容。我曾经闹过这样的一个笑话。某次聊天的时候，我对朋友说："我借了小王500元一直没还！"朋友立刻回答："那你还不还给小王！"我一头雾水，明明是我借给了小王钱，怎么就要还小王了，应该是小王还我呀！转念一想，原来此"借了"非彼"借了"。这虽然只是一个误会，但是说明我们的大脑会按句理解信息。而对于同样的信息，每个人的理解都会不一样。每个人的成长环境、经验、想法都不一样，因此对待同样的信息，我们的大脑打开了不同的"抽屉"，提取了不同的过往信息。这种提取很有可能产生信息理解上的误差。想避免因为理解不同而带来的信息误差，我们就要提前告诉对方，我们的结论是什么，给后面的信息定性。

第三，大脑会自动推理句与句之间的逻辑关系。句子越多，信息量越大，大脑就越容易疲劳。比如，"我饿了"，接下来我会说什么呢？"有吃的吗？""我们一起出去吃饭吧！"……可是，如果我说："我饿了，我们赶紧出去跳绳吧！"你会怎么想？是不是感觉我饿出病了？神奇的地方就在于，"我饿了"和"我们赶紧出去跳绳吧"这两句分开单独理解是没有任何问题的，只是因为我把它们放成了前后句，你就认为我有病。这是为什么呢？因为我们的大脑会默认我们说话的前后句具有某种逻辑关系,大脑会一句一句地推导和理解前后句的逻辑关系。如果我们不提前告诉对方结论,那么,我们之后表达中心思想和逻辑关系时的句子越多,信息量越大,大脑逐句理解的工作量就越大,也就越容易疲劳,从而造成理解能力下降。在信息量相同的情况下,我们怎样才能节省大脑的工作量,保持较强的理解能力呢?没错,就是结论先行。

因为一旦结论先行,大脑对于后来接收到的信息就不再是逐句分析推理出结论,而是判断论据能否支撑论点。如果结论先行,比如,"参加完比赛快点去吃东西吧,我饿了。我们赶紧出去跳绳吧。"据此,你还会认为我有病吗?首先,我明确了自己的意图:参加完跳绳比赛后去吃东西。其次,你有没有发现,听到结论后再听后面的信息时,大脑从逐句推理变成了验证:为什么要快点参加比赛后去吃东西呢?原来是"我饿了"!参加什么比赛呢?原来是"跳绳"比赛。即使我说的有所省略,大脑也能自动补全:快点参加完(跳绳)比赛,然后去吃东西,我饿了。所以我们赶紧出去跳绳吧(早点跳完,早点吃东西)!

结论先行能够帮助我们聚焦中心。

在日常生活中,我们经常会看到有些人的表达杂乱无章、东拉西扯。如果我们一开始就明确表达的目的,并且把目的提取出来,那么接下来的表达往往就是证明自己是正确的,或者说需求是合理的。因为人就是会维护自己说的话,证明自己是对的。这样就有利于我们聚焦中心。结论先行只是一种方法,结论才是最难的部分。很多人做不到结论先行,是因为不知道自己的结论是什么,也没想清楚自己想要什么,才导致没有结论,想到哪儿就说到哪儿。他们的大脑对于相关信息的处理也是随意、零散、不成体系的,所以大脑在提取信息的时候自然困难,也做不到举一反三。我们不妨多问问自己:我们到底想要什么?明确我们想要的事物,它具体的状态是什么。我们经常会看到这样的结论:"2021 年工作总结""市场部工作会议"。它看上去好像有结论,实际上旁观者只能知道这份文件、会议的类别,却不知道表达者的中心思想。这就是不够具体的例子。不够具体,就意味着并不清楚自己到底想要什么!什么是具体呢?就是用数据和事实描述清楚事物的状态。结论先行,就是先给出具体的结论,放在金字塔的顶端,统领整个中心思想和表达。

2. 以上统下

以上统下就是在金字塔的纵向结构中,上一层是下一层的核心观点或者结论,上一层统领下一层。

假设我们拿着 A、B 两个方案询问同事的意见,同事说:"A 方案不错,非常有创意,让人耳目一新。B 方案也不错,成本很低!"听完之后,我们选 A 方案,还是选 B 方案?同事的回答是点评,而不是结论。如果是结论,就应该有能够支撑这个结论的论据。如果同事让我们选择 A 方案,那么接下来都是围绕 A 方案的优点来设计;如果同事建议我们选 A 方案,又对 B 方案念念不忘,那么,B 方案的优点只会起到干扰的作用。这就是以上统下,论据要能支撑论点。曾经我在一家知名鞋业公司工作,到店铺支援销售的时候,听到导购员这样介绍产品:"这款鞋子非常透气,穿多长时间都不会捂脚!透气是真的很重要的,我以前到夏天就长痱子,后来换了透气的衣服,就再也没长过痱子,所以夏天买衣服、鞋子一定要买透气的!"听完这段话,我们是会被这款鞋子打动,还是被它的透气打动?也许有朋友会说,这不是一样的吗?这款鞋子的卖点不就是透气吗?

其实不一样。鞋子很透气,主语是鞋子,后面阐述的论据要围绕鞋子开展。这才是以上统下,说服力才会更强。置换主语只会干扰听众的选择。我在线下培训展示这个案例时,很多学员都表示想买那件穿着不长痱子的衣服,而不是这款鞋子。导购这样说,效果会更好:"这款鞋子非常透气，穿多长时间都不会捂脚！透气真的很重要的，我以前穿不透气的鞋子，出门都不敢脱鞋，生怕熏晕别人，穿久了还会得脚气。后来我入职×××（品牌鞋公司），买了自己公司出的鞋子，就再也不穿捂脚的鞋了！您现在试的这款鞋子，采用的是×××透气工艺，比普通的透气工艺更加……"我们检查思维结构是否以上统下的方式就是提炼关键词，画出上下分层结构，然后判断下层能否支撑上层，并且做到主语一致。例如，主语是鞋子，就围绕鞋子的透气性展开论述；主语是透气性则可以列举各项生活中常见的具体场景来证明透气很重要。所以，下一层的展开范围取决于上一层的中心思想。

金字塔结构的纵向内容要符合结论先行和以上统下两个原则，这就能做到归整和统一。

3. 归类分组

归类分组就是把有相同属性的事物放在同一组。归类分组符合我们人类大脑的天性。大脑接收到信息后会自动关联过往事物，关联的结果就是分组，然后存储到对应的"抽屉"里。既然天性如此，我们就要利用好这种特性，帮助我们整理思想和传达信息，以便双方更好地理解和记忆。归类分组是根据信息的共同属性分组的。共同属性包括但不限于性质、功能、方向、层次、对象、时间等。下面我列举了一些常见的分组方式：

按性质分组：制度、文化；战略、执行；外表、内涵。

按功能分组：防寒、降暑；保湿、干燥；监督、辅助。

按方向分组：对内、对外；内因、外因；收入、支出。

按层次分组：高、中、低；公司层、业务层、职能层、运营层。

按对象分组：客户、厂商；制造厂、代理商、零售商、消费者；个人、团队。

按时间分组：实时、同比、环比；事前、事中、事后；过去、现在、未来；短期、中期、长期。

以上我罗列的仅仅是一小部分的归类分组的方式。因时、因地、因对象皆可进行归类分组，只要符合"MECE 原则"，都是合理的归类分组方式。"MECE 原则"来自麦肯锡咨询公司，中文意思是"相互独立、完全穷尽"。简单来说，就是各个要素之间要保证不能有交叉，也不能有遗漏，也就是"不重不漏"。详细的归类方法有很多，大家可以仔细研究。

4. 逻辑递进

逻辑递进是金字塔结构的最后一个原则，是指按照一定的顺序进行排序，这个顺序需要遵守的原则要有逻辑性。

朋友 A 向你描述他的工作内容：我负责会议工作，要找场地、写会议流程，把会议纪要进行整合归档，找会议主持人，布置会场，准备道具等。听完 A 的描述，你觉得他的工作处理得怎么样？当信息的排列不具有逻辑性时，我们的大脑就会陷入混乱，不知道如何进行加工处理，所以信息排列需要按照一定的顺序。

就像上面的案例，A 如果可以按照时间顺序表达，就会是这样：会议前——规划会议内容、确认会议流程、确认主持人、寻找场地、布置场地、准备道具；会议中——协助主持人完成整场会议、做会议记录；会议后——对会议纪要进行整合和归档，并对决策进行跟进、汇报。这种有逻辑的表述是不是就能在你的脑袋里面形成一套整体会议体系的流程图？

逻辑清晰能让他人更快地接收并理解信息，抓住重点，形成结构框架。逻辑递进常见的排序方式有：时间顺序、重要性顺序、演绎顺序。

13.6 论证类比：构建结构化思维

具备怎样的思维方式才是成熟的呢？我们先来看一个案例。众所周知，鲁班发明了很多工具，改善了人类生产劳动的技能。在这些工具中，锯子最为重要。他是怎样发明锯子的呢？相传有一天，他进深山砍树，手被野草划破了。他思考："为什么一棵草就能把我的手划破呢？"于是，他摘下草细细观察，发现叶子两边有锋利的齿。他用这些小齿在手背上一划，又割开了一道口子。他想到了蝗虫，蝗虫的大板牙也有这样形状的小齿，所以蝗虫吃植物速度特别快。鲁班从这两个生物上得到启发——如果发明这种齿状的工具，不就可以快速锯断木头了吗？于是，锯子就这样被发明了。我们可以看到鲁班的思维方式是比较成熟的，在手被草划破时思考"为什么"，之后还联想到了"蝗虫"，找到共同的规律之后，再将其运用到实践中。

鲁班的思考根据：是什么（What：是什么划破了我的手）、为什么（Why：为什么草能划破我的手）、怎样做（How：我如何运用小齿）的2W1H结构来全面思考问题的。

通过上述分析，可以看到，成熟的思维方式是会深度分析思考的。深度分析思考就意味着，不再只凭情绪、感觉来处理信息和做决策，而是会理性分析、挖掘本质、抓住关键。如何进行深度分析思考呢？这就需要借助结构化思维了。什么是结构化思维？结构化思维不是指某种单一固定的思维模型（思维方式），而是将各个思考部分系统有序地搭配或者排列组合。就像我们玩积木，每块积木都是一个思考部分。我们搭建房子就需要把多种不同形状的积木，按照房子的模型搭建起来。房子的模型就是系统结构，按照系统结构搭建思维的过程就是结构化思维。

　　结构化思维会把零散、无序的信息，加工成系统、有序的信息，便于我们提高认知、高效工作、正确决策，更有助于实现目标。所以，深度分析思考，需要借助结构化思维处理信息。如何判断自己是否拥有结构化思维呢？可以先做一套测试题。

　　结构化思维虽然是一种内在的思维方式，却体现在我们生活和工作的各方面。如果把自己的言行看成一棵树，"看得到"的言行是树干和树叶，思维则是被埋在地底下的树根。决定枝繁叶茂的基础永远是根，也就是我们成熟的思维——结构化思维的程度。

【本篇附录】成交流程（三）

塑造式：精准击中客户的痛点和痒点

作为消费者，需求的主要来源有两个，一个是痛点，一个是痒点。痛点是必须要去解决的问题，是基本的消费需求。痒点则是可有可无的，大多数是满足内心的某种欲望渴求。比如，病人看病，就属于痛点问题，不解决就直接影响生活；买奢侈品，就属于痒点的需求，是解决内心欲望的问题。那么针对不同的点，销售者要做的方式和方法就不一样了。以销售英语类学习课程为例。课程顾问第一步预备式，穿着要像老师的样子，自己的英语要过关，尤其是口语要标准；第二步运气式，调整好心态，放松情绪，建立信赖感；第三步试探式和探底式，了解客户的需求和渴望，为什么要提高英语，痛点是什么（无法升学，工作无法晋升等），现在情况如何等；等到客户认为痛点必须要解决时，到第五步塑造式，就是塑造产品价值并提出解决方案。

这里有两个关键点，第一个是放大痛苦，第二个是给予快乐。

放大痛苦就是客户觉得，现在的问题已经很严重了。如果现在不把英语学好，接下来会面临更大的困难，考不到好学校，找不到好工作等。这个时候他需要的是马上能解决问题的解药。客户不买就是痛苦不够大，他觉得以后还可以买。

痛点是消费者必须要解决的问题，而痒点并不是一定需要解决的问题。痒点是你要促进客户心中的"想要"，让客户心里痒，特别感兴趣，特别向往。就像现在很多"美"学经纪上的消费品，大概就是这个方向，让客户觉得买了这个彩妆产品就会变美，特别向往，心中激动万分，恨不得马上就能用。因此，痛点对应的就是解决客户的问题；而痒点就是满足客户的欲望！

假若产品本身不能解决客户的切实问题，也不能满足他们的欲望，那么就很难让他们产生购买的想法。我以住房为例。一般情况下，人们买房就是为了解决居住问题，有一个属于自己的温暖港湾，不管大小、地段，先要有个地方住，所以，买房子要解决的是痛点问题。不过，要是一套高档豪华又有格调的别墅，那就是痒点问题，谁不想有绿水环绕，有阳光沐浴……谁不心生向往？这种在情感和心理上更好的满足感，就叫痒点。

在与客户聊天时，要持续地在这两个点上发力，而怎么发力，就取决于你对专业知识的熟悉程度，知识的广度和对客户心理把握的准确度上了，缺一不可。

虽然你了解客户，但你不知道客户的痛点，也不知道产品能在哪些方面解决客户的问题。你讲不出专业的话，客户就感觉不到你有"解药"。

通常情况下，除了产品性质，客户自身情况也决定了产品对客户是痛点还是痒点。比如，一个奢侈品包，对普通人来说，基本属于痒点，甚至根本没有需求；但是对于一个要挤入富豪圈的白领人来说，就是痛点，是必需品。所以，通常产品对客户不够痛点的情况下，痒点就要跟上。客户见证在这时候就起到关键作用。我们用案例来打动客户"你的问题跟他一样，他解决了，就等你了……"再多给几个样板的案例，他就心动了。我们接下来就要给卖点，大套餐、中套餐、小套餐。你分析完他的消费力、购买力、决策权，决定是先给他大方案，还是中方案，或者小方案。

我们回忆一下之前提到过的，当自己是产品的使用者、受益者和分享者，这三点就是自我见证。自我见证可以非常好地塑造产品价值，有什么比自己见证更有效呢？你讲一遍给客户听，看上去是讲你自己的故事,事实上是在说服客户的内心。因为你也经历过,所以客户心里的想法和困难,你都很清楚,也知道怎么去解决。因为你是受益者,你就自动会讲案例给客户听。自己没受益,逼着你讲,逼着你喜欢,很难。

如果你的案例不够好,你就要用第二种讲案例的方式,讲别人的故事,塑造产品价值。我再举个例子,大家为什么对重点初中、重点高中趋之若鹜？是因为这些学校的升学率高,考入好学校的多。学生来这里上课,也未必就能上北大,但是你告诉他,可以增加上北大的概率。把客户的问题了解了,产品的价值塑造了,案例也给足了,现在客户就在想,要买。

互联网时代,很多的客户见证需要更多的表达方式。比如,我们常常会看到,很多微商会在朋友圈发他们和客户成交的订单截图以及好评。这样做的目的是什么？这就是客户见证。俗话说,事实大于雄辩。没有事实,你就无法让用户轻松地相信你。只有你真正地摆出你的事实,才可以证明自己的实力。我有一个学员,之前是跟着别人在学习,一次偶然的机会遇到了我。在我耐心细致地指导下,成长速度非常的惊人。一个人仅仅 1 个月的时间,就轻松地做到了 5 万元的业绩。当然,月入 5 万元仅仅是她的开始,以后每个月她赚得越来越多……你必须要使用真实的客户见证,证明你的方法和产品是有效的。我们如何编辑客户见证文案呢？

(1)文字:文字是我们表达形式最多的一种。可以通过文字来描述我们的客户见证,轻松地让客户进行详细了解。

(2)图片:图片能给人以视觉上的冲击,能具体轻松地看出学员真实的案例反馈。可以把我们的聊天记录做一下截屏,然后,重点标记一下学员给的评价。

(3)视频:有一种非常简单的方式,就是让你的每位学员给你拍一段 10 秒的视频,只说一句话就可以。

我们已经知道了如何营造客户的见证。那么，应该如何获取客户的见证呢？

（1）网上联系回访：如果你的客户购买了你的产品或者你的服务，没有给你任何的评价和回复，你可以通过联系你的客户，询问使用情况，做一下回访。

（2）电话回访：你可以通过给你的客户通电话，直接询问你的客户产品的使用情况或者服务的享受情况，以及其他的一些事情。

（3）直接采访：若你和你的客户距离非常近，你可以直接去他那里对他进行采访，询问他使用之后的具体情况和具体事宜。

客户见证可以用客户真实的使用，来感受产品的真正用途和好处，不仅可以激发客户的购买欲望，而且能增强客户对产品的信任感。

第 **5** 篇　　让你的客户无法抗拒

第14章

介绍产品：试探观众购买意图

当商品不仅仅是一种工具，还带有情感时，它更容易被接受。如何让一件冰冷的物品带有情感的温暖，取决于讲师的功夫。讲师应该首先看到商品潜在的"情感"，从小到大，从外到内，调动观众的情绪波动。换句话说，讲师用某种"手段"，让潜在的客户自然地被一种"独特"的商品所感染。

14.1　明确主题：你要卖的是什么，卖给谁

有一位学术素质很高、专业知识丰富的大学教师。他在课堂上滔滔不绝，但他的课程始终得不到学生的好评；在课程结束时，许多学生只记住老师的幽默感，对课程内容却感到困惑。当然，老师不可能不清楚课程内容，但他无法很好地表达中心点。会销演讲也是如此，对于观众来说，他们首先关注的不是你的长篇大论，而是你想表达的"中心点"，即你演讲的主题是什么。主题可能不会在演讲中出现很多，但必须贯穿其中。

一场成功的演讲，离不开精彩的主题。清晰的主题对整个演讲的有序发展起着引导作用。主题是演讲的目的。我们将演讲比喻成人，内容是他的躯干，主题是他的大脑。销售演讲也是如此。观众带着目的而来，讲师根据观众想要的"目的"说话演讲，那么这场演讲就是成功的。

那么，如何明确主题、升华主题呢？

首先，对于销售讲师来说，在选择话题时应该贴近消费者群体。在确定主题时不应含糊不清，应确保主题清晰。对于观众来说，他们是否选择听演讲，取决于演讲是否恰当。这就要求我们在确定问题时要准确了解客户的心理，使客户有立即走进会场的欲望。这就是我们所说的明确什么样的主题以及如何明确主题。作为一名销售讲师，目标是销售商品。因此，在突出主题时，不仅需要讲师的说话能力（如调动现场气氛），还需要增强幽默感和演讲亲和力等。销售讲师应该把主题引到商品上，这样公众就可以理解商品的属性并信任讲师了。

每个人都知道不存在没有主题的演讲。如果你站在讲台上，说两三分钟，谈论四到五分钟，最后话题却落在另一个话题上，这就跑题了。

观众可以听到你想表达的每一个话题，但他们不能理解你真正想表达的是什么。这样还有可能造成观众冷静地进入会议，但又带着困惑离开会场。因此，主题的重要性是显而易见的。

主题是整个演讲的"大脑"。如果演讲"发展"得稳固而令人满意，说明你的"大脑"得到充分和适当的利用。主题是一个永远不会改变的中心点。销售讲师需要知道他们演讲的主题，你想卖什么，应该卖给谁，不要让你的想法飘忽不定。每一件值得做广告的商品都有一个"闪亮"的地方。如何向人们展示它的全部价值是"商品的主题"，这是必须由讲师来确定的主题。

14.2   现场演示：描述产品便利性和舒适度

俗话说："耳听为虚，眼见为实。"任何事情我们只是听说，而没有亲眼看到，即使讲述者讲得再好，场景刻画得再形象逼真，我们也不能信以为真，因为你没有亲眼见到。进一步讲，对于有些东西，即使你亲眼看到了，而没有亲自感受或看到他人感受，也不能信以为真。因为你不能确定这个东西是有害的，还是无害的。比如，在火车站，有一个陌生人给你一杯咖啡，让你免费喝，你敢喝吗？当然不敢，因为你对陌生人没有信任感。

其实在会销中，观众通常也存在这样一种心理。观众只是听讲师在台上讲述，展示产品的优势及各大功能，但如果他们没有看到真实的效果，顾虑就不会被打消，对讲师及产品的信任感就不会达到百分之百。相反，如果我们能够亲身试验产品的一些特性，对观众会更有说服力。会销中，我们亲身试验，主要有以下几个作用：让观众看到会销产品的高品质；促使听众自己判断、自己选择，提升观众对产品和讲师的信任感；推动会销现场气氛，营造销售环境。

有一个学生叫李辉，2012 年做了一场保健品方面的会销，非常成功。我们看看他是怎么做的。在进行必要的开场和介绍后，李辉说："刚才我把今天的产品给大家做了一个详细地介绍，俗话说：'耳听为虚，眼见为实'，这个产品到底好不好，我们来做一个神奇的试验，请大家亲自看。"

首先，他请工作人员拿出了 6 个杯子，每个杯子里都倒入了食用油，晶莹剔透。然后，现场请医生抽了工作人员的血液，注入 6 个杯子中。因为血液是不溶于油脂的，所以杯子中的血液和油是分离的。

李辉说："大家看到了吧，这 6 个杯子都倒入了同一种食用油，而且现场请医生抽取了我们工作人员的血液，注入了杯子中，血液和油是分离的。这可是真血啊！"

接着，他把会销产品给观众查验，证明产品是未开封的，在确定后打开了产品，放到其中 3 个杯子中进行搅拌。瞬间，倒入会销产品的三个杯子中的血液、油脂以及会销药品融为一体。

李辉接着说："刚才我们试验的结果，大家都看到了吧。我们知道血液是不溶于油脂的，而我们的产品连油脂都能溶解掉，说明这款产品对疏通血液是非常有效的。血液中的垃圾如同水垢，时间越长，积累得越多。通常一个人在 20 岁就开始积累血液垃圾。我看在座的大多都是一些老年人，血液积累少说也有二三十年之久，所以处理血液垃圾势在必行。"

观众连连点头，但并没有表现出非常强烈的购买欲望。

李辉接着说："这款产品之所以会有这么好的效果，因为它是中草药制成，现在我倒一杯给大家闻闻。"

前排的观众闻了之后都说有中草药的味道。

随后李辉说："这种保健品没有任何的副作用，现在我和我的工作人员都喝一杯。"

观众看到李辉和在场的工作人员都喝了一杯，戒心都慢慢地放了下来，逐渐开始付钱购买。显然，李辉的这次会销非常成功，主要是他通过试验凸显了产品优势，然后自己和工作人员亲身体验，说明了产品无副作用，赢得了观众的最终信任。

当然，并不是所有的产品都适合亲身体验。比如，一些家具产品，要证明床的舒适度，不可能躺在上面就能感觉到，只有铺上自己家的被褥，睡一段时间后才能感受到床是不是适合自己，是不是舒适。对这一类会销产品，我们要拿试验法获得观众信任的话，可以从床的质量入手。你告诉观众你的床非常结实，那么，你可以当场找几个人站在床上，然后来说明床的结实程度。总之，不同的会销产品要根据其具体的属性进行试验，目的就是要向观众说明，你的产品是真实有效且具有相关功能的，从而获得观众的信任。

14.3　观众体验：加强需求者的购买欲望

体验是一种创造难忘经历的活动，是销售人员以服务为舞台、商业为道具、客户为中心，创造能够让客户参与并使其记忆犹新的活动。我们在家里喝一杯咖啡的成本是几元钱，在星巴克喝一杯咖啡要 30 元左右。星巴克的厚利经营卖的就是"体验"。你一进门，就能听到服务员一声悦耳的"欢迎光临"，看到一个微笑，闻到浓浓的咖啡香味，听到优美的音乐，感受到柔和的灯光和温馨的环境，这些都是要收费的。星巴克通过刺激听、触、嗅、看、味五种感觉，从而调动客户的感官、情感、思考、关联等感性和理性因素。因此客户在售前、售中、售后的体验才是购买行为和品牌营销的关键。

我的好朋友何家劲先生和他的几个朋友在惠州创办了劲家庄健康食品公司。在食品安全问题频出和现代人追求五谷养生的当下，他的产品从大势上占据了优势。但是市场上的同类产品也有很多，如何让广大消费者迅速知道"劲家庄"的优势呢？用什么样的内容？用什么方式传播？传播到哪些人群呢？最后他们的创意团队提出了"跟着南侠展昭游遍劲家庄"的"体验营销"的方案。他们把劲家庄打造成"广东省工业旅游示范基地"，不但擦亮了惠州工业旅游的名片，而且让游客在欣赏惠州美景的同时，造访健康圣地，探寻五谷养生的秘密，和明星亲密接触，让旅行充满神奇的色彩。

我们来看一下劲家庄在体验营销上值得借鉴之处：

(1)创造体验环境。劲家庄充满了"独具匠心"的布局，功夫在细节。游客来到劲家庄就像置身于一个美丽的花园。劲家庄给人的第一印象是干净，一尘不染。游客在厂区内沿着弯曲的混凝土道路行走，一边是平坦的厂房和办公区，另一边是绿油油的苗圃。微风中，小红树和小花点头微笑，仿佛来到了大花园。在路的另一边，有一个小亭子静静地翘檐。亭子下的小水池里，细长的红鲤鱼在清澈的水中游动，默默地诉说着他们在劲家庄的幸福生活。

(2)创造体验内容。当游客沿着开放通道，缓缓进入车间参观时，可以透过宽敞的玻璃窗，清楚地看到谷物在不同生产车间内被清洗、存储、加工、烘制的情形。劲家庄是全自动流水线，工作人穿着洁白的无尘服、全程戴口罩操作，每一个环节都洁净无尘。游客亲眼见证了谷乐乐的生产过程，吃起来当然更放心。当游客经过一个展厅时，可以看到展厅中图文并茂介绍全谷物食品营养价值的画面。展厅中还有一面何家劲墙，上面贴满了何家劲在各个时间出演的影视人物照片，能让"粉丝"们大呼过瘾。

(3)创造体验氛围。影视明星做庄主，电影院必不可少。因此，劲家庄里特意设置了一个小型电影院。游客可以在这个能容纳四五十人的小型电影院内欣赏到何家劲的银幕风采。当然，游客还能了解到更多健康饮食知识,免费品尝到谷乐乐饮品。如果有人想带一些回去给家人,就可以到产品销售大厅选购。其实,体验氛围中最激动人心的环节是游客和"劲哥"近距离接触。游客会在第一时间发微信、微博分享和"劲哥"的合影。这些有价值的分享会呈"病毒式"传播,劲家庄的品牌也因此越传越远。

从以上所说的这几点中可以看出,体验营销对客户不仅有着强烈的吸引力,同时也赋予了产品品牌独特的差异亮点,使品牌在市场中脱颖而出,让人眼前一亮。所以,在进行产品展示的时候,要尽量让客户参与进来,让他看到、听到、闻到、触摸到、感受到、使用到你的产品;让客户获得最佳的体验的同时,要时刻将客户与产品紧密地进行结合。"这件衣服的款式是当下最流行的款式!""这件衣服实在是太符合您的气质了,就像是为您量身定做的一样!"

如果我们是客户,上面的哪一句话最容易打动自己的心呢?毫无疑问,第二句对我们更有杀伤力!为什么呢?因为我们买衣服就是为了修饰自己,如果这件衣服没有办法帮助自己达成这个目的,即使它的款式再好看,我们也不会购买。同样的道理,如果销售员在销售时不知道将产品与客户进行结合,客户根本就不会产生体验的感受,自然是无法销售。只有将客户和自身的产品优势无缝地连接起来,才是客户最需要的体验,也是帮助销售员达成销售的最好方式之一。

我曾经培训过一批汽车4S店的销售员,其中有一个名叫石林的人让我印象颇深。他在进行产品销售的时候,就非常注重从体验的角度来构建销售的框架,面对不同的客户,来重点推荐自己产品不一样的优势。例如,当他面对一个成功的商业人士时,他就会强调真皮座椅的舒适性和高品位,并且会让客户进行驾驶体验,来感受这种舒服的驾驶享受;面对一个需要经常带孩子外出的客户,他就会着重推荐产品的安全性和相对比较富余的车内空间。而且,他会让客户在试驾的时候多体验几次停车时的稳定性。他明白，这对一个经常带孩子乘车的客户来说，车是非常重要的。面对一个喜欢旅游的客户时，石林就会推荐一些越野款以及休闲款的汽车，突出产品的青春、活泼、自由的风格，让客户体验到那种拥抱大自然的惬意。

14.4　细心观察：读懂客户的非语言信号

法国作家罗曼·罗兰曾说："面部表情是多少世纪培养成功的语言，是比嘴里讲得更复杂千百倍的语言。"人们通过一些微表情将内心的感受表达出去，进而被他人接收到。微表情和表情的不同之处在于，它存在的时间非常短暂，最短只持续 0.04 秒，却能够泄露出人的最真实的信息。一个好的销售员一定是一个善于捕捉微表情的人。因为客户的消费心理往往不会通过他们的表情去体现，很可能对方一直面带微笑，但是心里骂着你们的产品为什么这么贵。当你成功捕捉到这个信息之后，就能寻找到客户的痛点，顺利地促成交易。

丽丽是一家商场的导购，这天刚开门就来了一个女客户。女客户盯着展示柜里的电动剃须刀看了一会儿。

丽丽马上凑过去问："女士您好，请问是给您的丈夫，还是好朋友选购呢？"女客户一听就把眼睛瞟到旁边充电宝的柜台上。丽丽这才意识到自己问得有些唐突——可能女客户要送的不是丈夫，因为对方有回避问题的举动。

于是丽丽马上又说："这款飞利浦的剃须刀造型新潮，配备多种贴心的功能，会让使用者非常喜欢的。"

女客户一听，视线又落回到柜台上，呈现出光芒四射的感觉。丽丽认为自己判断正确——女客户想通过这个礼物让对方高兴，可能他们之间正在冷战，需要一件小礼物来修复关系。

　　于是丽丽又说："我们现在还有礼品打包服务，目前别的专柜都没有，相信您会满意的。"

　　女客户二话不说就购买了这款剃须刀。

　　通过这个故事我们可以发现，微表情能够暴露出客户的真实想法，也是打开营销僵局的关键。那么，先来看看一些常见的微表情背后的含义。

　　含笑，这是很常见的笑容，通常是指程度较浅，既没有声音也不露齿的笑容。这是善意的或者是礼貌的微笑。通常那些有素质的客户面对销售人员时都会呈现出这种笑容。如果客户一直面容含笑，那么说明对方至少没有厌烦你；如果含笑是出现在交谈几分钟之后，那说明客户对你的推销有了初步的认可；如果含笑转瞬即逝，那说明你们在沟通的某个环节出现了问题，你必须马上检讨自己是否说错了话。

　　苦笑，也是容易见到的微表情，但是一般人不会让它出现的时间太长，往往只存在一两秒钟。一般苦笑代表着两种情况：第一，销售人员给客户施加了压力；第二，客户对商品不满意。总之，客户处于为难状态。这时候你就要站在客户的角度替对方解决问题：如果是因为施压的原因，就要找到折中的解决方案；如果是客户对商品不满意，那就不妨换一个商品或者换一种交易形式。这样一来，客户会觉得你的善解人意，说不定下一次还会找你合作。

　　皮笑肉不笑，代表着轻蔑和反对。如果客户出现这种笑容，说明客户对你或者你的商品很有成见。这时你要想改变对方的看法，需要做出较大的努力。无论是在价格上，还是售后服务上，都要在条件允许下做出大尺度的退让，否则不痛不痒的妥协是不会改变对方的想法的。最重要的是，销售人员不要因为客户的这种态度而心灰意冷，要尝试寻找新的突破口，让对方接受自己的观点。

　　撇嘴，如果发生一次，并不能代表什么，如果客户频繁地撇嘴，说明客户已经烦躁了。这时候我们应当给客户表达自己观点的机会，这样才能澄清误会，让沟通顺利继续下去。噘嘴，这也是一种表示反对或者不满的情绪信号，出现这种情况时，你就要尽量让客户放松心情，比如暂时放下正题，讲一个笑话，让客户卸下压力，然后再切回到正题，让对方将愉快的心情带回到严肃的话题中。

眉毛虽然在五官中的地位不是特别突出，但是也能暴露出很多信息。当客户对你的话感兴趣的时候，眉毛会时不时地上扬，这意味着你可以按照当前的思路继续说下去，不要轻易改变话题；相反，如果客户的眉毛有向下弯的痕迹，那么对你的客气就不是发自内心的。

眼睛是心灵的窗口，也是销售人员读懂客户内心的关键。通常情况下，一个人正视你表示一种郑重其事，仰视代表着尊重，斜视则意味着轻蔑，俯视则可能是有些害羞。如果客户对你的商品感兴趣，瞳孔会有放大的趋势，这表明对方充满了好奇心；相反，如果空洞无神，甚至不拿正眼去看，那就说明你的商品没有对客户产生吸引力。眯眼、皱眉代表着客户没有听懂你的讲述或者是对你表达的内容表示怀疑。这时候你就要重复一些较为专业和复杂的内容，或者直接向客户询问，否则对方的思维还停留在那些没有弄懂的内容上，根本没心思继续谈话。频繁眨眼，一般代表着对方心跳加速，也就是说客户有些焦虑，对方可能在考虑是不是要和你签订合同以及交易之后可能带来的问题。这时你就要多从对方的角度出发，帮助客户解决困惑，打消顾虑。

当客户说谎时，整张脸看起来会很不协调，显得僵硬和凝固。心理学家研究发现，人类的眼球向右侧更容易移动，所以为了配合眼球的运动，左脸就要模仿右脸，但是速度跟不上，因此观察人的左脸肌肉运动更容易捕捉到情绪的变化。销售是一场心理博弈，不仅考验销售人员的口才，更考验对客户微表情的捕捉能力，读懂了微表情就能和客户的情绪保持同步，就能顺利地找到解决问题的方案，否则会陷入自以为是的错误套路中,白白浪费时间。只有当我们真正了解客户的内心需求时,才能向他们推荐最适合的产品和服务,才能在销售中立于不败之地。总之,一个成功的销售人员并不需要有多聪明,而是需要有足够的细心和耐心,愿意走进客户的内心世界,这才是一切业绩的基础。

相较于微表情,小动作的信息量更加复杂,并且解读小动作在实际操作中更实用,毕竟微表情的捕捉需要不断盯着客户,在某些场合会让客户感到不适,但是一个小动作可以用余光来捕捉,同样能够发现对方的情绪和心理变化。小动作虽小,同样隐藏着很多信息,只要能正确解读其中的一个,或许就能帮助你完成最后的交易。当然,这需要一段时间的观察和训练,才能掌握。

销售员小王在一次展会上遇到了客户孙经理,趁机向对方推荐公司的新产品:"孙经理,这是我们公司开发的新产品,价格优惠,如果您有兴趣的话,我给您介绍一下。"孙经理下意识地打了个响指,小王认为有戏,于是就接着说:"今天有很多同类竞品,但是我们公司的产品和其他公司的产品相比,竞争力更强。如果贵公司需求量很大的话,我会给您最优惠的价格,您可以考虑一下。"孙经理很快和小王约定了会谈时间,最后小王如愿以偿地拿到了订单。

其实,小王破解孙经理心理密码的关键就在那个打响指上。俗话说,十指连心,人的心和手指是相通的,手势能够反映一个人的情绪状态。当孙经理打响指的时候就表示情绪高亢,说明他对小王公司的产品有一定的兴趣,这就给了小王搞定客户的信心和动力。一位美国心理学家说过,不管一个人站着,还是坐着,他的站姿和双脚的位置总会有意无意地暴露他的性格。所以,你只要多留心客户的这些小动作,就能从看似支离破碎的信息中拼凑出完整的内容。下面,我来解读一下常见的几种小动作。

揉眼睛,如果排除了客户眼睛里进了沙子这种情况,那么很可能这代表着客户对你的"感兴趣"是装出来的，要仔细想想你的沟通技巧是否点到了客户的兴趣点上，不然你只能白白浪费时间。

揉鼻子，鼻子虽然可动的肌肉较少，但是也能观察到一些信息。比如，客户在轻微揉鼻子的时候，可能意味着对方在说谎，这时就需要你提高警惕，不要以为搞定了客户。当然，如果客户揉鼻子的幅度较大，说明对方只是鼻子发痒而已。

摸耳朵，如果客户在看合同的时候不断摸着耳朵，说明对方还没有下定决心，还在犹豫之中。这时你就要加大攻坚力度，尽快促成交易。

挠脖子，客户做出这种动作，通常代表着口是心非，内心处于矛盾的状态中。这时候你就要用沟通技巧，摸清对方的真实想法，以免走上"歧途"。

拍打后脑勺，这是一个代表着懊悔的动作，比如，错过了你们的促销活动，或者在和你谈判的时候，没有争取到足够多的利益。

手捂住嘴巴，通常这是客户想要收回刚才所说的话的下意识反应。这时你就要抓紧时间不给客户后悔的机会，尽快让交易进入实质性阶段。

将随身携带的东西放在身体的正前方，通常代表客户有一定的抵抗心理。因为这些物品在客观上把你和对方隔开，说明销售人员要想打开对方的内心，还需要花费一些心思。

摆弄指甲，这是女性常有的动作，代表着一种厌恶的情绪。这说明对方对你或者你推荐的产品实在没有兴趣，那么你就该考虑换下一个客户了。

揪衣服上的线头，这是一种不自在的表现，并不能说明客户对你不满意，很可能是对你们当前交谈的环境或者场合不满意，比如，人太多或者光线太暗等。这时你不妨考虑换一个更自然、舒适的地方，有利于继续沟通。

手托腮看着你，这往往传递出一种批评的味道，很可能是客户对你表达的内容持否定的态度。这就需要你及时查漏补缺，避免对方的反感情绪发酵。

低头向下看，这往往意味着客户对你有一种不愿理睬的态度。这也说明对方可能不是你的目标客户，不如尽快结束话题。

身体向后倾斜，这传递的是对方不喜欢你的意思。相反，如果身体向前倾斜就是对你感兴趣的意思。既然你已经知道对方的态度了，就要采用不同的应对策略。

不断交换着支撑脚，通常这是双方站着交谈的常见动作，这表示客户心里不太舒服，想要尽快结束谈话。你可能占用了对方的宝贵时间，不如约下一次见面再谈。

双手交叉护在胸前，通常这代表着对方对你心怀戒备，是一种典型的心理防御姿势，所以请你尽快终止当前的话题，先和对方建立足够的信任感，否则说什么都是无用的。另外，这种动作也代表着客户对自己充满信心，他可能会购买你推荐的产品，但是你不要去左右他的思想。如果触怒对方，很可能会让你追悔莫及。

受制于立场因素，很多客户对销售人员自带怀疑的情绪，因为他们知道你努力劝说他们掏钱，是为了完成你的业绩，所以你很可能会把白的说成是黑的，把铁的说成是金的。因此，有经验的客户会隐藏自己的真实心理，甚至还会有意误导你。这时对方表达的语言往往就失去了判断价值，反而是他们的小动作更有说服力，作为销售人员就必须学会从这些不经意间的举动中了解对方。

换一个角度看，当我们掌握了解读小动作的技巧之后，也可以用一些正面的、友善的小动作去拉近和客户的心理距离，比如，身体向前倾、双手交叉（做祈祷状）。这些都代表着你对客户本人以及所说的内容有兴趣，能赢得对方的信任，促成你们的交易。反之，那些令人不快的小动作要避免,因为当你在解读客户的心理时,对方或许也在解读你。

14.5　把握客户心理状态的十项暗示原则

推销员如果能不动声色地引导客户,让他自己迈出最后一步,像是他主动选择的一样,那么这个推销员就掌握了最难却最有效的推销方法。

最有效的推销方法是运用暗示。事实上,暗示渗透到了我们生活的每一个角落,它对于个性塑造所产生的影响比我们知道的要大很多。一方面它能给人鼓励,促使行动;另一方面可以让个人能力聚集起来。有时,暗示可以帮助人释放个人能力,成就大事;有时,暗示会让人产生怀疑和恐惧,阻碍个人能力的发挥。

来自于外部的暗示可能会激励人,也可能会使人气馁。我们不可能总得到有益的帮助和鼓励,许多来自外部的暗示也会阻碍能力的发挥。

父母和朋友总会怀疑我们能否获得成功,直到我们度过艰难的发展阶段,真正做成一件事,他们才会相信。阻碍很多,真正的帮助却很少,而人的天性又让我们自我依赖和自我肯定,所以我们只能接受那些激励和促进自我的暗示。

源于内心的暗示,也许会激励一个人,也可能会让他气馁。如果是我们对自我的暗示,如同他人对自己的暗示一样,暗示同样有效。换句话说,你可以说服、刺激和激励自己生活独立,不受环境控制,这是你的权利。自我肯定可以让你摆脱周围的不良环境,向前发展,向上成长,而这也是你的权利。

科学实验证明,你可以暗示自己,也就是说,当没有其他外因激励你时,你可以说服自己采取行动,有所成就。重复的自我暗示可以积聚力量。通过系统而持久的自我暗示,许多人能将自己从沉睡中唤醒,变得神采奕奕。

有良好思维或行为习惯的人已经踏上了成功之路。人的习惯固然重要，但是人的思维或行为，由于多次重复而形成了固定的势头或趋势，更为重要。

我们在潜意识的控制下，由于习惯的作用，可以轻松愉快地做事。这时我们会自动产生一些无意识的、习惯性的想法，这些想法会对人的言语和行为产生主要的影响。

如果一个人在自我控制和商业成就方面有"我可以，我也会去做"这样的自我肯定，形成一种习惯和心理特点，并深深扎根于潜意识，那么他就是幸运的。

我们要形成"我可以，我也会去做"这样的一种心理习惯，使其渗透到内心的每一个角落。如果你在做事业时有这种精神，那么你将无往不胜。如果我们对自己和目标抱有必胜的信心，那么我们自然而然地会对他人形成一种吸引力。

我们要把成功的画面印刻在脑海中，无论当时看来多么不可思议，都要不断肯定它，加强它。我们要不断告诉自己，"我可以做想做的事"，把目标浓缩成一句话，每天都要不断重复。

这种做法能够积累自我肯定，让大脑不断强化这一概念，从而很自然地就会采取行动。我们无论是意识，还是潜意识中的想法都产生于行动之前，并会下达"行动"的指令。思想促使行动成为一种自然的行为，行动也因此变成了一种习惯。

有些人会自我肯定，"我可以，我也会成功"，这种自我暗示成为他本身的个性特点。他们无须特意告诫自己，因为"我可以，我也会成功"已经牢牢扎根在潜意识中，成为习惯性的心理特征。

而大多数人会自我暗示"我怕自己做不了"。对这些人来说，自我肯定的信条应当作为一种激励的方式。如果你也属于这种情况，请马上摆脱，让明日的曙光见证你已身处"我可以，我也会成功"的行列；不断用言语和行为肯定自己，"我会成功，我会耐心、积极、愉快地走向成功"。

我们要用自我暗示不断激励自己，并注意在活动和工作中也不会放松。

我给大家介绍了暗示，解释了它的运作方法，并指出它在推销人员工作方法中所占的地位。现在我将讲述暗示的原则。如果你能牢记这些原则的话，将受益匪浅。

第一，每个人的暗示力量不一样

没有人完全没有这种暗示力量。每个人都会给予他人一定程度的信心，控制一定的注意力。有些人天生具有磁性，这意味着他们有很强的暗示能力。有些演讲者可能并没有多么知识渊博，但他们能改变转移观众对原始想法的坚持并说服观众。有些演讲者虽然聪明，但他们的演讲可能无法引起观众的兴趣，让观众感到索然无味或者极度怀疑，他们没有足够暗示能力。人与人之间尽管存在自然差异，但暗示能力可以通过训练来提高。

第二，暗示所产生的影响因人而异

一般来说，儿童比成人对暗示更敏感。即使成年人，也各有不同，有些人总是同意最终与他争论的人，而另一些人则争论到底。实验表明，疲劳和麻醉剂使人对暗示更敏感。有时我们会有消极的建议，这在心理上会适得其反。在这种情况下，心理暗示是相反的，它有很大的影响，最终会导致一些人对先前观点的排斥。

当客户有疑问时，供应商总是采取间接攻击方式。如果客户怀疑销售的整体信誉，销售的工作将会不顺利。他必须间接地展示自己，在不让客户发现的情况下攻击客户的偏见，至少让客户认为这个销售人员与众不同，他不夸大事实，他很真诚，他的话是可信的……

第三，观点的被接受程度与提出观点的人受尊敬和喜爱的程度成正比

销售的整体素质与其专业能力同等重要。诚实、信誉和对客户利益的考虑、尊重他人的个性、友好和真诚的态度都是卖家加分项和提高说服力的有利条件。销售是世界上最广泛的职业之一，因为在很大程度上，一个好销售人员的素质与一个好人的素质完全相同。销售人员的性格会增加他的语言的分量。你不能一开始就把所有的信息和盘托出，而必须对所提供的信息、论点和意见有所保留。永不枯竭的感觉是人格力量的秘密武器。

第四，观点的暗示性由周围环境所决定

具有"高雅艺术"的广告，是因为精彩的图片可以提醒潜在买家购买广告中的商品。同样的原则也适用于营销。一个销售人员的一些小细节，比如他的穿着或说话方式，会突显他所销售的商品和他所代表的公司高贵、华丽或庸俗。

第五，观点的暗示性与其提出者的可信度成正比

一段冷酷的描述无法点燃买家心中的热情之火。自己对产品没有自信，甚至怀疑的销售人员是没有说服力的。如果销售人员不尊重自己的公司，不相信自己的工作方法，他就无法让客户相信自己。

第六，观点的暗示性与被接受的彻底性成正比

销售人员熟悉产品，而且还充满热情，这将使客户产生信任感。当销售人员对营销策略和产品内容了如指掌，他就可以随时改变其攻击策略，选择不同的方式，并根据情况，灵活地改变不同的角度。

第七，观点的暗示性与客户的反应有关

无论谈论时说的有多好，如果销售人员传递的信息与根植于客户内心的陈规旧念相冲突，也会引起客户的反感。因此，我们必须消除客户对产品的刻板印象。过于坚持和过于强调自己的观点，有时会产生同样的效果。如果销售人员过慢或过长时间地描述商品，而没有提及产品的关键特性，则会给客户足够的时间提出异议。销售人员应尽可能简洁，并设法减少客户的抵抗情绪；销售时，尽量用最短的时间让客户做出购买决定。

第八，要用不同的方式重复观点，才具有暗示性

著名心理学家杜利先生说："任何事，只要你经常对我说，我就会相信。"然而，有时候，不断地重复往往比不上多种方式的重复有效。我们不要有所顾虑，要在重要的地方多敲击对方。重复是秘诀，但单调的重复会使人烦躁。最好的方法是使用不同的方法来实现相同的目标。我们可以使用各种各样的修辞，讲一些可以举例说明的故事，改变你的措辞，给重复裹上"糖衣炮弹"，让其更甜美。

第九，观点的暗示性取决于陈述顺序中的先后位置

最有影响力的是第一印象和最后印象。第一印象有时决定你说的话是否会被接受。因此，我们应该关注每一个环节，努力给人留下良好的第一印象。最后的印象应该是高潮，否则之前所有的效果都会减弱。演讲者通常非常注意开场白和结束语，但中间的内容就很难产生同样的影响。

第十，间接暗示比直接暗示更有效

直接暗示是指发出指令，如"买包烟"或"签合同"等。间接暗示涉及创造一种有利于采购的气氛，而不直接提出这种要求。马克·安东尼为尤里乌斯·恺撒所写的悼文，是一个典型的间接暗示。他希望人民去反抗凯撒的敌人，但他只提到凯撒的战功，称杀手为"可敬的人"，并蔑视暴力。因此，即使没有强迫使用暴力，人们也会自发地积极参与叛乱。

当你允许别人从你的陈述中得出他们自己的结论时，会比你自己说出的结论给他们的印象更深刻。有时，胜负取决于有利的结果。书商希望潜在客户购买他们的书籍，并留下装订或签名位置可供选择。客户通常很喜欢这个主意。这可以将购买阻力降到最小。如果销售者能够轻松地引导客户并让他迈出最后一步，就像他自己主动选择的那样，那么销售者就掌握了最困难但最有效的方法。

14.6　拒绝暗藏购买意图，有抱怨的地方就有生意

我们应该明白，抱怨也是礼物。在积极心理学中，有一种奇妙的现象：位于芝加哥郊区的霍桑工厂是一家生产电话交换机的工厂。工厂拥有完善的娱乐设施、医疗体系和养老体系，但员工们仍然愤怒，生产状况并不理想。为了探究原因，1924 年 11 月，美国国家研究委员会组织了一个由心理学家和其他专家组成的研究小组，在工厂进行了一系列实验研究。本系列研究的中心主题是生产效率和工作条件之间的关系。在这一系列的实验研究中有一个"对话实验"，即在两年多的时间里，专家们与工人们进行了 2 万多次的谈话，并确定在对话过程中，他们必须耐心听取工人的意见，并且不允许反驳和指责工人，也不允许做详细的记录。这个对话实验产生了意想不到的效果。霍桑工厂的产量

一度飙升。这是因为工人长期以来对各种管理制度和工作方法不满，没有发泄的平台。"对话实验"让员工感觉到他们受到了重视，获得了一种"发泄的满足"，让他们感到舒适和充满活力。社会心理学家称这种奇妙的现象为霍桑效应。

1. 妥善、认真地处理客户投诉

霍桑效应也适用于销售。当客户的需求得不到满足时，他们会通过情感、语言和行动表达需求，并抱怨产品和销售人员。如果你注意并妥善处理问题，客户的情绪就会消散，投诉也会变得无足轻重。此时，客户不再是投诉人，而是忠诚的客户和朋友。相反，如果你管理不善，你就会失去客户对你的信任。此外，在未来，该客户将告诉至少十人或更多人说："不要使用本公司的劣质产品或服务！"这样，你就失去了更多的客户。因此，作为一名销售人员，有必要妥善、认真地处理客户投诉。

（1）以客户的角度处理投诉

许多供应商认为，客户的抱怨是无中生有，无理取闹。例如，产品的交付日期比预期晚一天。从销售人员的角度来看，这真的没什么大不了的。但如果你是客户呢？延迟交付可能会打乱安排好的所有的计划，影响非同小可！如果销售人员事先不知道情况，还当着客户的面说"没什么好大惊小怪的""问题哪有那么严重"，客户一定会更生气，并当场与销售人员发生争执。这样，你就永远失去这位客户。

只有更好地照顾客户，耐心倾听客户意见，积极采取有效措施处理客户问题，才能赢得客户的宽容和理解。被称为"管理之神"的松下幸之助曾结合自己的亲身经历谈到过这样一件事。东京大学的一位教授给他写了一封信，说该大学电子研究所购买的松下产品有缺陷。在收到投诉信的当天，松下幸之助就立即要求生产该产品的部门负责人去学校了解情况。经过耐心地解释和妥善地处理，研究人员非常满意，抱怨全消，他们还为松下推荐了其他用户。

可以看到，我们必须关注投诉的客户，耐心倾听对方的意见，并尽最大努力让他们满意。即使你遇到了要求很高的客户，也应该友善和宽容，让他们满意。然后你会受益匪浅，因为他们中的一些人会成为你的自愿宣传者和推销者。

（2）客户的投诉应被视为一个进步的机会

许多销售人员将客户的投诉视为祸害，认为这将对他自己和部门产生负面影响。当然，我们遇到抱怨是不愉快的。然而，市场营销中有一句名言："投诉的客户才是忠诚的客户"。因为任何投诉都可以是提高服务质量的机会。此外，如果你能妥善处理投诉，可以把愤怒的客户变成最忠诚的客户。

我举一个例子。有一个快餐店，餐馆刚开门，顾客不多，菜也不错，但种类太少，所以顾客吃完一次就不想再来了。有一次，在付账时，一位顾客半开玩笑地对店员说，"如果你不增加种类，你就会输给其他餐馆。"店员立即回答："非常感谢。我们会参考你的建议。"一周后，餐馆的招牌上写着"菜式加倍"。提出建议的顾客看到了，除了非常高兴他的意见被采纳之外，还对这家快餐店更有亲切感。

所以，投诉的客户实际上给了我们纠正错误的机会，以便我们能够发现问题的根源，从而帮助我们，并鼓励他再次光顾和享受我们的服务。因此，我们要以感激的态度对待客户投诉。挑剔的客户是我们最好的老师，客户投诉是我们最好的礼物。我们感谢他帮助我们发现问题，改进产品，使我们能够继续成长和进步。我们不仅不应拒绝投诉客户，还应考虑如何更方便地获取投诉信息。例如，我们可以建立自己的客户社区。如果你访问主要门户网站的汽车频道，你很容易发现有很多的品牌汽车论坛，那里就有很多投诉和客户反馈。

2. 快速让客户冷静，避免情况扩大

当你遇到抱怨的客户时，你必须首先采取"缓兵之计"，以情感方式接近客户，稳定客户的情绪，分散客户的注意力，并尽量避免与客户发生冲突。无论问题发生在哪里，只有当客户恢复理智时，他才能正确地解决面前的问题。心理学家根据人们的心理规律总结出了这样一系列的经验，可以快速让客户冷静，避免事态扩大。

（1）热情的接待和尊重

像朋友一样接待一位抱怨的顾客，让顾客坐下来，给他一支烟，给他泡一杯热茶，给他一些糖果等，都能很好地安抚顾客的情绪。

例如，一位乘客预订了酒店房间，但无法立即登记。因为前面的客人刚刚离开，服务员正在打扫房间。乘客提着大大小小的袋子在走廊里抱怨。看到这一点，这位经验丰富的经理立即邀请客人到他的办公室稍作休息，并为这位客人沏了一杯热茶。这位客人也表示了感谢，再等一会儿，也不会生气了。

根据心理学研究，人们的情绪与身体重心成正比。重心越高，情绪越容易高涨。站着交流往往比坐着交流更容易发生冲突，座位越低，则发脾气的可能性越小。因此，当涉及客户投诉时，我们尽量让客户坐下来交谈，让客户放低重心，避免发生冲突。你也可以把不同组的特别低的沙发放在接待处，起身都费劲。一旦客户的身体收缩，重心自然向下移动，就不容易生气。

（2）尽量同意客户的观点，感谢客户的意见

我们可以向客户解释："感谢您的指导，您有理由不满意……""我对这个问题也有同感……""感谢您提醒我们这个问题……"这样的对话通常可以平息客户的投诉。其中一个可取的技巧是，我们赞同投诉者一些没有谴责成分或不违反你单位方针和目标的说法。你可以试着

用下面的短语来表达你对客户的同情和理解："这太不愉快了，我很抱歉发生了。""你说得对，没有人想遇到这样的事情。""我知道你为什么这么生气。""我能想象你当时有多麻烦。""我理解你现在的感受。"这样一来，前来投诉的客户就会越来越不生气了。

（3）无论客户的心情如何，最终目标仍然是解决问题

如果你能让客户觉得问题正在进行或将得到解决，他们会逐渐平静下来。例如，我们可以准备一份表格供另一方填写。通常，填写表格意味着签字画押，这是非常正式的。这样，客户会认为管理程序非常标准化，他们的投诉也得到了考虑；当对方说话时，我们要拿出笔记本并记录下来；当对方快讲完的时候，答应一定认真处理，同时把笔记本放在你的口袋里；在听了客户的投诉后，也需简单地回答："别担心，我们会尽快解决您的问题。"实践表明，这句话会让客户更加关注。

这些行动旨在告诉客户投诉的目的已经实现，帮助他们稳定情绪，并为做处理事件提供谈判环境。我们处理投诉一个重要原则是"态度第一，技巧第二"。如果你不能给客户一种诚实的感觉，即使问题马上得到解决，双方在未来仍然无法有一个和谐的关系。因此，销售人员在处理客户投诉时必须有良好的态度。保持良好的态度是处理客户投诉的先决条件。

第15章

产品价值：准确定位产品，引爆卖点

日本作家松浦弥太郎曾说："在自己擅长的领域深入下去不断磨炼、挑战：谁都有一两件擅长的事情。找出它们吧。深入学习和练习，使之更为精湛。为了变得更为擅长而去挑战吧，这样才能培养出'个人专长'。"

15.1　市场上的竞品现状分析

"知己知彼,百战不殆。"我们在知道销售商品的同时,也要掌握市场上同类产品的信息,并在销售中说服顾客。市场上的同类产品是竞品,了解竞品的现状,也就是竞品分析。通常的做法是收集相关产品的数据进行分析评估。这种做法在研发企业中被广泛使用。例如,饮料公司需要开发新的饮料,确定目标受众后,对相关的竞品进行市场调查,研究该产品的特性,开发符合市场需求的饮料。

要做好一场销售演讲,分析市场上的竞争产品,了解其市场现状,必须从以下几个方面入手。

1. 竞品分析的内容

竞品分析的内容主要包括产品特性的列表、分析和评价。例如,逐一分析所有竞品的特性,然后把自己的产品功能进行对比。这是分析竞品的一个方面和基础。然后我们将分析和评估竞品。所谓客观评估是指对某些已建立的数据进行测量,并以"是"或"否"进行评估。

例如,比较一些车辆参数,是否有安全气囊,是否有 ABS 等。所谓主观评价是指基于个人经验的评价。因此,评估的结果主要取决于个人的专业性和对产品的理解,这将不可避免地导致评估的不平衡。因此,我们评估竞品的最佳方式是主客观相结合,例如,制作一个表格,包含客观评估栏和主观评估栏。这样,主观评价可以作为客观评价的补充。

2. 竞品分析的步骤

为了对竞品有一个完整和深入的了解,需要从不同方面在不同阶段进行分析。

首先，竞品是让消费者认可的产品。如果消费者认可该产品，应继续进行深入分析，否则无需对该产品进行深入分析。用户不认可，如果在会销中，你拿它做比较，反而会降低你的产品档次。

然后，分析竞品的功能特点。竞品的优势和劣势是什么，与我们的产品相比有哪些不同的特点等。

再次，分析竞品的声誉。口碑是一种产品能否持久的重要因素之一。良好的声誉表明消费者喜欢这种类型的产品并具有独特性。如果我们销售的产品也具有这种特征，我们可以在销售中展示。

最后，对竞品的市场份额进行分析。目前同类竞品较多，部分后续消费者大多根据竞品的市场份额进行选择。掌握竞品市场份额后，我们可以根据自己产品的特点，发展我们产品的优势，隐藏其劣势。

3. 竞品分析度

所谓竞品分析程度，是指对竞争产品分析的详细程度。对竞争产品进行详细分析或简单分析，应根据自己的分析动机和需求目标确定。由于竞品的分析时间是无上限的，分析越详细，所需时间越长；从长远来看，它可能会影响我们的销售效果。因此，对竞品的分析程度应该是合理的，前提是它能够反映会销产品的优点。

15.2 功效卖点：产品能满足客户的需求

从品牌设计的角度来看，产品基本上分为功能性产品和风格性产品两大类。更严格地说，可以分为功能效果型、风格款式型、功能效果且偏款式型、风格款式且偏功能型四大类。总而言之，我们要找到产品的类型，从这点突破，必须始终有一个焦点。功能和效果则是许多品牌寻找卖点的关键领域。

功能和功效可以更好地反映产品的初衷和存在的意义，并被客户视为与竞争对手产品的差异点。产品通常通过更新其功能和有效性来升级，因此产品的任何功能和功效升级都可以改变一个行业，甚至重新定义一个类别。当年电视机彩色功能的出现，引起了整个行业风潮的变化。

如果一种产品的功能大于其竞争对手，那么它的销量就会更好。如果一个产品比它的竞争对手更实用，它就会卖得更好。如果一个产品有新的功能，它将比整个行业的竞品更好。因此，你要发现该产品的竞争功能，即使你只找到一个功能，即使同行没有指明，而你提出并强调了该功能，该产品的销售将比同行好得多。

15.3　时间卖点：产品历史、制造费时、见效速度等

在人类的历史的长河里，耗时的产品是最珍贵的。时间意味着产品的来源、展现出产品的状态、还能充分体现产品的属性。因此，时间也是设计卖点的最佳设计来源。

国窖 1573 就是直接用时间取名，一个名字直接表达了泸州老窖的精髓。1573 代表了从明代万历到现在的古老国宝窖池。假如酿酒师决定只用当年的新高粱米酿酒，放弃用陈年高粱酿酒，在升华产品时就要另辟新径了。

我们定制服装可在七天内快速发货，便深受消费者欢迎，因为时间很短，这个卖点让消费者不用等待。而如果我们制作一张床，需要90 天，这个时间长的卖点也是客户花费大量金钱买单的原因。

因此，时间是一个神奇的卖点。它可以表达旧的和新的。它可以表达工业速度和工艺，尤其还可以代表工匠精神。它还可以展现底蕴和精神来表达产品。销售人员利用时间作为卖点，是让产品更具情感的有效方式。

15.4 数字卖点：产品生产工序、种类等

数字可以非常直观的表达卖点。从营销效果的角度来看，我们给客户写 1 000 个字，不如给客户展示一张图片；给客户看 1 000 张图片，不如告诉客户一个数字。因此，数字是消费者最快可以感知到的简单而直接的差异。这是因为数字易于理解、易于记忆、易于传播。有许多品牌直接使用数字作为产品或品牌的名字，也是这个原因，如 1 号店、三只松鼠、香奈儿 5 号、555 香烟、999 感冒灵、百度、百威啤酒、163 邮箱、360 网站、361°运动品牌、千色店、万达……

销售者使用数字作为卖点，客户可以直接知道这个数字的含义。数字可以表示经纬度、大小、温度、纯度、程度等。进阶数字可以从多个角度描述产品。

乐百氏 27 层净化这个概念和它的坚固层净化的概念创造了一个非同一般的矿泉水。这个数字代表了一个程度，强调了水净化的硬度和消费者的信心。

我再举一个例子。家具品牌卫斯理是一个后起之秀，产品单价在 8 000 元到 1 万元。这么高的单价在互联网上年销售额能过亿元，这也源于它有充分的高端包装。如它的沙发就打出了一个概念，叫五头牛只做一套沙发。通过这句话，我们可以看出，这套沙发的高端做工。这个数字还充分显示出沙发的珍贵性：五头牛仅等于 1 套沙发。

15.5 地域卖点：原料产地、适用地点等

地域这个概念涉及的内容广泛，包括地理位置、地名、土壤、土地形态、区域气候、区域文化、区域特色等因素。地域一直是展示产品原产

地的最佳卖点。这就是所谓的根正苗红、土生土长，出生就决定了起跑线。

销售人员在地域上寻找卖点是规划产品独家卖点的好方法，因为地域具备不可复制性和独特性。数千年来，人们在产品前添加地名，如西湖龙井、宁夏枸杞、文山三七等，非西湖产的茶叶不能称为龙井，非宁夏产的枸杞也不太好。

事实上，在这些名称的背后，是消费者对上述原产地个性化区域特征的记忆，以及他们对该地生产的产品的卓越质量的高度认可。地域是卖点，一瓶矿泉水就可以反映出各大品牌在"区域大战"中的激烈竞争程度。

15.6　人群卖点：客户适用年龄、职业、角色等

不同的人会有不同的需求，需要不同的产品。例如，枕头，有婴儿定型枕、有儿童学习枕、有商务 U 形枕、有孕妇枕。在不同的时间，每个人对枕头的需求都不同，婴儿定型枕是专门为婴儿研制的，主要是为了保证婴儿头部的良好形状。儿童学习枕主要是为儿童在学习期间研发的，希望儿童在学习完之后能睡个好觉。U 形枕是专为商务旅行中不能好好休息的人设计的。这种枕头的形状是"U"形的，可以帮助使用者坐着睡觉。孕妇枕是专为孕妇在怀孕期间睡觉而设计的。

销售方对人群细分后，应针对特定人群开发特定产品。而特定的人应该被视为产品的特殊卖点，这是一种非常重要的差异化方法。

15.7　理念卖点：品质至上，客户至上等

心智市场是在品牌定位的一种提法，在现在的消费市场非常普遍。

我们认为消费者是因为观念上的认同感而进行购买交易的，消费者所有的购买决策都是由一套理念来指导的。

当消费者对产品没有概念时，他们会根据价格来判断产品的质量。他们的消费指导理念就是"便宜没好货，好货不便宜"。当面对在同一价格区间的商品时，大多数消费者的购买决策会跟随众人的选择。这时他们消费决策的理念就是"大家都买的肯定没问题，骗也不止骗我一个。"这些想法是几千年来沉淀下来的，至今无法打破，是最原始的消费理念。

消费决策是由消费理念决定的，那么消费理念就会成为卖点。消费者对产品本身的了解永远不会超过生产商的，也无法比企业生产者更加了解行业情况。因此在决策方面，消费者承担极大的不确定性，在决策过程中只能依靠原始的消费观念。所以，当新的观念出现时，尤其是那些看似科学的观念出现时，会直接改变消费者的决策。

对于一个行业来说，有一个标准化的消费观念是一件可怕的事情。因为消费者会完全抛弃原有的、正确的消费的决策观念，按照一个标准进行决策。谁首先提出了一系列科学的想法，谁提出这个标准，消费者就会选择谁，并且在同一个角度的阐述上不再接受其他理念。消费者在理念上无法接受相互不同的理念存在。

第16章

故事效应：用小故事
制造演讲中的高潮

要想提高演说能力，就要磨炼讲故事的能力，用小故事制造演讲中的高潮。人的天性中有被故事吸引的本能，因此我们也就有机会、有可能复活故事，让"故事意识"沉睡了的人，醒来重新领会故事的绝妙好处，享受故事单纯、干净的乐趣。

16.1 好故事具备的三大特征：代入感、认同感和辨识度

1. 代入感和认同感

人物可以说是一个故事的灵魂。故事的展开有赖于对人物的刻画，因此人物需要有代入感、认同感和辨识度。我们怎样才能塑造代入感和认同感？我先给你们介绍一部我最喜欢的电影《功夫熊猫》。

按理说，我们作为普通人，和动画片里的一只熊猫差着十万八千里。可是为什么你看这部电影的时候，总觉得我就是阿宝，阿宝就是我呢？因为越平凡、越脆弱的角色，就越容易让人联想到自己。这也是为什么好莱坞电影里的每一个超级英雄，一开始都是一个不起眼的平凡人。

因此，你在讲故事的时候，只有把主人公，也就是你自己放低，放到观众的立场上，才能让观众觉得："嗯，他懂我，他和我一样。"只要你让观众有了代入感，认同感就顺水推舟地来了。因为每个人都会认同"我也是"的事情。

2. 辨识度

那么，辨识度又是什么意思呢？你先猜猜《红楼梦》里有多少个人物？据红学家研究，有 700 多个人物，其中有名有姓的就有 452 个。你能想起来的人物，都有哪些呢？是泼辣的王熙凤，多愁善感的黛玉，还是一进大观园就满嘴段子的刘姥姥？这么多人物，让每一个人物都活灵活现，靠的就是对不同人物特性的塑造。

那么，在你的故事中，你也需要让人物"活"起来，这样才能在别人脑海中留下印象。你说你老板特别严苛，那你老板长什么样？骂人的

时候有多凶？你说客户特别难缠，他是男的，还是女的？究竟有多难缠？这些都是增加人物辨识度的描述。这样，你讲完才能让人记得住。

16.2　好莱坞"七个问题"公式

我们知道好莱坞是生产好故事的工厂。好莱坞的编剧们总是可以吊足观众的胃口，把精彩的故事呈现在观众面前。其实，好莱坞生产故事也有自己的套路。这个套路是在古代戏剧写作的基础上，通过长期的实践，不断打磨出来的一套公式，掌握好了这套公式，基本上电影也就成功了一半了。下面我就给大家介绍这个模板。

问题1：目标。主人公的任务和目标是什么？主人公有什么想要实现的梦想？

问题2：阻碍。主人公追求目标遇到了哪些困难？追逐梦想的路上阻碍是什么？

问题3：努力。主人公如何努力？付出了什么？

问题4：结果。通过努力，主人公面临的结果是什么？

问题5：意外。在这个过程中，发生了什么意外事件？

问题6：转弯/转折。意外事件带来的情节的转折是什么？

问题7：结局。最后的结局是什么？

"七个问题"的公式实质上是利用因果关系将一系列零碎的事件联系起来，从而形成一段动人的故事。这段故事激发了人们的思考，并可以反复揣摩。

我们以著名电影《肖申克的救赎》作为一个例子，使用七个应用公式来分解主要情节。

（1）目标。主角是银行家安迪。他被指控枪杀了他的妻子和情人，然后被判处终身监禁。这意味着他将在监狱度过余生，终身被囚禁在监狱中,被剥夺自由。因此,主人公的目标是"自由"。自由包括精神自由、行动自由和其他方面。

（2）阻碍。刚入狱的安迪因为他的好脸蛋而受到狱中三姐妹（三个在狱中骚扰他人的同性恋者）的调戏。因此安迪被骚扰了很长时间。

（3）努力。为了获得精神上的自由,安迪打算重新拾起雕塑的爱好,用它来消磨时间。瑞德是负责将货物从外面运送到监狱的代理人。有一天,安迪找他买把锤子,说他有雕刻东西的爱好,监狱太无聊了,他想恢复以前的爱好,于是瑞德帮他搞到了一把。与此同时,安迪在银行里的技能碰巧得到了小监狱领导的青睐,然后被典狱长发现了。典狱长在一项独立研究中对其进行了重新利用和组织。安迪被安排在独立的工作室,从那以后,他就摆脱了三姐妹的纠缠。

（4）结果。安迪自由后,他的能力开始显现出来,老大请他帮忙洗钱。

（5）意外。但后来又有一个人进了监狱。他说,他在另一所监狱里听说个事,一个狱友说自己之前杀了个女人,还把这项罪名嫁祸给了她丈夫。她丈夫是一位银行家。安迪听了之后感到很有希望,自己有可能沉冤得雪。

（6）转折。当安迪听到这件事时,他确信自己可以洗脱罪名。于是安迪找典狱长说明这个事,想不到的是,典狱长另有所图。安迪可是他们的摇钱树,怎么可能轻易让他出狱呢？所以他们杀了那个知道真相的人,并欺骗安迪说他被转移到其他监狱了。

（7）结局。后来,电影也留下悬念。一天早上,当监狱长点名报数时,安迪始终没从门中出来。看守人员进去搜查,发现人已经失踪了,然后发现墙上的海报后面有一个大洞。安迪花了 20 年时间从监狱里挖出来一条通道,越狱了。

"七个问题"公式实质是按时间顺序描述一系列故事,并通过密切相关的逻辑向读者展示一套完整的全景故事。将来，如果我们在分享故事时能更多地利用它，特别是通过添加意想不到的内容和转折，将为故事增加很多吸引力。

16.3　用丰富的情节与悬念制造意外

在商业沟通中，人们很少关注"惊讶"，其实有的时候，恰恰是一些意外，让商业活动更加有趣且更具有成效。这中间存在一个对比效应，让人印象深刻。在所谓的对比效果中，我们必须小心使用"意外"，因为没有人总是喜欢害怕。我知道太多的"意外"情绪容易破坏故事模式，让它变得混乱。但奇怪的是，当"意外"出现在一个正常的故事中，突然偏离预期的路径时，人们更容易记住它。一些研究表明，为了最大化收益，事情可以适当地违反原则，创造奇迹。

因此，我们思考一下如何利用"意外"情绪刺激你的观众，让他们付诸行动。一开始，你就可以选择给现场观众一个惊喜。这个令人不安的事件被编剧称为"煽动性事件"。

我们可以回忆一下在《绿野仙踪》中起到催化剂作用的旋风，就是这个感觉。我们可以在故事一开始就制造出紧张关系，让大家惊讶万分。当然，也不一定每一位观众都喜欢这种操作。从生理角度来看，人类是比较容易紧张和焦虑的，我们大脑中的一些神经细胞对不确定性会产生反应。

"不确定性带来的快乐"一词表明，不安全感本身可以带来回报。在这个实验中，屏幕根据大脑的不同决定（风险或安全）在不同区域亮起。当大脑选择风险时，大脑的伏隔核区域亮起。风险的选择与伏隔核有关，伏隔核是一个与快乐和欲望相关的区域。当选择安全时，大脑中与疼痛和抑郁相关的区域会发光。

我们在制造悬疑或神秘事件时，请注意以下几点。

（1）我们是否应该保留信息，隐藏答案，并在真相披露之前让观众大吃一惊？

（2）您的观众是否期待答案（是否应该公布一个神奇的数字，是否应该插入广告）？

（3）这个秘密的基础是什么？我的故事中的秘密可能是什么？

另外，一种制造悬念的办法是设计一些转折的小细节。我们仔细分析下面的演讲词。

在我们的工作环境中，蛋糕或饼干肯定最没意义、最不重要的吧？那么，为什么工作环境中还要有饼干呢？饼干能起到什么作用呢？我们能从饼干那儿获得什么深刻见解呢？根据我的经验，大多数公司都利用蛋糕或饼干充当润滑剂。我去过很多家公司做业务，我发现好的公司从不缺饼干，而且公司的许多社交活动都是围绕准备饼干、蛋糕展开的。最近，我的一个孩子在伦敦中心剧院工作了一周。观看了一周的彩排，做了一周的勤杂工之后，我很想知道他对艺术和商界有什么见解。"我吃了很多蛋糕。"这是他的原话。嗯，他说得没错。

首先，对于像人类这样的社会性物种来说，制作饼干、品尝饼干，以及这种仪式带来的共同欢乐（这也是最重要的一点），为社会和商业活动注入了润滑油。

其次，有更多证据表明，我们行业中所谓的"内容"大多是达到目的的一种手段，而这一目的就是"对话"。随着社交媒体的蓬勃发展，关于"对话营销"以及"品牌成为对话渠道"的话题也很多，这再一次验证了"饼干"的重要性。

一个小小的故事设计，就可以把后面这段分析说得很清楚。这中间有两点，一个是有画面感，一个是有转折意外点，这两点都可以使得故事印象深刻。

故事是组织思想的共同框架，并赋予数据和信息以意义。故事是一个友好的自动系统和一种情感方式，它可以产生同理心、信任并帮助与他人建立友好关系。历史在本质上是有趣的，而不是平庸的。故事是"分心"的祸根，因为它们可以吸引人的注意力，创造流言蜚语，甚至改善地位。故事不是一种教育或说教，它是刺激、热情和有趣的。

16.4　营造具象的画面感，引发共鸣

我们在叙述故事过程中，具体化抽象内容有助于吸引对方的注意力。因为当你具体描述一件事或一段经历时，你可以表达你对该事或相应经历的真实感受。而这些真实的感受更能激起具有相同经历的人的情感共鸣。

什么是画面感？画面感是抽象后具象。人的大脑是记不住图像的，也是无法准确还原图像，但是会对看过的景色和人物有印象。因为大脑记住的是一种感觉，把图像中最独特、最有趣的地方，转化成对大脑的刺激，从而就记住了画面。这是一个抽象提取的过程。我们可以通过文字和话语，把抽象的地方具象化，大脑就有了相同的感觉，这就是画面感。

16.5　冲突与结果：讲故事是解决问题的途径

故事吸引人，给人留下深刻印象，关键点是它对人们的感情和心理的影响。如果故事的内容不高不低，毫无波澜，就像一池死水，观众的心也会像一潭死水一样，不会被触动。我们在创作故事时，冲突是不可缺少的，情节的起伏往往需要冲突来推动。因此，在叙述过程中，创造冲突变得非常重要。请记住，如果一个故事没有冲突，那就不是一个好

故事,至少它不能吸引观众。

为了制造冲突,我通常要求人们回忆,他们最近经历了什么样的负面情绪以及什么时候发生的。这包括悲伤、沮丧、恐惧、丢脸、担忧、恐慌、压力、失望、沮丧、愤怒等。然后我让他们思考,是什么触发了他们当时的情绪? 引发这些情绪的就是冲突。例如,你因为年底没有加薪而感到非常生气。有人说这是因为国际经济形势不好;有人说这是互联网的大势所趋;有人会责怪公司管理层或老板对自己刻薄,或是其他同事与自己竞争。当然,有些人会把这归因于他们没好好提升自己。在你的故事中,阻碍你实现目标或威胁你的就是冲突。冲突可以是你与环境之间的冲突,你与他人之间的冲突,或者你与自身的冲突。

其实,我们生活中面临的任何冲突,都离不开以下三个层面。

(1)外部问题:造成阻碍的外因,可能是环境,可能是他人。

(2)内部问题:这是阻碍存在的内因。困扰我们的大多数问题其实就是自我内在的斗争。外部问题往往是客观存在的。你看待这种存在的方式实际上就是冲突本身。例如,缺钱是我们的客观存在。当我们期望对方接受没有钱的内心挣扎时,以及因为缺钱导致的不自信和好面子的想法就是一种冲突。

(3)哲学问题:探索自我存在的问题。这个冲突就是动力和价值观层面的冲突。在一个故事里我们最该担心的,是我们与观众是否拥有相同的价值观。这个共同的价值观,才是一段关系能够长久的原动力。

在一个故事中,这三个层面的冲突可能同时存在,也可能是单独呈现的。

我还以电影《肖申克的救赎》为例。主人公想要解决的外部问题是越狱。如果只是外部问题,没人在乎,因为我又没有坐牢。观众之所以被剧情引导,跟随剧情起伏,是因为除了外在的问题,观众内在也有一个问题,那就是自我怀疑。这么戒备森严的监狱到底能不能翻出去呢?

事实上,如果你想一想,其实我们不就是生活在自己的"监狱"里吗?许多人做他们不喜欢的工作,陷在不满意的婚姻中,跟随他们讨厌的老板。因为他们不知道,如果他们离开,自己到底行不行。这些是我们急于逃离的心理"监狱"。然而,个人的怀疑使自己相当焦虑、苦闷、恶化,无法解放自我。所以,当肖申克从肮脏、臭气熏天的下水道里出来,在大雨中张开双臂时,我们就像是从心理"监狱"里逃出来的自己,深深地产生了共鸣,在心里为自己呐喊。

没有人的人生是一帆风顺的。那些说他们没有冲突的人是不理解,也没有刻意反思。这种反思冲突的过程可以帮助自己定义自己的价值观,并了解什么对自己最重要。当同一事件发生在不同的人身上时,会有不同的故事,这取决于"原因"的归于什么或是归在谁身上。通过这场冲突,可以想象未来的故事将如何延续,问题怎么解决,以及主人公最终能学到什么。

16.6　利用视觉辅助或道具增强效果

演讲最有效的方法是改进它的视觉呈现形式。调查发现,如果人们使用可视化工具进行演讲,效果往往是事半功倍。例如,我们使用图像而不是项目符号。我们不妨在下一次演示中使用视觉辅助工具试试。

1. 人们如何在演讲中获取信息的

有一个教授对人们如何在演讲中获得信息做了大量研究。最后,他发现,55%的信息是通过图像获得的,只有 7%是通过文字获得的。从以上信息中,我们可以很容易知道在演讲中应该这么做:

(1)尽可能随时随地的视觉化(使用图片、图表、目录、小道具等)。

（2）在演讲中，你只使用了 38％的表达渠道，即声音。

（3）不再使用项目符号。

2. 可视化的演讲令人难忘

沃顿研究中心发现，使用可视幻灯片可以对信息保留产生显著影响，而且效果惊人！

直到今天，"一幅画抵得上千言万语"这句老话仍然有效。Decker 交流中心表示，演讲中如果你用到了视觉效果，你预期实现目标的概率会增加一倍。如果你想做销售演示或面试，这个建议可能会影响你的收入。

3. 排练，排练，排练

我们看到无数人把时间花在幻灯片制作上，而在演讲前却忽视了适当的排练。

"如果你不准备，就准备失败。"你在演讲前的排练将产生良好的效果。你无法想象英国皇家话剧团不看剧本就在舞台上表演莎士比亚的作品。你无法想象一部歌剧会是什么样子，因为演员们错过了练习。然而，这些情况在演讲中时有发生。我们排练与否，完全可以区分好的演讲和平庸的演讲。

16.7　运用比喻、类比等手法将故事讲得更生动

在演讲中，如果你学会正确使用某些修辞手法，不仅可以提高演讲的整体质量和说服力，还可以让观众更容易接受你在演讲中表达的观点和意见。

我认为，将演讲与出租车相比较也是非常恰当的，这就是把你的想

法带到观众面前进行生动表达。我们在演讲中使用一些修辞技巧不仅可以增加语言的兴趣和灵活性，还可以给观众留下深刻印象并让他们迅速记住你所说的话。一般来说，在演讲中使用的修辞包括以下几点。

1. 比喻

比喻是语言中最常用的修辞手段。就像拉克希米的演讲一样，使用生动的比喻更容易理解，让演讲的内容更加生动。我曾经在知乎上看到这样一个问题：你听过的最好的比喻是什么？一个热门的回答是："约翰·克特兰（美国著名萨克斯管演奏家）有一次掉了一颗门牙，迈尔斯·戴维斯（美国著名爵士乐手）说他笑得像钢琴一样。"当你看到这个比喻时，你脑海中是否已经有一排牙齿中间缺牙的画面？这显然比用各种华丽的辞藻积累起来的短语更生动、更直观。

《奇葩说》有一期的辩题是："如果有一种芯片技术，可以让全人类大脑共享一秒知识，你支持吗？"反方辩手薛兆丰做了个形象的比喻。他说："我们想要锻炼出肌肉（像是我们的智慧），就需要从外部世界去拿肉来补充，比如，吃一块鸡肉。但这个肉吃下去，并不能直接转化成肌肉，我们需要咀嚼、消化，才可以变成自己的东西。那么奇葩星球发明了一个技能，它可以自动帮你获取外部世界的肉，不需要消化、不需要咀嚼。想想那个场景，最终你只会变成一个无限臃肿的胖子而已。"

通过把外界的知识、能力等比喻成"鸡肉"，我们马上就能理解辩手不认同"知识共享"这个观点。所以在演讲中，当你需要向观众解释一些难以理解的概念、观点或方法时，直白地讲可能比较抽象、难懂，你把抽象的文字换成形象的比喻来表达，效果就会非常好。

2. 排比

排比句在演讲中的作用主要是加强语气和语义。因为排比句往往具有一股强大的力量，能够烘托气势，将整个演讲的气氛推向高潮。历史上很多著名的演讲家都喜欢使用排比句，比如，马丁·路德·金等。

我曾经受湖北省图书馆和汉阳区文旅局的邀约，参加了"书说汉阳"大型讲书活动。在这次活动中，我以"敢为天下第一"为题做了一场演讲。在演讲的结尾部分，我就运用了排比。我是这样讲的：

"对一个人来说，心有多大，世界便有多大。敢当天下第一，需要的不仅是梦想，还有迎难而上的勇气和智慧。对这个社会来说，我们需要这样敢当第一的人。那个第一个说出地球是椭圆形的人，第一个发明蒸汽机、引领世界走向工业化的人，第一个登上月球的人，第一个喊出'驱除鞑虏，恢复中华'的人，我们总能记住他们。因为正是他们引领我们走向更好，是他们推动了这个社会的进步和发展。这就是为什么他们会成为伟人。因为他们所做的事业，开世界之先河，对这个社会起到了独一无二的作用，即使历经千百年历史长河的冲刷，人们也总能记住他们。这就是为什么，我们今天可以坐在这里谈论张之洞；这就是为什么，那条路叫张公堤；这就是为什么，一座城市会为他一个人建造一座博物馆。我想，这就是这个敢为'天下第一'的湖广总督，为我们这座城市留下的城市精神——敢为人先，追求卓越。读一本书，品一座城，领悟一种精神，这就是这本《张之洞》告诉我的。"

这次讲书的主题和宣传语是"读一本书，品一座城，领悟一种精神"。我在其中用了四个"第一个"和三个"为什么"，来对整个演讲观点和主旨进行强化，并且在结尾处再次强调活动宣传语，从而起到了个人主题和活动主题的双重点题。我用排比句造势，再用金句结尾，使高潮之后又有了一个戛然而止的落点。

3. 设问

设问就是演讲者自问自答，目的是引起观众的关注和思考。设问可以用在演讲标题中。《超级演说家》里也有很多这样的演讲,比如,"我们为什么要辩论?""小强是怎样炼成的?"同时,设问还可以用于演讲正文中,用来调节演讲现场的气氛,激发听众的兴趣和热情,还能让演讲者牢牢地掌握住演讲的主动权。

丘吉尔在著名的"出任首相后的首次演讲"中,就运用了设问。他是这么说的:"你们问我们的政策是什么?我说,我们的政策就是用我们的全部能力,用上帝所能给予我们的全部力量,在海上、陆地和空中进行战争,同在人类黑暗悲惨的罪恶史上从未有过的穷凶极恶的暴政进行战斗,这就是我们的政策。你们问我们的目标是什么?我们可以用两个字来回答是胜利——不惜一切代价,去赢得胜利。无论多么可怕,也要赢得胜利;无论道路多么遥远和艰难,也要赢得胜利……"在前面部分,丘吉尔主要讲述了新政府的情况,阐明了新政府的态度、政策等。到后面部分,丘吉尔运用了两个设问,既全面阐述了自己的主张,又酣畅淋漓地表达了自己的情感,从而让演讲达到最高潮。

总之,你要想让你的演讲更加精彩、生动,更加准确地向观众传达观点和思想,修辞绝对是一个可以认真打造的亮点。如果你也想让自己的演讲富有感染力、说服力和艺术表现力,就要在演讲中巧妙地运用好修辞这一技巧。

【本篇附录】成交流程（四）

排他式：两招轻松解除客户反对意见

排他式就是排他式扫除冲刺障碍。在销售的过程中，影响成交最大的障碍就是客户的顾虑，其实就是反对意见。客户不买就是因为反对意见没解除。通常，面对反对意见，公司和销售人员都会准备一套沟通技巧，面对不同反对意见的解答办法。不过有经验的销售人员肯定不会客户问一个答一个，这样销售的节奏就会被对方带着走，很可能无法成交。你要记住一点，销售人员在谈判的过程中，一定要把主动权拿到自己手上。如果你的沟通技巧和方法没有准备好就不要瞎讲。

正确的流程是，当我们把产品介绍完，说清楚了，不去主动问客户有什么问题。如果他说没有问题，那你还要主动去问他，有些人没问题也可能会被你问出问题来。这个时候，你可以做第一次测试成交：讲完了，拿出报名表："要不然我们在这里填一下你的名字，我们先把这个位置占住。我来帮你办理一下。"

如果他说等一下，代表他有反对意见。这个时候你就可以反问他："请问你有什么问题？"这时对方就会提出反对意见，那我们是回答，还是不回答呢？这里我们一定要注意，如果没有十足的把握，一定不要随意回答。最好的做法是，我们不要直面回答，拿出笔把问题都记下来，问清楚，是不是这些问题都解决了就可以成交。如果可以，那我们就开始回答他的问题，要一次性回答，直到没有问题为止。

我们也可以采取自问自答的方式。对方如果没有提出问题，又不愿意成交，那我们就把普遍的问题通过自问自答的形式说出来："有的人说上课可能没有效果，我就告诉他，假如有效呢？你没来学，怎么知道有没有效果?"你在自问自答的时候,事实上也解决了他的问题。同时我们自问自答也不要直接用沟通技巧来回答,还是要用故事来回答:"上次我碰到张总,他跟你的问题一样,也说如何,如何,他讲的一个什么问题,然后我是怎么解决的,他最后的结果怎么样等。"

我们要抱着一种信念:反对意见是成交的信号。为什么客户会有那么多的反对意见呢? 因为客户是被动的,我们是主动的。所以,如果客户把真实的感受都讲出来了,他就会更加被动了;另一方面,客户希望获得更多优惠的筹码,为自己争取更大的利益。比如,一个人去买衣服,导购员无论怎么问,客户都不怎么说话或者一两句就带过了。当销售人员还没有和客户建立很好关系的情况下,客户不愿意把真实的想法告诉你。

一个产品,我们将所有的反对意见罗列起来,一般不超过20个;再进一步浓缩,可能就十几个;最后遇到客户异议的问题可能就两个。一个人不买产品,可能就两个方面没有达到他的要求,所以销售人员在解除客户反对意见之前,一定要先认清他的反对意见。一般来说,客户80%~90%的反对意见都是假的。销售人员在和客户沟通的过程中,往往客户的谎话更多。

为什么客户不愿意讲真话? 第一,客户是为了牢牢抓住主控权;第二,客户本身就不想改变。所以,销售人员面对这种情况,要有一颗平静的心,要坦然面对。有的反对意见,销售人员、公司能解决的就尽量解决;不能解决的,就需要会转移话题。

一个客户说出反对意见,有充足理由拒绝你的,占18.7%;随便找个理由拒绝你的,占16.9%;以事情难办为理由,拖延拒绝你的,占6.8%;本能地拒绝你的,占47.2%;其他理由拒绝你的,占10.4%。一个客户的反对意见就两个,一个是真拒绝,一个是假拒绝;一个是状况性的反对意见,一个是借口性的反对意见。

第6篇　成交的关键

第17章

成交的三大心法

　　成交是双方之间的互相认可和审核过程。对于会销来说，客户首先要认同你的方案，并且愿意交钱；你也要审核客户，看对方是否合适。

17.1 心法一：成交的一切都是为了爱

我们知道成交的方式方法有很多，沟通技巧学了一大堆，背得滚瓜烂熟，但是还是干不好销售，很难成交。其实问题出在了"信念"上。我们要想学会 100% 的成交系统，必须要有来自于两个部分的能力：左手要有成交的信念；右手要有成交的沟通技巧。信念就是心法，沟通技巧就是方法，两样缺一不可。

为什么有些人可以在任何时间、任何地点、把任何产品卖给任何人？为什么有的人害怕成交，有些人热爱成交？为什么有些人卖完东西之后别人感谢他，有些人卖完东西之后被批判？这其中最大的差别就在于这个销售产品的人，或者介绍项目的人的本心。

仔细想想，一个人之所以会害怕被拒绝，是因为关注点在自己身上，想的是我卖产品给客户是为了挣钱，这样做销售会非常累。产品还没开始卖，自己已经内耗完了。自己都没有能量了，还怎么传递能量给他人？我常常关注那些 Top Sales，他们基本都拥有乐于分享的性格，也基本上不会抱有"销售东西给你是要赚你钱"的想法去销售。他们会认为我是将好的东西分享给他人，帮助他人——成交的一切都是为了爱。

"成交的一切都是为了爱"，我们要发自内心地相信，销售的产品价值远远高于价格，可以给到客户 10 倍以上的回报。我们坚信这一点，很多的心理障碍就自然消失了。凡是保险做得好的人，都有这种强烈的感受：我是真的想要帮助你，帮你理财、帮你避险、帮你幸福、帮你未来。可是如果他们只是想要靠卖保险来赚钱，不仅销售做不出业绩，还会让亲朋好友避之不及。

当你在销售时，画面呈现的是客户用了你产品而带来的幸福感；当你看到的是产品带来了快乐、健康和幸福；当你有"成交的一切都是为了爱"这样的本心；当你看到每一个人都有机会因为你的产品、因为你的服务、因为你所提供的价值，而让人生发生改变的时候，你就不会害怕，不会恐惧，不会担心了。这就是第一个成交的心法：成交的一切都是为了爱。

美国知名主持人林克莱特有过一个很有意思的采访。他问一名小男孩，说："你长大以后想当什么呀？"小男孩闪着天真的双眸说："我想当飞行员啊！"林克莱特接着问："那要是有一天，你开的飞机在太平洋上突然熄火了，你会怎么办？"小男孩想了想说："我会先通知飞机上所有人都系好安全带，然后我先跳降落伞飞出去。"这话一说出来，现场的观众笑得前俯后仰的。但是林克莱特，他注视着这个小男孩，想看看小男孩到底说这句话的意图是什么，没想到，小男孩两行热泪夺眶而出。于是林克莱特问他："为什么要这么做？"小男孩的答案透露出一个孩子真挚的想法："我要去拿燃料，我还要回来的！"现场的人才发现自己的想法多么不值一提，这孩子的悲悯之情远非笔墨所能形容！

这样对比起来，我们自己付出过多少真情实感呢？我们把产品推荐给客户时，脑子里想的都是合同、利润、提成、奖金这些东西，真情和价值都抛之脑后，那客户怎么可能感动？如果我们对自己的产品、对自己的客户没有融入深深的爱，那我们的营销还有什么真正让客户回忆的内容呢？

17.2　心法二：唯有彻底说服自己，才能说服别人

己所不欲，勿施于人。我们要想说服别人，先要说服自己，如果没有说服自己而去说服别人，这叫忽悠。自己相信非常重要，要想去说服别人，先要说服自己。

这件事情,大概是没有中间状态的,要么就是彻底相信,被自己说服;要么就是不信,做不到说服自己;而半信半疑的中间状态,是无法成为销售方法的。但是,绝大多数的人是处于这个状态。如果你是处于半信半疑的状态,那么要考虑的问题是,你销售的这个产品与你的"三观"是否冲突?如果不冲突,接下来进入说服自己的步骤:第一,你要成为自己产品的爱用者;第二,成为自己产品的受益者;第三,成为自己产品的分享者。

其实这跟大妈买菜的道理是差不多的。今天买了新鲜的蔬菜,立即要告诉左邻右舍,哪家今天卖新鲜菜,有机无公害,味道好,全家都爱吃等。再如,现在直播带货的主播,大部分主播要卖这个货,一般都是宣传自己亲测有效,好用。比如,李佳琦卖口红,自己直播涂口红。所以你会发现保健品卖得好的人,都是拼命吃保健品的人;保险卖得好的人,都是全家老小把保险用得无懈可击的人;做知识付费,做培训做得好的人,都是自己超级爱学习的人,这就叫爱用者。

你要如何成为受益者呢?比如,要把减肥产品卖好,你自己减肥成功;为了把招商做好,你自己要把自己的形象做好,要像是成功人士的样子,让别人感觉到你做这个生意是有钱赚的,人家才会跟着你干;教形象、气质、礼仪,你自己本身就是优秀礼仪的代言人、受益者。

至于你要成为推广者,就是你要成为你的产品的代言人。别人看你一眼就知道你是干什么的,看你一眼就知道你值得信赖,看你一眼就知道跟你买绝对不会错。我做一个测试,你能不能以最快的速度说出来非买你产品不可的五十个理由?如果你是产品的爱用者、受益者,这一点绝对难不倒你。

我们卖任何东西,先要把东西卖给自己,如果产品卖给自己都觉得困难,你怎么能够卖给别人?你要卖面膜赶紧敷面膜,卖保健品赶紧吃保健品,卖化妆品赶紧用化妆品,卖保险赶紧买保险,卖直播课程自己要做过直播……

总而言之，我们要想把东西卖得好，自己先要说服自己，让自己成为这样的人，然后成为代言人，与他人分享，带着爱与他人链接，这样才能把产品卖好。

17.3　心法三：卖产品不如先推销自己

做销售有一种境界：我卖什么并不重要，重要的是，只要是我卖的，你就会蜂拥而至，抢购一空。乔吉拉德被誉为世界上最伟大的推销员，他基本上平均每天就可以卖 7 台汽车。简直不可思议，厉害的销售一个月卖 7 台就很不错了。

乔吉拉德有个习惯，喜欢自我推销。他的一天是这样开始，出门吃早饭，点完餐："你好！我是乔吉拉德，我是卖汽车的。"服务员来送餐，放上牛排，他说："先生您好！我是乔吉拉德，我是卖汽车的。"然后给他一张名片。上公交车，给司机一张名片："您好！我是乔吉拉德，我是卖汽车的。"……乔吉拉德还喜欢寄贺卡，每个礼拜至少给他的老客户寄一张贺卡。贺卡信封里面都有十张名片：感谢你对我的支持，没有你的支持就没有我今天的幸福，为了表示感谢，给您寄了我最近旅游英国的贺卡，同时我也附赠我的十张名片。如果你身边有朋友需要，请介绍给他，卖汽车的乔吉拉德。

乔吉拉德办公室从一楼到三楼摆满了他的奖牌、奖杯、奖状、名人堂记录、世界吉尼斯销售纪录保持者……美国总统向他买车，首富向他买车，各行各业的人都向他买车。他让你感觉到能够向乔吉拉德买车，实在是一份无比的荣幸。乔吉拉德深刻知道一个道理：人才是最值钱的，而不是你卖的产品。如果不会"推销自己"，只会卖产品，他就有可能不向你买了。但如果顾客认同的是你这人，未来你卖他什么，他都向你买。

一个好的销售 70％的时间在建立信赖感,30％的时间来做成交;也就是先要把自己推销好,当人们相信你了,他就愿意跟成交。这一点你如果做不到,你的产品再好、项目再棒、公司再牛,客户都可能会向竞争对手买。我们要做到没钱的时候要推销自己,有钱的时候更要推销自己;有能力要推销自己,没能力也要推销自己。

我自己就是最好的例子。我刚来到上海时,负债累累地创业。我问自己,如果今天我被客户拒绝,我会怎么做呢? 我的回答是,坚持到底,换一种方式继续跟他沟通。我回忆起老师教的所有成交法:站在椅子上成交法、拦奔驰宝马成交法、感动服务成交法……我深知,在这个世界上一定有人可以成交,关键是那个人是不是你。

第18章

逐个击破：不同类型
客户的打法

按照客户喜欢的方式去对待他，按照客户喜欢的销售方式向客户做推销，这样成功的概率就会很大。

18.1　对需求明确的客户，讲清楚产品特性

客户购买商品时，或多或少都是有需求的，有部分客户是需求非常明确的。我们对于这一类客户，只是需要耐心一些，把产品特征讲清楚，成交的可能性就非常大，除非是商品没能满足他们的需求。会销我们同样面对台下的观众，要多进行互动沟通，解答他们的疑惑。如果你能够确定对方的消费需求类型，那么，会销的方式就相对容易确定，从而完成成交。

我有一位做婚礼策划师的朋友，和我交流过他的销售心得，其中对于需求明确的客户方案，他的说法印象深刻，"只要客户的预算够，天上的星星都能给她摘下来"。客户需求明确是最容易达成成交的一类客户，即便预算也属于需求的一部分，我们通过详细分析和拆解也是可以实现的。我们要将产品的特性详细地讲出来，能够让客户有一种身临其境的感觉，运用假设、讲故事、举例等方法，让一些消费者更加确定需要你的产品。

有一家品牌车的 4S 店，他们的生意一直很一般。我有一次路过他们店，就进去逛了逛，和他们销售聊天，大致就知道他们生意一般的原因。

这个店所在的小区属于中档小区，汽车品牌其实是相对匹配的。但是问题在于，这个店一直重点推他们的经典款的车。经典款的车虽然能比较优越地满足客户的需求，但是现在的年轻人对于汽车其他方面的需求是逐渐提高的。销售人员如果不能把其他车的各种新特点和满足场景描述出来，就很难让客户满意，于是成交量就受到影响，一直上不去。

后来我有机会和他们销售总监见了面，将这个问题和他进行了讨

论。这位销售总监回去就将客户上面提的各种需求进行了数据统计，包括想要可以满足偶尔自驾游的需求；节能减排的需求；音响系统优越的需求等。这位销售总监就客户提出的问题进行了详细的解说与佐证，并采用图文视频结合的方式进行针对性的解读。果不其然，接下来的一个月，这家店的客户认购率就上升了。

无论什么产品，你都要将产品的具体特性详细地介绍给客户，尤其是那些需求明确的消费者。这样会让他们更加容易接受你的产品。

18.2 对购买欲望不强的客户，要深度挖掘需求点

客户需求明确，可以清楚描述需求和要点。销售人员只需要导购，进行少许引导就行，满足他们的需求也较为容易。但是，有一部分客户，他们并没有明确的需求，也不知道自己的需求是什么，甚至还故意将一些需求隐藏起来，掩盖消费欲望。这样的情况显然会造成销售人员的困惑。对于这类客户，最关键的是挖掘出他们潜在的需求，激发他们对产品的兴趣，最终完成成交。

很多年前，我在一场会议上遇见一位老朋友。我们聊着天，中间他去接了个电话。我惊讶地发现，他的手机居然还是一款三星的翻盖老式手机。

抱着好奇心，我就向他询问，他怎么不用智能手机？他似乎很不理解，反问我："为什么要换了，我用得很好呀，我没什么其他的需求，能打电话和发短信就行了"。

我说："智能手机有很多软件可以用啊，有很多功能啊，非常方便。"

他说："知道啊，功能强大和我有什么关系？不就是接打电话嘛，要那么多功能干啥?"

我说："便利很多，比如，可以打车，有时候路边没有计程车的时候，

用手机打车就可以；还比如微博、知乎这些平台，可以用作自我营销，有很多老师就是用得非常好。这样你也可以更好地扩大影响力啊。"

他说："那正好我现在有时间，你陪我去挑选一款，然后教教我怎么用……"

从这件事我们可以看出来，有些潜在的需求需要我们去引导和挖掘。有些客户表面上看，似乎对某种商品根本没有需求，也并不能说他不是我们的客户。就像这位朋友，他只是不知道智能手机的功能和用处，我通过激发他的兴趣，描述场景，把他的潜在需求挖掘出来，他自己就会主动去了解了。

对于这类客户，销售人员或者会销师一定要重视，你不开发他，就是放弃了一个潜力股，说不定有一天被别人激发出来，他就会去购买其他产品。如果你根据客户的情况进行沟通，他就随时有可能与你成交。

那么，我们如何去深度挖掘客户需求呢？最好的方法就是寻找产品功能与客户的匹配度。

第一，深度分析客户。我们要从客户是什么职业、性格、习惯等方面去挖掘客户，想象产品使用的场景和他产生的关系，描述出他的使用场景和带来的改变。其实往往是"当局者迷，旁观者清"，客户之所以觉得自己不需要，主要是他没有发现自己对这个产品的需求。比如上述我那位朋友，我就是从他的职业进行分析，从而激发了他对产品的需求。

第二，产品特性深度挖掘。我们要深度思考产品特性，这可以有两方面的收效。一是我们通过产品满足更多场景来满足更多客户，把产品特性与客户的需求点进行更为合适的匹配，提升客户的满意度；二是我们在深度挖掘的过程中，客户自己也会主动匹配，去思考自己的需求点。这样就是一个良性循环，互相促进的过程。

18.3　也许客户不需要杯子，而是需要饮水机

我们知道，很多的文化类产品都会设计自己的周边产品。这类产品非常受追捧，受到很多粉丝的喜爱。这一类的消费就是对周边消费深度挖掘。一般情况下，我们去购买某一种商品都有使用场景，这就构成了一系列的相关联动。

比如，我们购买一件衬衫，一般会想着搭配西裤和西服，同时还有商务包的需求。那么作为销售人员，就要想好提醒客户，是否有这方面的需求，然后进行挖掘。反之，当一位客户是某一种产品的使用者时，此产品的周边产品就是销售人员要重点关注的。比如，对于有饮水机需求的客户来说，他是纯净水、杯子的周边消费者；反之，对于纯净水的客户来说，他又是饮水机、杯子的周边客户。

这种形式的消费，对于有些商品是非常明显的。比如，化妆品。化妆品的配套非常紧密。客户一旦开始购买和化妆，那么就不可能只购买一个产品，而需要购买口红、眼影、眉笔、睫毛膏……一个全妆下来，要购买的东西有几十种，甚至更多。这时，销售人员就可以深一层挖掘客户的需求，找到更多的成交点。

我再举个例子，我知道一位保险销售高手，就是在这方面做得非常好。比如，他在推销重疾险的时候，一定会再问对方意外险有没有购买需求，因为不管是重疾险还是意外险，都是对生命安全的保障；如果有购买重疾险需求，他又会询问客户，身体在那些方面比较薄弱，可以做加强等。一来二去，他总可以挖掘出客户的周边需求，甚至他还组织了保险俱乐部，促进客户之间的交流。这样一来又可以激发出更多的需求。这中间最重要的还是对联想和观察力的培养。

在会销时，常常会遇到一类听众，对于台上激情澎湃的演讲和产品

介绍毫无兴趣，感觉和自己毫无关系，无动于衷。其实他们很可能并不是不需要消费产品，而是没有找到关联点。如果我们进行一对一沟通，就会发现他们可能就是周边产品的消费者，那么也就可以对其进一步说服了。

第一，我们在联系关联点时，不要一个接一个地说，一次说一个比较好；如果无止境的关联，客户就会觉得你在套他，让他不停地消费，他会非常反感。

第二，关联点要明白易懂，比如，客户买手机，还需要购买手机壳和屏幕贴膜，或者还配个挂式，这些就比较显而易见和自然了。关联点要明确、易懂且具有说服力。

18.4　经济型消费者：产品不是问题，价格是关键

经济型消费者对价格非常敏感，不论产品的高、中、低档，首先考虑的就是价格。如果价格不能打动他们，一般他们是不会购买的。而且他们对打折清仓甩卖非常感兴趣。在日常消费时，他们说得最多的就是"太贵了""便宜点"，而且热衷于讨价还价，总想以最低的价格买到最优的产品。我们面对这样的客户，最重要的是抓住优惠、打折、性价比高这些信息。

我们在销售时，时常会遇到这种客户，他们不仅会讨价还价，还会进行各种详细比较。如果你的产品相对价格较高，他们很可能是不会购买的；你的产品价格更低，质量又相对有保障，那么他们选择你的可能性就很高；如果再有打折优惠，他们当场一定会下单。

在生活中，这类的客户是占大多数的。作为普通消费者，价格总会成为他们要了解和纠结的一个点。我的同行，在这一点上就是颇有心得的。他在做销售的初期，老师教他不要急于报价，要等客户了解完产

品,完全理解之后,才报价。但是有一次他就在这一点上吃了亏。有一次,一位大姐对当时销售的产品非常感兴趣,前前后后问了三四次价格。但是我的这位销售朋友始终没有报价,最后这位客户根本没等他说完,就背起包走了。这位客户很明显是一位经济型的消费者,离开的原因之一是她觉得你在骗她;原因之二是你迟迟不告诉她价格,她觉得价格会很高。因此,她会坚定地离开。

从这件事情以后,我这朋友就再也不会这样处理这类型的消费者了。他会根据消费者类型对本次销售活动进行划分。如果这次销售的东西是偏经济型的,那么现场的客户更多是会考虑价格的,所以他会事先把价格以及对应的条件都写明,包括优惠政策等。如果销售的产品是偏高端且价格较贵的,他就会先不着急把价格说出来,因为这样反而会让现场的客户造成误解,以为产品名不副实,这种情况就需要先把产品的各种优势都讲清楚以后再报价。这样我们通过把消费者分类以后进行不同的销售策略,可以省去很多不必要的步骤,效率很高。

经济型消费者,判断一件商品,价格是重要参考标准。价格过低,对方可能会觉得你们的产品是低端货;报价太高,对方会觉得不值得。因此,这个度就需要好好把控,不能一概而论,需要根据客户的情况而采取相应的处理方式。

经济型消费者有时还会把价格作为判断一件商品是否高档的依据。如果你报价低,客户可能会觉得你们的产品是低端货。因此,在会销中,报价该早,还是该晚,不能一概而论,要根据客户的情况而采取相应的方式处理。

下面我们从影响客户消费的一些因素入手,对经济型消费者做一个简单地分析。由于经济型消费者比较注重价格,所以他们对市场信息比较关注,对于某个商品在各个商场的价格是多少,他们通常都很清楚。他们的经济收入多属于中低水平,购买商品时特别谨慎,害怕上当受骗。他们对于产品的品牌、质量等因素考虑得较少，对价格便宜的产品往往会重复购买，而对于价格标准难以判断的产品，即使购买，也只是尝试性的。

根据以上几点分析，针对这类客户，在会销中我们需要注意以下两点。

第一，强调商品优点后再报价。既然这类客户急于知道价格，那么，在将商品的特性——展示并强调优点之后再进行报价。这样可以避免客户只听见价格高而不了解产品就放弃。

第二，对比性报价。这是指我们将产品和市场上同类产品进行对比后再报价。需要注意的是，你的产品价格要远远低于客户所要对比的产品价格，且功能质量大致相等。目的是让客户通过与其他同类产品的对比，明白你的产品是价格最低的。

18.5　戒心强的客户，让"自己人"去说服他

在销售会议上，我们介绍了产品，用一些方法调动了气氛，经常发现一些客户对我们所说的产品没有丝毫的热情，似乎不感兴趣，这些客户是被动的消费者。如果我们按照传统的销售方法来说服这些客户，是很困难的。因为这些客户总是认为能够销售的老师就在他面前。虽然我们在另一边，我们说得太多，但他们很难倾听。我的一些学生经常遇到这些问题。有人告诉我，当他们与这些客户沟通时，客户总是忽视他们，这使他们非常尴尬。在销售会议上，这些客户的负面情绪并非天生的，通常是在倾听或理解产品的过程中产生的。为了充分说服这些客户，首先要分析这些客户在营销中产生负面情绪的因素，找出原因，才能针对性地解决。原因主要有以下几点。

首先，没有达到客户的期望。在邀请客户的时候，为了邀请更多的

参与者,在向客户介绍时夸大了产品的性能特点或网站的规模,或者客户的理解有偏差。结果,客户在现场看到的产品与他们的想象不一致,导致失望,并在现场变得消极。例如,您告诉客户数千人参加了会议,某位学者出席了会议。客户到达现场后,发现没有数千人,某位学者也不在场,此时,即使他们继续留在会议中,也会产生负面情绪。

其次,信任度不够。在营销和介绍产品的过程中,客户可能会担心产品没有我们说的那么好。例如,有客户在付款后不满意,发生退货;或者担心购买后是否会出现问题等。这些都会引起客户的关注,会对消费者造成负面影响,从而影响营销讲师与客户之间的沟通。在这种情况下,如果我们采用传统的解决方案,可能会适得其反。我们首先与客户沟通,找出他们不满意的原因,然后根据不同的原因进行解决。因为客户在产生负面情绪后将老师置于了另一边,你与客户沟通越积极,客户就越觉得你有其他目的,他就越谨慎。

一家主要经营微信的公司开发了一款新产品。我被邀请在一个产品介绍会上做一个演讲。受邀的观众大多是利用微信等媒体从事微信业务的自由职业者。其中一些人是有多年聊天经验的老手,有的是见多识广的新手,有的想在业余时间聊天。负责人告诉我,这次发布会的目的有两个:一是详细介绍新产品,让客户对公司的商业微信模式有一个透彻的了解;第二,让一些有经验的微商做他们产品的代理,同时激发一些新手做他们产品代理的热情。

我做了这么多年的营销,演讲对我来说很简单。但是在演讲的过程中,我发现有些观众总是对我不信任,尤其是那些对微信仍持怀疑态度的新手。当我问他们问题时,他们总是回避我。当他们被问到是否愿意担任产品的代理商时,答案是"想一想"。然后,我找到了公司的负责人,用另一种方式解释了一下。我找到了为他们的产品工作的微商代理,他们都很好。我让他们站在讲台上,请他们谈谈自己的感受和经历。经过我们几次解释后,那些怀疑的新手开始主动提问,以了解产品的具体情况和工作原理。至此,这些客户的警惕已经解除。

因此,既然客户坚信我们和他不是"同路人",那么让客户的"自己人"说服客户是最好的方法。这些客户的所谓"自己人"就是除了这些负面客户之外的其他客户。毕竟,任何产品总有一些负面客户。我们可以让一些认可并购买了我们产品的客户与这些客户进行沟通和说服,以获得对方的信任。客户有理由不信任老师,但不会不信任购买了产品的客户。如果你想买车,一方面是听取销售顾问的意见。另一方面你会咨询开这种车的朋友的意见。你必然更愿意相信你朋友说的话,而不是销售顾问说的话。

18.6 冲动型消费者: 合适引导, 正确导向

所谓冲动型消费者,是指在积极的消费心理影响下,仅出于直觉、敏感性和情感而做出购买行为的消费者。这与理性消费者恰恰相反。在广告、他人鼓励、表面产品包装等外部因素的作用下,消费者会不假思索地购买商品。从心理学的角度来看,这些客户往往比较情绪化,而情绪因素通常是从理性的约束和意志因素中跳脱出来的。他们很容易受到一些外部因素的刺激,如新观念、新产品和新包装等。

虽然现在的消费者越来越理性,但仍有一些冲动型的消费者,随着生活质量的提高,这些消费者并不少见。

一家家具销售公司邀请我在一个家具城开销售会。他们销售的家具品牌在中国有一定的影响力。最近他们开发了一些新家具,希望通过销售会来提升产品的推广力度。通过我对产品的了解,我认为,要推广的家具设计比以前更加合理,外观更加个性化,功能更加丰富。我看到这些时尚的家具时,突然有了购买它的冲动。但我现在是一名销售

老师，目的是让客户了解这些家具，并鼓励他们购买。

这次主办方邀请的一些客户是刚刚买房、准备装修或已买房多年的中青年家庭。你可以说，他们都是潜在客户。在舞台上进行了简短的开场互动后，我开始介绍会议上出售的主题家具。

我说："我的朋友们，你们已经看到了许多高品质和个性化的家具，但今天我想向你们展示你们从未见过的家具。今天，你和我非常幸运地看到这些家具在上市前的独特风格。"

然后，我看到观众伸长脖子，好奇地往台上观看。于是我请工作人员推出一台家具公司满意的移动电视柜。观众看到家具后，开始在台下交谈。

我接着说："嗯，这个电视柜一定能照亮你的眼睛。请允许我详细介绍一下这款电视柜的魅力……"

在我热情地介绍之后，观众的一些情绪被调动了起来。在我们报告了价格并指明了收银员之后，大约三分之一的观众来到收银员处支付了购买费用。

也许你会有一个类似的问题，为什么不是所有人都付费，只有三分之一的人付费？我举这个例子的目的是告诉你，付费的人中有三分之一是冲动型的消费者，另外三分之二属于其他类型的消费者。展会一开始，我就用激情的方式来引导演讲，之所以用这种方式，是为了唤起这些冲动消费者的激情。一旦冲动的观众购买了产品，剩下的观众很容易被说服。

这就是为什么讲师在开始营销时应该有激情。我们要尽可能地增加场所的氛围，感染每个观众，以促使冲动型的消费者先购买。我们必须注意以下三点。

首先，我们要了解哪些客户对产品最感兴趣：冲动的消费者往往被排除在外。他们会直接展示他们想要的东西，他们有很强的个人观点。

当然，他们很容易被别人说服。因此，对于这样的客户，我们应该谈论他们喜欢听的内容，解释客户最想要和最感兴趣的内容。我们永远不要谈论客户不感兴趣或不知道客户是否感兴趣的人和事，言多必失。

第二，及时邀请交易。一些销售人员在演讲中说了很多，延迟了邀请客户购买和成交。因为他们担心没有向客户清楚地展示产品，就算给客户发出交易邀请，也不会购买。不要忘记，冲动的客户是一种感性的人。他们会在一定时间内表现出强烈的购买欲望，一旦这段时间过去，他们将成为无效客户。因此，你需要抓住机会，积极发出交易邀请并成交。

第19章

咨询环节：巧妙处理问题，扫清成交障碍

在销讲过程中，客户的咨询环节在整个互动活动中起着举足轻重的作用。只有通过与客户的互动和交流，最终才能引导客户并促成交易。

19.1　把鱼放在桌子上：直面棘手问题，化危机为信任

《谈判桌上的艺术》一书的作者乔治·科尔瑞瑟博士提出这类观点，即"把鱼放在桌上"。乔治·科尔瑞瑟博士是瑞士国际管理发展学院 IMD 研究领导力的教授。

这位博士在意大利生活时，发现菜市场卖鱼的人都喜欢把鱼放在桌子上，一排排地码放起来，堆得高高的。科尔瑞瑟博士问为什么这么做，卖鱼的人回答："如果把鱼放在桌子底下，它将腐烂、变臭。"于是，科尔瑞瑟博士想到，谈判也是这样的，勇敢的对话也要遵循这个原则。我们想要烹饪出一道鲜美的鱼肉，就必须把鱼放在桌子上，否则鱼肉就会腐烂、变臭；想要在谈判中的问题有优质的解决办法，也需要把问题摆在桌子上，而不是藏着掖着。当然这种操作有风险，销售人员需要极大的勇气，因为客户的反应根本无法估量。当一个棘手的问题摆在你面前，你愿意毫无保留地说出并且倾听吗？

顺延思考一下，如果一个人在谈判或者演讲中不诚恳，会有哪些表现呢？我们怎么能够辨别这样的人或者避免成为这样的人呢？

1. 不要说太多

一位演讲者如果滔滔不绝地自顾自地讲，那么我们就要怀疑他这样做的目的，以及考虑这样做的后果。这种情况的典型代表，一种是独裁型，一种是陶醉型。陶醉型的人不会听你说什么，也不在乎你想说什么，甚至根本没有看见你，他就是一个劲地说。独裁型的人会用语言控制你，攻击你，如果你不接受他的观点，他就会一直说，素质不高的人，甚至会出言不逊，直到你屈服。

2. 不要顾左右而言他

有一类谈判者,他们从来不考虑客户的需求。说的内容都是关于自己的,和客户毫无关系。我们用书中的案例举一个例子:第一个人这样开始:"我刚从夏威夷回来,我们航行非常愉快。"第二个人:"航行,你乘船航行了?我们在索萨利托有一艘帆船,我们每个周末都驾船出去玩。"第三个人:"周末?我大部分的周末都是在洛杉矶,因为我的孩子们都在那里。"第四个人:"洛杉矶?我上的是加州大学洛杉矶分校!"

这里没有真正的对话。每个人都用别人的话作为提示,来引出自己的独白。这在现实生活中经常发生。

3. 无逻辑、无要点,不解决问题

在直接要解决问题的谈判中,有很大一部分人并不能理解什么叫直面问题、解决问题,而是将情绪和其他问题带到问题中,使得问题像滚雪球一样越滚越大,没有任何积极的效果。

《谈判桌上的艺术》一书提到一个例子:

想象一下你与安东尼正在进行一次勇敢的对话,一次直接的汇报。他开会总是迟到。你说:"安东尼,我想跟你谈谈有关你最近三次开会迟到的事情,可以吗?"如果他有意阻碍这次谈话,我们可能从安东尼那里听到几种反应。

消极:"安东尼没有说话,只是扬了扬眉毛。"

否定:"周二开会,我没有迟到啊。"

淡化:"我只迟到了 5 分钟,用得着大惊小怪吗?"

转移话题:"很高兴你先提出来了,我正打算跟你谈谈我们部门开会太过频繁的问题呢。"

过于情绪化:"你怎么能说我迟到了呢?我这个星期,每天都来

加班。"

过于理性化："基于我们这个部门没有任何运行良好的体系，我想说，我们需要重新审视目前的决策制订过程，特别是考虑到，它涉及集体日程安排的问题。"

过于大众化："这个公司总是存在时间问题。"

过于个性化："你总是吹毛求疵，你从来没有注意到我的付出。"

缺乏真诚："我迟到是因为我正在帮一位同事，她家里出事了，她要我对此保密。"

因此，我们对于问题，谈判或者演讲都需要勇气，取得信任的方式有很多种，但是首要的还是坦诚和勇敢。谎言、掩盖、逃避等都不是解决问题的办法，保持诚恳的心态是解决一切问题的前提。

19.2　控制提问，不要将演讲节奏交到观众手上

在演讲过程中，观众有时会提出各种各样的问题，有些尖锐，有些刁钻古怪，有些出乎意料。如果演讲者不能给出及时、准确、有效的答案，演讲就会陷入死胡同。演讲就会中断，甚至无法继续。优秀的演讲者可以在收到对方的问题后立即思考并给出最佳答案。当你回答观众的问题时，保持冷静，不能被提问者控制。如果你能回答就更好，有时候也可以试着避开这个话题。我给大家提供几种方法，可以回答观众在演讲中提出的问题。

（1）在回答问题时，熟练运用观众提出的问题，可以取得较好的答题效果。可以借用问题中的语气和词语，使用意想不到的回答方法来解决问题。

（2）观众的提问有时可能含糊不清、荒谬，甚至愚蠢，因此自己很难回答。这时，可以通过设定条件来明确分析和应对。

（3）颠倒回答，如果你颠倒问题的语序，它可能会成为一个与原始问题意义完全不同的句型。如果我们使用得当，它是非常有效的。

（4）幽默回答，如果你不能直接回答一些问题，但又无法回避，你可以用幽默来回答。这不仅达到了目的，而且还具有幽默感。这总比支支吾吾好。

（5）诱导回答，就是要设法诱使客户根据自己的思想进行提问。

（6）含糊回答，我们回答问题需要简洁、准确的答案，但在实际应用中还有另一种情况，那就是不方便说得太清楚，需要灵活的模糊答案。

（7）转换回答，这种方法是故意改变你不想触及的主题，并用另一个根本不同的内容来回应。这种方法的使用必须是自然的。变更后的主题应尽可能与原主题挂钩，同时应及时更新。变更应该抓住机遇，找到正确的借口，在客户的主题全面展开之前，用一个新的主题取代它。

机智的回答是一个高水平的艺术境界，它可以让你在社交中如鱼得水。

19.3 扬长避短，避免危险的辩论

卖方不应表现得比客户优越。即使客户错了，也不要和他争论，因为这个话题不是销售的目的。买家越多地利用这一论点，销售方损失就越大。

销售失败的主要原因之一是与客户的争论。作为利益不同的个体，卖家和客户在谈判过程中，特别是在处理异议的过程中，会产生各种矛盾。在回答客户问题或异议时，有时候你会发现自己在不知不觉中与客户进行了讨论，气氛相当热烈。此时，你必须记住：客户的意见无论是对，还是错，都不能表现出轻视的样子，更不能表现出不耐烦、东张西望。无论客户如何责备你，你都应该保持冷静，避免与他争论，不

要给客户以失败感和抵抗感。在生意上，争论的赢家总是输家。争论不是说服客户的好方法，与客户争论，失败的总是卖家。

奥哈雷现在是纽约一家汽车公司的明星推销员。他说，"如果我现在走进客户的办公室，对方说，什么？怀德卡车？不好！你送我，我都不要，我要的是何赛的卡车。"我会说，"老兄，何赛的货真的很好，买他们的卡车没什么错。何赛的车是一家好公司的产品，而且业务员也非常优秀。"

所以他没什么好说的，也没有争论的余地。如果他说这辆车是最好的，我就说它很好。在我同意他的意见后，他不能说"他的车是最好的。"一下午，然后我们就不再谈论何赛的产品了，我开始介绍怀德的产品优点。

换作以前，如果我听了他说的话，我会非常生气。我会开始挑何赛的错。我愈批评别的车子不好，对方就愈说它好；愈是辩论，对方就愈喜欢我的竞争对手的产品。"现在回忆起来，真不知道自己过去是怎么干销售工作的。花了不少时间在争辩上，却没有取得有效的成果。"

销售行话是，"你越是利用这个论点，你在销售中遭受的损失就越大。"销售不是辩论和赢了客户。如果客户说不过你，他可以不买你的东西，这就"赢"了你。显然，我们不能语气生硬地对客户说："你错了""连这你也不懂"，这会挫伤客户的自尊。我们对于那些非常敏感的客户，要尽量避免发表直接或间接冒犯他们的评论。即使是像"一点点"和"可能"这样的词汇都会让他们感到难受。因此，我们要记得言谈时仔细选择你的措辞，指出事实就行。特别是，你要让他知道你只是对事情本身发表评论，而不是对他进行人身攻击。如果你反应过度，不要匆忙解释，事情可能会变得更糟，只需重申问题即可。如果匆忙发表意见，你可以让事情变得更糟。你在提出意见时也要同时指出他们的优点，以及表现出色的地方，以建立他的自信心。

作为一个优秀的卖家，你应该在 3～5 分钟内让一个不知名的客户产生好感。只有在一个非常和谐的环境中，双方很难轻易否认对方，从而不让对方说"不"。销售口若悬河，客户无话可说。没有互动，我们如何才能满足客户的需求？对于一些"反对异议"或"只是想表达自己优于他人的意见"的客户，如果你较真地对待他，不但费时，还有可能旁生枝节。客户有一些异议，并不真正希望得到解决或讨论。你只要微笑着同意就行了。

你要记得永远不要和客户争论。因为在争论情况下，客户会产生抵触心理。客户不是我们的敌人，而是未来的合作伙伴。销售者的目的是为了获得有利的局面，而不是辩得客户理屈词穷！人都有希望被肯定的一面。我们希望通过表达自己的意见，来展示自我价值。人们潜意识中有尊重、理解和表现的心理，因此我们通常不要将客户的意见视为恶意批评。即使你需要"讨论"，也应该是友好的沟通，这样客户才愿意愉快地接受你的专业指导。

19.4　不要恋战，适时脱身

作为销售者，你会遇到不同类型的顾客。有一类客户专门喜欢和别人争论，他们喜欢对一切事物点评几句。与这类客户打交道时，我们必须让他三分，以免与他发生直接冲突。因为销售者的最终目标是将其产品成功地卖给客户，而不是在这一问题上争论出结果。如果我们逞一时之快，将永远失去一位客户，而且这个客户肯定会对身边的人说你的坏话。最后受损的还是自己。我们可以采用下面这种说法。

"是的，你说得很有道理，这个产品是我们公司的一项新研发出来的产品。您一定知道××大学的××教授吧？他是这个领域的权威人士。他曾经对我们的产品进行过研究和测试，称赞我们的产品非常好。"

　　如果销售者提交了权威证书，对方可能也会不再挑刺。就算他还会继续诡辩，也不要直接指责对方。一方面，你可以表明你理解他的观点；另一方面，可以试着改变话题，用其他方式和他交谈。销售者最忌讳的是与客户发生冲突，要保持低调，永远友善、谦虚、恭敬。这并不意味着低人一等，而是一种沟通艺术。

　　底特律有一家历史悠久的钢铁公司。杰斐逊是销售主管。他在销售中有一条铁的规则：永远不要当面责备客户，永远不要用你的语言让客户丢面子。一天下午，杰斐逊一上班，电话铃就响了。打电话的是一位客户，他抱怨杰斐逊寄来的大部分钢材都是残次品，卸货了 1/4，检查员报告 55% 的钢材不合格，说要退货。这不是一件小事。杰斐逊立即乘公共汽车去了对方工厂。在路上，他想，我们怎样才能说服检查员呢？换做以前，他一定会直接翻开《钢材等级规格国家标准》，条条框框地指责对方，坚定地认定他提供的钢材是合格的。

　　然而，无论杰斐逊提供了多么确凿的证据，最终客户都会退货，或者要换一批。杰斐逊的态度越坚定，对方做出的让步就越少。当然，杰斐逊现在不会了。他到达客户工厂后，看到采购部负责人态度僵硬，钢铁检验员很生气。他们只是等杰斐逊开口，这样他们就可以战斗了。杰斐逊看到他们时，笑了笑，没有提到钢铁质量的问题。他只是说，"让我们去看看。"他们正默默地朝着自卸卡车走去。杰斐逊要求他们继续卸货，并要求检查员一个接一个地挑选不合格的钢材，把它放在另一边。杰斐逊观察了检查员一段时间，发现他检验过严，用一级产品标准检验二级产品。

　　即使检查员犯了错误，杰斐逊也没有对检查员指责。他只是悄悄地向检查员讲述了这些钢材不合格的原因。这并不意味着他在指责检查标准错了。他只是一再强调，以后多多交流请教，尽可能地满足工厂的质量要求。由于杰斐逊面容和蔼可亲，心胸开阔，以非常友好和合作的态度征求意见，检查员慢慢变得高兴起来，双方之间的紧张气氛缓和下来。此时，杰斐逊仔细提醒检查员，他选择的钢材合格；此外，让检查员知道，根据合同价格，只能供应这种类型的钢材。检查员的态度逐渐改变了。他坦率地承认自己几乎没有测试钢铁的经验，并依次向杰斐逊提出了一些技术问题。杰斐逊谦虚地解释了为什么所有钢材都符合要求。杰斐逊在解释时反复强调，只要检查员认为他还不合格，他就可以替换。检查员终于意识到，他认为"不合格"的每一块钢材都有一种"内疚感"。最后，他指出，他们对钢材质量的看法是错误的，所有钢材都符合合同要求。最后，杰斐逊收到了全款。

我们可以想象，如果杰斐逊像以前一样与客户争论并坚定地强调客户的错误，结果将不会如此完美。杰斐逊不仅挽救了损失，拯救了生意，而且还与钢铁厂的检查员建立了良好的关系，学会了处理人际关系的艺术。这绝对不是钱能买到的。

我们在销售过程中不能与客户达成一致，是正常的，问题的关键在于我们如何解决这些差异。杰斐逊能够重振一家濒临破产的公司，因为他学会了维护客户的"面子"，从而使沟通顺利进行。因此，我建议销售人员注意以下几个方面。

第一，保持尊重，避免责怪任何人。客户不喜欢当场被纠正，也不喜欢在公众面前丢脸，所以销售人员应该避免在公众面前纠正客户。如果客户真的错了，我们应该找到机会告诉客户。这样才能在消费者面前挽回客户的面子，而不会影响客户未来的业务。客户懂得"你敬我一尺，我还你一丈"的含义。如果我们为客户保留面子，他们会非常尊重我们，为我们保留面子，支持我们。

第二，多用建议，少用指导。在有些情况下，有的销售人员会直接指出客户经营中的缺陷。这样就会让客户觉得我们在贬低他们，抬高自己的能力，反而会得到不好的效果，甚至可能适得其反。我们指导客户时应该对客户本身经营方式进行肯定和赞许，再用一些建议性语气，如"我觉得""我想"等来提醒客户。这样客户会非常虚心地接受我们的建议，同时也保全了客户的面子。

第三，肯定客户，抬高客户。人人都是好面子的，都喜欢在别人面前展现所长。在销售过程中，我们可能会遇到客户正在和别人聊天。这个时候我们应该把握机会，抓准时机，抬高客户，加深客户在大家心中的印象；同时也让客户对我们有好感，使我们的工作能顺利地进行。每一名销售人员都应该知道：当你给别人一次"面子"，就可能增加一个朋友，获得一个客户；当你驳客户一次"面子"，就可能增加一个敌人，流失一个客户。因此，销售人员要谨记，任何时候都要给足客户的"面子"。

19.5　让权威的数据成为你最有说服力的推手

众所周知，数据是通过对事物理性分析抽象出来，能够更准确、科学说明事物的数字依据。作为消费者，想要更加全面地了解产品，离不开数据。数据是信息组成的重要组成部分，有效、全面、准确的数据可以让客户觉得更专业、更可靠。销售者在与客户谈判博弈的时候，要充分利用数据的优势，显出专业性，从而赢得信赖，促成成交。

在数据呈现的过程中，我们一定要配合讲解，讲解得越详细，越有说服力。我们对数据从横向、纵向对比，都是非常好的阐述方式。阐述的目的是要设计出比较多的亮点。这些亮点是用来打动客户的着力点，巧妙地借助数据来说服客户，让客户能够在看到这些数据后立即做出判断，而且让客户坚信自己做出的决定是正确的。

惠泽是一名很优秀的保险销售，她最擅长的就是对保险进行数据分析。一般情况下,她每次去拜访客户都会先把客户需要的保险类型进行纵向数据分析,然后再把市面上同类型的产品进行横向的数据分析,而且会非常坦诚地把优缺点说出来,并不会避重就轻,只强调优势。她巧妙利用了大量准确的数据,这让她的话更加有权威性、专业性和强大的说服力。

每个人心中其实都有判断标准,关键是我们能找到方法打动客户,而数据就是最有利的工具。数据的优势非常多,总结起来有这么几点。

第一,数据能够量化产品的优劣。产品的优点越多客户越愿意成交。我们将这些优点量化,能够非常清晰明了的展示在客户面前。我们卖电脑需要知道每一台电脑的参数;卖保险需要知道每一个险种的收益和折损;售楼需要把质量、面积、价格、涨跌说得很清楚。这些数据越详细,客户就越能直观地感受出产品的优劣。

第二,数据能够体现独特卖点。我们把产品的优劣点呈现以后,就可以更好地突出亮点。这就是卖点,就是"钱"。客户听到准确、客观、权威的数据才会心动,才会有合作空间。

第三,数据能够赢得客户的信赖。有很多销售者非常能说,说得天花乱坠,但是到了拿数据的时候,就磕磕绊绊,一问三不知。这时客户一定会认为你是在吹牛皮。相反,如果你能够很好地将数据展示出来,客户就会觉得你非常专业,更加信任你,会主动与你沟通交流。因此,我们在展现数据时,一定要保持专业素养,数据要权威、准确。数据越全面、精准,越能俘获客户的心。我们可以看见越来越多的营销方案喜欢摆数据,这正说明了数据在销售中的作用力。

19.6　解答听众疑惑,为销售环节铺路

一场好的会销,一定是以销售为导向的。高手一定是激发客户自

身，让他们积极主动地购买商品。而这个积极主动性的来源是什么？内驱力，好奇心。不管是在演讲，还是在讲课时，有经验的老师一定知道，那些积极思考并提出问题、回答问题的人，一定是有好奇心的潜力股。让客户对产品和企业感兴趣，他才会有继续去关注和了解的动力。所以，在销讲过程中，我们一定要学会激发客户的好奇心。这样才能让客户主动参与并接受我们。在会销中，通常会有一些问答环节。对于会销讲师来说，这个环节就是我们激发客户好奇心的最佳切入点之一，也是深入到客户内心的契机。那么，如何解答客户的疑虑，调动客户的好奇心呢？

在一次净水器的会销中，讲师在介绍完产品后，问客户："大家还有什么问题，可以举手提问。"

这时，一位女士举手说："刚刚听你介绍的这个净水器挺神奇，科技含量很高。你确定可以做到你说得那么神奇吗？"

这位女士的话刚说完，台下的观众眼神马上聚焦在这位讲师身上。这时讲师非常淡定，她早就知道大家一定会对这个问题非常关注。于是她微笑了一下，说道："可能大家肉眼看不出来净水器对水的过滤作用，我现在可以现场演示一下，我们的日常用水，到底里面有多少杂质。"

提问的那位女士说："怎么可能！"台下客户也是议论纷纷，传出怀疑的声音。演讲师并不着急，推出来一台仪器，分别把两桶水放在台前，一桶是净水器加工过后的水，一桶是日常自来水。然后她把众人的目光引到那台仪器上面，说："到底我说的有没有根据，我们可以让这台仪器说话。""这是什么机器？"有人问道。讲师并没有解释，她直接进入了主题。讲师将仪器分别插入两桶水中说道："刚刚有许多人问我，这是什么机器，现在我就来给大家讲一讲，这台机器就是可以分解出水中的杂质。"几秒之后，仪器的大屏幕上面出现了一个画面，装有自来水的桶中出现了很多絮状的褐色或黑色的杂质，而另外一个桶却没有出现类似现象。

"可是，这机器准不准呢？"客户中有人发问。

"我知道大家心里肯定会有疑惑，因为仪器是我们的，水也是我们的。那么我们可以现场请各位上来测试，自己操作一下。"讲师说着便开始从客户群中寻找互动者。一场操作下来，居然都是一样的实验结果。结果大家都惊呼产品有效果。接着，商品得到了疯狂地哄抢，甚至有些客户一人买多份，顺便给亲友带个方便。

以上案例就是通过客户咨询，激发客户好奇心及购买欲望的。它可以很好地说明，客户在向讲师询问问题时，讲师要马上注意到这是一个很好激发客户好奇心和购买欲的时候。有互动才会有交流，有交流才可能让客户认可并接受产品。如果你面对的消费者对你的商品产生了好奇心，那么你已经成功了一半。

在操作中，我们有以下几点需要注意。

第一，不直接回答，用事实说话。我们要让客户肉眼可见，加深客户的印象，往往可以起到非常好的效果。因为和语言相比，事实更有说服力。这里所说的事实，包括数据、图片、使用感言和产品效果展示等，我们用事实来解答客户疑问，让他们亲眼看到事实的真相，是最具有说服力的。

第二，反问客户。不能只让客户提问，在适当的时机，我们还要学会反问客户。这样一方面可以延长与客户的互动，另一方面也可以提升客户的好奇心。

第三，提出解决方案。我们面对客户的好奇和疑问，最终总要给出解决方案。有了解决方案，客户才会对产品真正信服，并愿意去尝试。

第20章

号召行动：将关注力变为购买力

有关注力就是一件好事，说明客户已经被吸引过来并关注你了。你再将客户的关注力转化为购买力，需要做的就是戳中客户的痛点，要让客户知道，有了这个产品，他能够实现哪些目的。

20.1　5分钟让你的成交率提高 90%

这里我说的是在短时间内建立信赖感。长期的信赖感需要时间培养，但是如果想要短时间成交，免不了要迅速建立信赖感。我们需要注意两点：先观察再行动；培养亲和力。

看过拳击的人知道，打拳切磋功夫的时候，正式上场之前，双方要进行简单的试打，也就是互相试探。在此之前，练习的时候双方还要不断地学习观察对方的弱点，怎么避开，怎么有效出拳等。销售也一样，我们要在不断的闲聊中，慢慢找到共同话题，让对方放下戒备，愿意跟你交朋友，而不是把你当成进攻的人。因为朋友跟朋友能更好做生意，销售员与他人则是利益关系。你们一旦变成朋友，不仅仅可以赚到他的钱，还可以带着他一起赚钱；不仅仅建立一次关系，还可以产生持续关系。

其次，建立亲和力，我们要记住三要素。成交时我们要让对方觉得他做对了决定，而不是觉得被你说服了。这种情况下，对方就会觉得你更具有亲和力，因为你们在观点上是不谋而合的。人和人之间都是由上天的缘分牵绊在一起的，从陌生人到熟知，再成为朋友，需要一次次推心置腹的交流。我们想要和客户成为朋友，也要想办法去制造这种缘分。这里面的关键是：培养你的亲和力，让客户第一眼看到你，就会产生一种天然的亲切感，感受到你们之间惺惺相惜。

亲和力不仅能拉近人与人之间的距离，还是情商高低的重要指标，是销售员内在素质的对外综合表现。客户可以用此来度量情感，同样也可以度量成交。所谓亲和力的建立，就是通过某种方法让客户喜欢你、接受你，甚至依赖你。你可以想象，当客户向你敞开心扉，产生信赖感和依赖感后，你的产品能很快卖出去。

我们非常推荐销售员多研究研究儿童心理学，一方面是因为儿童有天然的童真，是亲和力高低的天然试金石，能让儿童喜欢你，至少你已经迈开了第一步；另一方面，想要在客户心中建立起亲切感，亲近客户身边的人，也是一个不错的方法。客户的亲戚、朋友，尤其是孩子，就是你很好的"助手"。对于销售人员来说，其有良好的亲和力是能够与客户融洽交谈的必然要素。

大吉保险公司的川木先生曾经就讲述过，他是如何在陌生拜访中培养亲和力的故事。一般日本的家庭主妇会在上午忙着做家务，这时候推销员最好是不要去打扰，他们也不欢迎你。摸清这个规律，稍微有经验的推销员会在下午 2 点钟以后去拜访，然而这个时候恰巧是宝宝午睡的时候。川木先生只要看哪一户人家晒着尿布，他便会去轻轻叩门，而不是按门铃，以示访问之意。当主妇前来开门时，他会用很小的声音向主妇说："宝宝正在睡午觉吧？我是大吉保险奋司的川木先生，请多指教。下午 4 点多的时候，我会再来拜访一次。"这样一来，客户对这种细心的考虑便会感恩，即便不是立即请进去，也会在再次拜访的时候笑脸相迎。这样的小细节，令川木先生成了日本保险业的奇迹。

亲和力强的人有善待他人的心理。他们不会提前设定人是丑恶的、难相处的，而是相信人是善良、有趣和理性的。亲和力强的人在与他人交流时会采取积极、友好的态度。在他的感染下，对方也会采取同样的态度，并感受到一种轻松愉快的气氛。一些供应商总是很容易发现客户的缺陷，挑客户的问题，对客户表示轻蔑和厌倦，并且无法与客户建立良好的关系。显然，这些销售人员不会有很好的亲和力。

亲和力是我们要设身处地为对方考虑，这样才能清扫你和客户之间的障碍，使他可以消除戒备和你对话，甚至可以深谈。每个人都有自己的生活圈子，都有自己喜欢的人或事物，有自己爱听的话题。培养亲和力需要处处观察，努力找到契合点，热情地与他人相处，慢慢培养，相信亲和力会逐步上升。

　　我们如何增强与客户的亲和力呢？第一，尽可能寻找共同点；第二，善于表达，说话舒服；第三，和对方同频。你要让对方感觉，你的状态好，能量好，第一眼见到你，愿意接近你。

　　比如，你们来自同一个地方，读过同样的专业，看过同一部电影，读过同一本书等。我们说话要多顾及他人感受，懂得赞美、表扬别人。我大学毕业的时候找工作，去一家大型公司面试，领导挺喜欢我的。到了最后，我为了表现突出，把公司的对外画册从头到尾看了一遍，还找出了两个错别字。于是我积极地指出了这个错误，结果面试完回去，就再没收到信息。后来我主动联系了 HR 经理。HR 经理对我说，你才刚来，老板让你来是解决问题的，不是让你来发现问题的。因为每家公司都有问题，你的任务是进来之后把它完善，而不是专门挑刺。

　　村上春树说："如果一个城市没有愿意开咖啡馆的人，那这个城市无论多有钱，都只是一个内心空虚的城市。"其实人未尝不是，能找到一个同频的人，是人生的幸事。这也建立在一定的基础之上，那就是两者"三观"一致，有共同的生活观念，工作观念，想往更好的方向发展，这是同频开始的基础。朋友如此，恋人如此，合作伙伴亦是如此。

　　我们如何建立亲和力，最高效的达成是互相同频，关键点是你要有敏锐的观察力和模仿力。他讲话快，你就讲话快；他讲话慢，你就讲话慢；他手势多，你的手势也要多。你要在不知不觉中，让他的潜意识认同你，觉得你和他是同类，那么，这个亲和力就生成了。

　　一是在言谈话语上同频共振。语言是人类独有的且强大的能量输出方式，一句令人共鸣的话会经久不衰。我们在交际中不经意的某句话可能就会打动对方，引起对方的同频共振，使双方的距离一下子就缩短了。譬如某人说："2020 年真是令人难忘的一年。"相信全世界人民心灵上都会产生强烈的共鸣。如果你再补充一句："武汉不容易，是英雄的城市。"如果对方是武汉人，对你的认同感便油然而生。我们与人交往，共同的经历、共同的爱好、共同的体验、共同的观点，都可以成为你们交谈的同频共振内容。这些话语一出口，便可以拉近双方的感情距离，产生强大的亲和力。双方话语中的同频共振越多，越能让彼此成为一体。我记得 2008 年奥运会的主题"同一个世界，同一个梦想"一出来，全中国人民都为之振奋。这就是同频共振产生的巨大影响。

二是在实际行动上同频共振。我们常说的圈子，主要就是由一群在身份行为追求上相似的人组成的交流圈。人与人之间相同的穿着打扮、兴趣爱好、行为举止都会产生同频共振，产生认同感和亲近感。人们可以通过同频共振的行动而趋于思想一致，感情一致。

20.2 说破产品"瑕疵"，让客户自己做选择

没有产品是完美无瑕的，也没有客户会相信产品是完美无瑕的，要么价格不合适，要么存在其他问题。对此，销售人员需要巧妙地自揭其短，告诉客户一些产品的不足，以赢得客户的信赖。如果只是一味地言及产品的好处，反倒会让客户心生疑虑。

客户："你们的价格有点贵！"

销售人员："噢，您提出的价格问题，其实不是一个大问题。试想一下，如果您花较少的钱买到的是质量较差的东西，是不是心里十分郁闷？这种产品的质量值得信赖，它不会让您在使用过程中有丝毫的不快。"

客户："既然这种产品如此完美，我以前怎么没有听说过它？"

销售人员："这种产品的设计水平和质量都是国内一流的，只是在外形上不如国外××企业的产品。正是由于这点不足，我们的价格要比国外那家产品的价格低了将近三分之一。"

客户："好吧,我就订你们家的产品吧!"

我们在销售中,只有诚实地对待客户,才能得到客户的信赖,从而树立销售员及其所在公司的信誉。但是,有些销售人员为了顺利成交,就对所销售产品的质量、性能等进行夸张处理,把劣质的说成是优质的,随意夸大产品的性能。产品价格也定得比实际价格高出数倍。企业原本无法做到的售后服务,他们也随意承诺。结果呢? 这种做法可能会获得一些短期的利益。客户一旦发现销售人员缺少诚实的品性,无论此前双方的沟通多么默契和愉悦,都会马上产生警惕心理,通常会迅速放弃可能已经形成的购买决定,甚至会破坏销售人员和所在企业在客户心中的形象。所以,销售人员要正视产品的某些缺点,通过诚实的行动引起客户积极的反应。当然,销售人员承认产品的不足并非是简简单单地将所销售产品的所有问题都罗列在客户面前。我们要对客户保持诚信,勇敢地正视产品的不足,还需要销售人员讲究一定的技巧。不然,当销售人员冒冒失失地将产品的某些缺陷告诉客户的时候,客户会因为接受不了这些缺陷而放弃购买。

请记住,产品的缺点并不是让客户拒绝购买的原因。你应该明确的是,客户究竟想得到什么? 他在乎的,也许并不是产品的缺点,而是其他一些方面的优点。产品有不足,有时候不是坏事,在一定条件下还有可能会转化为卖点。所以那些著名的销售大师们都是很善于运用产品的缺点来做推销的。18 套房子因为每天有 4 分多钟的火车噪声污染,已经搁置了两年多还未出售。于是汤姆·霍普金斯来找开发商洽谈。

"我会在这个月将这 18 套房子全部售完,并希望一套房子的价格增加 30 美元,来为每套房子配备一些家用电器。"

"你疯了吗? 这些房子无法卖出去,就是因为火车的噪声。你怎么能够全部售完,还要为它们配备设施?"

"请听我说完。"汤姆·霍普金斯冷静地答道，"我们每天可以在规定的时间内对房屋进行开放，让游客进行参观，并且在房子的正前方写上几个引人注目的字：此屋内放有神奇的礼物，参观之后便知它的奇特之处。这样就会引发人们的好奇心，会吸引很大一部分人。"

于是，开发商同意了他的要求。当汤姆·霍普金斯带领着游人参观几分钟后，就开始向他们介绍房子的特色。

"你们静静地听，能听到什么？"

"火车开动的声音。"

"对，但是如果我不提醒你们，你们能听得到这个声音吗？恐怕是早已习惯了，对这个声音早已不在意了。因此它不会干扰到你们。"

汤姆·霍普金斯继续带领人们来到客厅，指着那些家电对游客说："如果这些房子可以出售的话，开发商会将这些家电一块送给你们。因为你们每天要经受几分钟的火车噪声，但是很快就会习惯的。"

他继续说道："想象一下拥有一套房子还带有一套家电设备的感觉，几分钟微乎其微的噪声算什么呢？"

两周之后，他售出了全部的房子。18 套房子不是小数目，但是汤姆·霍普金斯却在一个月内将它们售罄了。他是怎么做到的呢？正是他巧妙地讲出了房子的优点和缺点，让客户在心里做好了权衡，才完成了交易。

很多销售员都是这样，不但能够把产品的缺点介绍给客户，还能让客户愉快地购买。如果我们不能正确地传达产品的特点，适时地阐明产品的性价比，客户又怎么会完全信任你呢？所以，销售员需要掌握以下技巧，既可以保持诚信，又不至于让客户面对产品缺陷望而却步。

第一，承认产品的小缺点。世界上没有完美的事物，有利必然有弊。对于产品来说，同样如此。如果销售人员只是一味地介绍产品的优势，对产品的缺点只字不提，那么，你把产品说得越是完美无缺，客户心中的顾虑就越大,就会越不相信你。我们适时、恰当地告诉客户一些小缺点是必要的。如果你的产品真的很实用,那么这些无关紧要的缺点将不会影响产品在客户心中的形象,甚至还会让客户更加喜欢你的人品,从而对产品产生好感。

第二,巧妙说出小缺点。在向客户介绍产品时,销售员要实话实说,但是要看什么时候说、什么时机说、说什么。这些需要销售员事先做好准备,因为一旦说得不恰当、不到位,就会让客户产生逆反心理。所以,销售人员要做到话一出口既能让客户相信,又能让客户接受,最后让客户高兴地购买,购买后还要不停地赞赏你,为你介绍新客户。

请记住,遮掩产品的缺点并不是让客户购买产品的良策,甚至有时还会得不偿失;如实地介绍产品,适度地说一些小缺点,反而让客户心里更踏实,更能放心购买。

20.3　以退为进,适当舍利换取信任

中国是礼仪之邦,古代中国凡事必要说礼,故而流传有"礼多人不怪"这种至理名言。不过这里的"礼"和我们所说的"礼"并不一样,我们所说的"礼"指的是礼品、礼物,而"礼多人不怪"指的是礼数、礼节。那么,如果将两个"礼"调换一下,会发生怎样的结果呢? 在这个世界上,鲜少有人会因为收到礼物而不高兴。而恰恰相反,大多数人都喜欢收到礼物,特别是意料之外的人,送的特别合心意的礼物。在这种情况下,无疑将会大大地增加收礼者对对方的好感。客户对我们有好感,放下戒心,那么我们就有机会与客户进一步交流,销售活动将会变得简单许多。当然,我们这里说的送礼物,并不是真的要做到"礼多人不怪"。我们是销售人员,进行的是商业活动,一切都要以获利为准。我们送礼

的价值不能太高，礼物也不能太多，所以，想要通过小小的礼物增进与客户交流的机会，就要抓住一个"巧"字。

"巧"的第一关键词：巧妙

销售员给客户送礼物，在很多销售行业、服务行业都不少见。这不是行贿，而是拉近与客户距离的方法。礼物不论价值多少，重要的是能否符合客户的心意。我认识的一位后辈，从事的是金融行业。为了让客户在他们公司炒股、投资，他可谓是挖空了心思。逢年过节给客户送礼，端午节的粽子、中秋节的月饼……长期下来，他礼物送了不少，业绩表现却很一般。为什么？因为他的礼物送得并不巧妙。逢年过节，你送的礼物有可能其他人也会送的，是合适时机的礼物，却不是合适的礼物。你还不如多打听一下客户的状况，再决定送什么礼物。

听他讲述了几个重点客户的状况以后，我认为，现在拜访妻子刚刚做完小手术的客户比较合适。如果他在这个时候送上礼物，显得比平时贴心很多。后辈听完，立刻就决定明天买保健品去见客户。我赶紧拦住他，告诉他，手术后重要的是恢复元气，而不是补充营养。如果他买保健品，不如从东北买两株半人工的人参，品相漂亮，实际效果也不错，更重要的是价格低廉，不会有经济上的负担。第二天，他找了一家参茸行买了两株东北人参，登门拜访客户。他回来以后，兴高采烈地告诉我，果不其然，两株人参一送到，对方的态度就亲切多了，远比以前送粽子、送月饼有用，销售的目的也成功实现。

"巧"的第二关键词：巧合

世界上没有无缘无故的爱，也没有无缘无故的恨。当你为客户送上礼物的时候，对方难免会对你起疑心，毕竟无事不献殷勤。面对这种情况，我们送礼就要送出巧合来。只有促成巧合，才能显示你对客户既用心，又没有威胁。在我的销售经历中，有过很多难啃的硬骨头，特别是一些连交流机会都不肯给你的客户，是最为难办的。

有一位熊姓客户，在当时几乎成了我的梦魇。这位客户非常传统，不用智能手机，不用电脑，脾气古板。我若是想要和他交流，只能登门。我数次登门，都被他以各种理由推托。一次偶然的机会，我发现他家中有一个独生女，特别受他的宠爱。于是我决定从他的女儿入手。经过多方打探，我得知客户的女儿喜欢乐高积木。于是我就买上一套乐高积木，兴冲冲地上门拜访他了。

世界上很多的事情并不像我们想的那样简单。客户看见我手上的积木，脸上并没有露出开心的表情，反而更加戒备了起来。我心想不好，肯定是他以为我调查他女儿了。于是我赶紧解释说："我有个朋友在某大学附近开办了一个乐高俱乐部，送了我一套。我又没有孩子，就给您送来了。"听了我的话，客户脸上的表情才放松下来。看见客户脸上的表情恢复正常，我心里的石头才算落地。幸好我记得某大学附近有一家乐高俱乐部。他的女儿在拿到新的乐高积木以后，果然爱不释手，我也赢得了与客户拉近关系的机会。

"巧"的第三关键词：巧匠

在这个世界上，金钱未必能买到一切，但是市面上那些公式化的产品，只要有钱就，都能买到。在这个时候，你所了解的东西越多，你就越有资本寻找符合客户心意的礼物。巧匠，往往隐藏于市井之间，或许名气不大，但是手艺却非常精湛。在这种情况下，我们送客户一份特别的礼物，打动客户并不难。

比如，我们带客户吃饭，要选择一处合适的地方。有些私房菜馆环境非常好，犹如桃花源一般的环境，客户会尽情地享受美食和气氛，之前的不耐烦一扫而空。没多久，客户就欣然签下了合同。

　　每个人都有自己的爱好，只要善于利用，这些爱好就能成为我们的突破口。身为销售人员，如果想要做到投其所好，那就必须在平时进行积累，多培养一些兴趣爱好，积累各方面的知识，把礼物送得巧妙。客户开心，销售目标就很快能实现。

20.4　限时限购的紧迫感，会让客户产生购物冲动

　　消费者在消费时，欲望的推动必不可少。在某种意义上说，销售人员卖的其实是客户内心深处的欲望。只有欲望燃烧起来，成交才会更加顺利。限时限购的紧迫感就会让客户的欲望燃烧，产生购物冲动。根据大多数人的经验，自己家中总会有那么几件衣服，是因为一时冲动而购买。这些衣服可能用得上，也曾穿过，但多数情况下不穿。我们是在什么情景下购买了这些东西呢？一时冲动。让客户一时冲动做出缺乏理智的消费行为，是商家常常使用的。

　　调查显示，消费者的购物决定是在很短时间内做出的，也就是说消费者是很容易产生冲动购物行为的。事实也证明了这项调查的可信度，绝大多数客户都有过冲动消费的经历。

　　我们为什么要限时限购呢？其实主要是为了制造紧张的氛围；主要是紧迫感，让客户觉得这个产品是独一无二的，是优惠力度最大的，是性价比最高的，这样的诱惑很可能让客户马上成交。作为销售者，我们要点燃消费者的消费欲望，提前做好相应的准备是非常有必要的。

　　我的一位朋友最近买了一台和他人设特别不符合的高配游戏电脑。我就问他为什么买了这样一台电脑，他说当时根本没有反应过来就成交了。当时是电脑城大酬宾，很多人都去抢购。这台电脑是优惠力度最大的，有很多赠品，加上数量有限，冲动之下就购买了。

　　上面这个例子，商家就很好利用了限时限购这个概念，点燃了客户

的欲望。那么,在具体操作中,销售人员要清楚,如何才能制造可以有效利用顾客冲动心理达成交易的机会。通常可以从以下几方面入手。

首先,信任关系是一切成交的基础。一般的消费者,多多有戒备心理,我们要让他们放下警惕,最重要的是跟他们建立起信任关系,这样才更容易成交。接下来,可以根据客户的情况给客户多推荐产品,观察客户对哪方面的产品比较感兴趣,促使他们快速成交。

其次,要创造良好的购物环境和氛围。心理暗示非常需要环境的衬托。消费环境的布局和设计,要与消费息息相关,要能充分调动消费者的消费欲望。通常商品的陈列要做到一目了然,我们要尽量将畅销品和高利润品放置在最先进入顾客视线的地方用以吸引顾客。而且购物氛围也十分重要。我在前面例子提到,当时是电脑城大酬宾,人山人海,这样的环境非常有利于快速成交。顾客会潜意识将拥挤程度视为商品受欢迎的程度,人越多,越拥挤,顾客冲动购买的概率也就越大。

再次,用优惠政策刺激顾客。"占便宜"的心理是绝大多数客户都有的心理,所以商家要多制造这种机会,将优惠措施作为诱饵。客户在诱饵的刺激下会有强烈的购物冲动。虽然这些措施会减少利润,但是总体来说,是利大于弊的。

最后一点,就是要趁热打铁。我们要在客户临门一脚的时,抓准时机出手,快速达成交易。这段时间很短暂,如果慢了,客户很有可能激情褪去,理智回归,就放弃购买了。销售员就失去了交易机会,所以销售人员一定要看准时机及时出手。

20.5　利用从众心理的销售沟通技巧

由于大多数顾客在买东西时害怕受骗,所以他们最终签单时,往往会犹豫并迟迟不肯做决定。然而,如果他们知道别人使用过该产品或享受过某种服务，并且使用者比较认可，他们就会更加信任，下定决心签单购买，这就是所谓的从众心理。

在销售过程中，卖家应该看准时机，利用大多数客户的从众心理来满足他们的心理需求，达成交易。购物中心柜台上的交易员巧妙地运用了顾客从众的心态，他的柜台前排有一支长队。他组织大量人购买某种商品，许多路人加入了队伍中。虽然他们并不真正需要这种产品，但他们认为，有这么多人在购买它，必然是有利可图的，所以不能错过这个机会。他们的说法是，购买的人总比推销员要可靠。

在销售过程中，满足客户从众心理的需求可以减少客户对产品风险的担忧，增加他们的购买信心，很容易促进交易。然而，在运用顾客从众心理时，还应注意以下几个问题：首先，要确保案例的真实性。卖家经常需要提供购买产品的客户的例子。这些例子必须是真实的，而不是欺骗客户。这一点非常重要。因为如果我们给出的例子是虚假的，并且欺骗了客户，那么很可能被客户暴露，失去了成交的可能性。更严重的是，我们不仅交易不会成功，客户还可以通过各种方式影响更多的其他客户，让他们给你留下同样的坏印象，给你造成无法弥补的损失。这种行为，无疑是抬起石头砸你的脚的行为。

其次，我们应该努力把老客户和有影响力的客户树立成榜样，用他们做举例对象。即使客户有从众的心态，如果卖家提到的例子影响不大，不足以说服他们，他们也不会动心。因此，在举例说明问题时，销售人员应尽量选择那些有影响力的老客户作为例举对象，以便有效地利用顾客群体的心理，增加说服力。我们应该防止客户产生叛逆心理，并谨慎使用这种方法。客户有多种类型，并非所有客户都有这种心态。有些客户非常有个性，叛逆，喜欢追求与众不同，走"你选，我不选"的道路。因此，在这些个人客户面前，我们应该谨慎使用从众成交法；如果盲目使用，将不会促进交易，反而会引起他们的反感。我们应该充分利用客户的心态,视情况、客户、时机正确使用。这将极大地促进交易,为我们赢得订单。

第一,实物证明。销售员在向客户介绍时,要在促销现场向客户出示实物证明,如合同文本、用户感谢信等,以提高客户对购买产品的信心和兴趣,并提高客户交易信心。

第二,我们列出的人物必须与产品相关。当使用从众成交法促进交易时,卖方列出的人物、行为和经验必须与促销的产品密切相关。

第三,我们使用从众交易方式时,要寻找知名或权威人士。卖家向客户列出的人物不能任意虚构,要是为客户所熟悉,甚至为客户所欣赏的人。如果销售人员不提名人、明星、专家、教授、官员、领导和其他人物说服和宣传,客户的从众心理就会降低。

第四,销售人员可以重点发展有影响力的客户,专注于说服重要客户,并在重要客户协作的基础上邀请其他客户购买。

第五,我们在使用从众成交法时,应讲职业道德,不能欺骗客户。客户通常对未经他人测试的新产品表示怀疑,比较信任有人使用并有相当好处的产品。因此,销售人员应了解,从众成交法成功的关键是客户举例必须具有一定的社会影响力。通过这种方式,我们可以增加客户对产品的信心,使交易更容易。

20.6　搞清客户的逆反心理

逆反心理是我们日常生活中常见的一种心理活动。人们用反向的态度和行为来对外界的劝导做出反应。这实际上就是一种抗拒心态,是一种自我保护机制。在某些特定条件下,人的逆反心理会被激发出来,进而支配人们的行为活动。逆反心理广泛存在于人类生活的各个领域和层面,消费活动中也时常有表现,而且形式多种多样。所以,作为销售人员，要特别关注客户的心态，如果能比较好地应对和利用客户的逆反心理，调动客户的积极性和购买欲望，可能会有意想不到的收获。

有这样一个故事：有一位顾客想要买一台高端商务机用于办公，但是对于市面上的电脑配置都不满意，弄得很多销售人员都觉得他是在刁难商家，其实根本就不想买或者根本给不起价。几个销售人员先后找到这位顾客，大谈自己公司电脑的外观有多漂亮，性能有多强劲，多么与使用者相匹配，还嘲笑他这种要求的电脑根本就没有。慢慢地这位顾客一接到这种推销电话就挂了，产生了一种反感情绪，拒绝任何推销人员的推销。而且他似乎打定主意，不管你怎么说，就是不买。不过有一次，令这位顾客意外的是，有一位推销员上来并不是夸自己销售的电脑性能有多么好，而是站在顾客的角度，对电脑进行了分析，认为自己出售的电脑确实有很多不足的地方，需要改进。这种态度让这位顾客感觉很不一样。几天过后，这位顾客就在他手上购买了十台高配电脑。原来这位顾客是一位创业公司的老板，需要给公司高管换电脑，希望找到性价比最高的产品。

这个案例中，有一部分的销售员，因为只关注了产品本身，一味地推销自己的产品，还用语言刺激，激起了客户的逆反心理，反而自己会丢了单。而成功的那一位销售人员，则知道从反面出发，站在客户的角度思考问题，最终顺利完成交易。在具体利用上，我们可通过下面两种方法激发或消除客户的逆反心理。

第一，转换立场，顺水推舟。大部分的情况是，销售人员会滔滔不绝地介绍产品，给客户强推，不顾及客户的需求和感受，这反而会招致客户的反感。这种情况下，销售人员要学会利用客户的逆反心理，转换自己的立场，反其道而行之。我们要适当闭嘴，不做解释，客户问起来，还可以卖个关子。这样就会激起客户的好奇心，让客户主动询问，为后面的销售活动打开局面。

第二,用安全感消除逆反心理。客户产生逆反心理,多数情况是第一次交易,没有与销售员产生信任感。通常客户越信任销售员,其购买积极性越高,逆反心理越不容易产生。同时,产品品牌也是信任的基础。客户有了安全感,对产品和销售都信任,那么交易就容易完成。还有一种方法就是勾起客户的好奇心,也可以消除客户的逆反心理。

20.7　烘托气氛,营造"购买热情高涨"的环境

近几年,电视购物比较流行。在电视购物中大家经常会听到主持人这样说:"热线刚刚开通,就有一位客户打进来了,看来我们的产品很受欢迎啊,真的是物超所值! 我们继续了解这款产品……哇! 不得了了,今天我们开通了两部电话,到现在依然响个不停。机不可失,失不再来,如果您喜欢这款产品,赶紧拿起电话订购吧,数量有限哦……"相信这样的电视购物沟通技巧很多人都听到过。我们不知道电话是不是被打爆了,电话是不是响个不停,但主持人却用这种方式渲染了现场气氛,制造出了销售火爆的场面。这便是以点圈大的方式渲染现场气氛。电视购物中,主持人要运用这种方式渲染气氛时有一个引子,那就是消费者打进来的电话。在会销中,我们要运用这种方式渲染现场气氛,也需要有一个引子,这个引子便是一位购买产品的观众。

很多会销讲师都有这样一种感觉,会销中只要有一位观众购买了产品,那么接下来就会好做很多。他可以以这位购买者为突破口,顺势大肆宣扬产品,比如,问购买者一些问题,请购买者与其他观众互动等方式,来营造购买气氛。相反,会销讲师最担心的就是会议进行了大半天,始终无人购买,想要营造现场气氛也没有机会入手。

有一次,我带着老家的亲戚去商场准备买一些衣服,刚走到商场门

口就看见有几个人围在一个摊位前，上前仔细一看原来是卖上衣的。我这位亲戚也拉着我一起走上前去看。我看着衣服还不错，物美价廉，在家里穿绝对可以，就对亲戚说："我看还不错，买一件吧！"

亲戚犹豫地说："我再看看。"

他似乎有一些担心。过了一分钟，有一个人购买了一件，这时摊主特别大声地说："中号上衣一件，收您 300 元，找您 80 元。不好意思，小号没货了，只有大号和中号……好的，大号一件，我给您装起来……您稍等，我给他找完钱后，再收您的钱……"

在摊主的大声吆喝下，他的摊前聚集的人越来越多。亲戚毫不犹豫地拿出钱，购买了一件，出来之后还对我说："这件衣服绝对买值了。"

我心想："当时摊主没吆喝、人不是很多的时候，你怎么犹豫呢，这会儿就说买值了。"

我这位亲戚之所以会决定买这件衣服，绝对是受到现场气氛的影响。因为我们刚到的时候只有几个人在摊位前，在我觉得衣服不错劝其购买的时候，他却一直在犹豫。也许摊主看出了我这位亲戚犹豫的表情，所以在成交第一单后，故意大声地吆喝，与购买客户及想要购买的客户沟通，渲染购买气氛。这样一方面提升了人气，另一方面促进了我这位亲戚的购买欲望，最终产生购买行为。

人都有一种跟风凑热闹的心理。什么东西人们都在买，他也会产生购买的欲望，这是气氛使然。会销是一个特殊的销售环境。在这个环境中，客户的跟风心理和在这种气氛的作用下会显得更加强烈。为此，我们要懂得在一人购买产品的情况下，大肆渲染购买气氛，从而提高观众的购买热情。在运用此方式渲染现场气氛时，我们需要注意以下几点：

第一，声音大，嗓门亮。我们在渲染现场气氛的时候，声音越大，嗓门越亮，就越能激发观众的激情。尤其是我们在和已经购买的客户进行对话时,未购买者会感到好奇,这时你的大声音大嗓门一方面会让听众听得更加清楚,另一方面能够引导观众的活跃性。

第二,沟通技巧准确有力。我那位亲戚在犹豫不决时,摊主说的话都是关于收钱卖衣服的事情。这样的沟通技巧意在告诉他人:"我的衣服,买的人特别多,大家都在抢购,再不买,就没有机会了。"这在销售中便是准确有力的沟通技巧。我们在会销中,一人购买后的渲染沟通技巧同样要准确有力,比如,可以说:"好的,已经有一位非常有眼光的先生购买了我们的产品,工作人员请给这位先生送上礼品。礼品现在还剩 9 份,前 10 名购买者都将送礼品一份,数量有限……好的,那位先生好像有话要问我,您请说……"

第三,注意音乐配合。电视购物中主持人在渲染购买火爆气氛的时候都会放一些音乐,目的是给观众造成一种紧促感。我们在会销中也应如此,渲染的沟通技巧说完后要及时配合音乐,以此来保证听众被调动的积极性。

20.8 借力打力,让"老客户"说服新客户

人类的心理是一个非常神秘和奇妙的东西。作为一名推销员,如果你能读懂人心,那当然是一件很好的事情,利用人们的各种心理特征来提供建议,引导他们的消费意向,达到商业目的。"拉伴儿心理"也是人性的一部分。人是害怕孤独的动物,在生活中需要朋友、爱人、家人的交流。这种心理特征对人们生活的方方面面都产生了重大影响。

居委会针对街道居民有个公共项目,需要自发缴费。工作人员进行了一些动员,没有人愿意自发缴费。工作人员又进行了一系列挨家挨户的工作,效果仍然很小。项目负责人非常沮丧,她把自己的情绪带回家。他的儿子知道后,给母亲提出一个想法。然后,项目负责人再次

进行了挨家走访，结果有 20 个家庭交了费；再次访问，60 个家庭缴纳了费；在第三轮访问中，180 个家庭交了费……

这项工作没过多久就结束了。那么，项目负责人的儿子给了她哪些行之有效的建议呢？具体实施阶段如下。

（1）母亲先缴费。

（2）动员关系良好的老朋友缴费，然后再制作一张表格，由这些老朋友签名。

（3）动员与"已缴费"关系好的家庭缴费。

（4）这些居民需要找"缴费者"来确认，那么"缴费者"不仅会给出肯定的回答，而且会尽力说服这些最好的朋友。

（5）最后就皆大欢喜了。

这个故事也是生活中最常见的情况。大多数时候，人们并不是计较金钱，而是在心理上有障碍，总是想成为一个"追随者"，不想成为一个"领导者"，抱着"你不交、我也不交"，不得利也不吃亏的想法。但是，从另一个角度来说，如果你周围的朋友缴费了，不需要朋友来说服自己，你也会在心里进行"自我说服"。

我们在市场上，利用人们的心理也是非常有效的。我们可以让"买家"说服"非买家"。这里我们可以有两种理解：一是让"想要的买家"说服"不想要的买家"或那些没有购买意愿的人；另一种是让"已经购买"的人说服"未购买"的人。

会议中的许多观众都聚集在一起。当一个人忍不住要买东西的时候，他会下意识地想"团结几个人一起买"来增加自己的勇气，所以他会开始对同伴施加压力。在大多数情况下，人们无法忍受游说，尤其是熟人、朋友和亲戚的软磨硬泡。事实上，许多人也在等待他人的"推动"来提高他们的勇气。一旦同伴提议一起购买，他们就会同意。虽然他们最初的购买意识很弱，但在"熟人效应"的影响下，会因为对同伴的信任而增加对产品的信心。即使陌生人见面因为坐在同一张桌子上,他们也能说几句话。这种情况与同伴效应大致相同。想买东西的人即使拉几个陌生人放在一起,也会感到"心理上更舒适",从而减少"孤军奋战"的感觉。同战线的人多了,反而觉得"购买底气"足了,"风险惧怕感"弱了。

就现有买家而言,说服非买家也是他们愿意做的。在他们看来,买的人越多越好。买的人越多,他们的安全感就越强。本质上,他们是要削弱自我的风险感觉,想想,"如果这东西买坏了,也不是我一个人独自承受损失。"

人们就是这样。有些人即使买错了,跟其他人可以坐在一起抱怨,或者组织讨论,也会感觉很好。人们更害怕独自面对糟糕的结果。当一个人有糟糕的结果时,人们害怕被别人嘲笑。

20.9　先发制人,防止拒绝

如果你能提前预测拒绝,你就可以防止拒绝。"你的价格太高了。""胡说八道!"当你听到这句话时,你觉得很烦人吗?这是销售领域的头号拒绝方式。我们再想想,好像我们用得最多的就是这句话。我们就没有新的沟通技巧吗?你可以想象一个潜在客户说"价格太高了。"然后你说,"是的,我以前听人说过。"(事实上,这个答案可能比你现在使用的更好。)无论你在哪个行业,拒绝的一些原因只是借口——拖延策略或潜在客户不愿意直接拒绝卖家。无论客户是直接拒绝,还是找的借口,当然都是让人提不起精神的事。你可以在产品介绍讨论中提前讨论出可能的异议方向,以防止潜在客户自行发言。预防是治疗拒绝的最佳良药。我们的具体做法:与销售代表和客户见个面,就可能产生的拒绝方向进行讨论,询问他们遇到的几大拒绝理由。演讲前你要做好以下准备。

（1）写下拒绝。你要详细列出你收集的任何拒绝理由，有时相同的拒绝理由会以不同的方式呈现。

（2）为了有效防止被拒绝，你需要做好充分的准备。完成这项工作，你可能需要一些时间。为了能够避免被拒绝，你需要做好准备。您还可以与您的团队、客户讨论，并为每次拒绝设计多种情况，其中需包含最终签单问题。

（3）准备销售工具以改进和支持任何回应。从拒绝到最终签名的过程，你可以通过客户的表扬信、个人声明视频、对比文件和证明文件等支持加快。公司需要准备所有必要的材料，使买方感到安全和受到支持，以便他能够轻松签单。

（4）你在设计拒绝的答案后，可以组织几个角色游戏来练习，这样回应会显得自然。

（5）迭代回应。每次练习完以后，你要根据情况对回应进行相应调整。

（6）你可以找到一两个有问题的客户，在客户那里验证一下，告诉客户，你想做什么。客户会钦佩你的勇气，愿意帮助你，通常会给出他们真实的答案。

（7）在现实世界中进行演练后，你的回应必须随时进行相应调整，并在每次演练后记录调整情况。

最后，你要将上述内容登记在笔记本上，给每个销售人员复印一份。这样做的另一个好处是，当你招聘了新的销售人员时，可以作为培训手册，以提供切实可行的解决方案并保证立即有成效。你要定期召开小组会议，讨论问题并且进行调整。总有人会找到最佳的新解决方案。关键是你要确认可能的拒绝，并在产品的演示中写好答案，这样当你做完产品演示后，客户将无法拒绝。

20.10 将目标设在退一步的地方

人们在购买商品时,通常希望有多种价格供自己选择,然后做出正确的决定。由于客户的这种心理因素,卖家在销售时必须给客户多种选择条件,并通过暗示邀请客户选择满足其需求的产品,最后做出购买决定。

卖家在销售产品时,通常会按照一定的顺序从高价到低价销售。然而,并非所有产品都是按照由高到低的顺序销售的。相反,有时它们应该自下而上销售。它们的区别取决于你所卖的产品。

如果你卖的是高档的红酒,应该按照由高到低的形式进行推销。当你完成产品介绍时,介绍客户买最贵的一款。你会发现客户买的可能性太少,你叫客户买什么,客户偏偏不买。

所以,他通常会退而求其次,选择偏中间的那一款。然而这一款正好是销售人员最想让客户买的一款。然后你要对客户做出的决定加以赞美,认为他是最有眼光的人,而且选择的那一款是性价比最高的。你如果这样对客户加以赞美的话,他愿意掏钱的可能性就会很大。

再如,如果你在销售耐用消费品,如家具和家用电器,你就应该从低价格向高价格推销。生活中的日常日用品或化妆品,因为它们的耐磨性要求不高,所以你应该用从高到低的价格模式进行销售。

对于一些耐用型的产品,我们应该从低价格向高价格推销。因为客户对产品的性能和质量更感兴趣,客户更愿意花更多的钱购买质量和耐用性更好的产品。在介绍时,我们应该从低价格开始,因为这样可以消除客户的防备心,更利于交易。

如果我们以需求价格为目标,就不容易实现。如果我们将目标设定在退一步的位置上,通过讨价还价实现目标的可能性将大大增加。

第一，如果你想让客户购买 B 产品，你可以先介绍 A 产品有多好，然后比较 B 产品和该产品的功能。

第二，增加条件——客户的心理价格为 100 元。如果你认为，你可以在 120 元卖出，那么你很容易达到 150 元的售价目标。

20.11 以客户喜好程度，掌控价位浮动大小

谈价格自然是销售中重要的环节，是一个绕不开的话题。顾客的在消费谈判时，大多数的时间都消耗在讨价还价上。在一场交易中，卖方希望以较高的价格售出，而买方则期盼以较低的价格买进，在来来回回的拉锯中谋求统一，是一个恒久不变的规律。

我们总是在交易中讨价还价，但是在实际行动中要做到双方都满意，是非常不容易的。你需要积累谈判技巧，而且首次报价非常关键。我们可以想象，首次报价不论是高了，还是低了，都不是一个好的开局。没有这一次的成功报价，我们接下来的交流就会显得比较难了。

在首次报价时，要注意观察客户的喜好和迫切程度，同时兼具全盘思维。如果与客户是第一次合作，而且对产品和行业都不是很了解，这个时候我们报价一定要注意根基牢固，自己站得住脚。不管如何，第一次报价过高很可能就会谈不拢，不欢而散；报价过低，则会自己蒙上损失，还造成客户怀疑，认为你的产品有质量问题，最后放弃交易。

那么，究竟要如何把握好这重要的第一次报价呢？关键的一条黄金法则，就是你的报价一定要高于你的底线，以客户喜好程度，掌控价位浮动大小。

下面我举一个例子。在一次交流会上，一家公司老板看上了一位创作人的小说，希望能购买这篇小说的独家版权和改编权，问他是否愿意转让并且愿意以多少钱的价格转让。当时这位作者还是一个名不见

经传的小作家,对自己的小说到底值多少钱,心里根本没数,听到对方想要购买版权,心想只要能卖 10 万元就不错了,可他的家人却事先告诉他至少要卖 30 万元以上。为此,他壮了壮胆,跟老板说:"我的这篇小说故事结构和精彩程度,您应该比我更清楚。如果是卖给其他公司,我最少也得要 80 万元;如果是贵公司购买,那就退一步,60 万元,怎么样?"老板听后虽然很为难,但是他很清楚这本书的价值,如果被其他公司买走了,他就错失了一次机会。他只好抱着试试看的心态,还了一个折中的价格:"50 万元,怎么样?"作者简直不敢相信自己的耳朵,直到总经理又重复了一遍之后,他才意识到这一切是真的。他假装讨价还价了一番,最后还是以 50 万元的价格达成了转让协议。

　　我们从这个例子可以看出,价格谈判的双方都在探底,努力扩大自己的利润空间。价格谈判就是一场博弈的过程。成功的谈判是在你让步的过程中得到你所需要的,需要有一个较为灵活的回旋余地,那么,一个合理且高出底线的报价就是必要的了。过高的报价虽然可以赢得更多的回报,但是也有可能吓跑对方,特别是当你的报价超出客户的心理承受范围时。如果你的态度又很强硬,对方就随时可能终止谈判,甚至你会在行业内留下不好的口碑。所以,我们在语气和用词上要讲求伸缩性和空间感,可以用一些其他的附加条件作为交换,比如,"如果你能够现款提货,我就可以在价格上给予 5％的优惠""如果你买两件,我可以打八折"等。我们可以根据客户的喜好程度,在这个回旋余地上做伸缩。当然,报价一定要维持在合理的范围之内。如果你想将一款普通电脑卖出高配商务机的价格,那是不太可能发生的。

20.12　别突破客户的心理防线

　　大多数的客户都有一定的心理预期,这包括了他们对于商品和服务的价格以及质量,或者有某些特殊的细节要求等。作为消费者,通常情况下,他们是希望用最低的价格购买最高档的商品。而作为企业或者销售人员,则相反,这就产生了一个矛盾点和差阈。这个时候,就是互相之间的博弈了。有一些销售员就喜欢挑战客户的心理防线,认为突破了客户的心理防线,就能轻易地从客户口袋里掏出钱来。其实这种方法并不是长久之计。客户回家很可能后悔,即使不来找你退换货,也可能是"一锤子买卖"。而且贸然突破客户的心理防线,难度会很大,多数销售人员是无法完成的。但是销售人员当然还是应该尽可能地了解客户的心理防线,加大企业利益的同时更好地服务客户。我们要怎样才能了解到顾客的心理防线呢? 答案有以下几点。

1. 多沟通

在与客户交谈时,需要一定的技巧,拉近与客户之间的距离,这样客户就更加愿意把内心的真实需求说出来。

例如,甲销售人员:"女士您好,要买牙膏吗? 您看这款最新产品怎么样? 护齿美白脱敏三效合一,您买一支用一下吧?"

客户:"这种牌子啊,听说不怎么好用。"

销售人员:"这款不一样,采用了最新的配方,卖得很好。您买一支试试,效果一定能令您满意。"

客户:"以前的销售员也是这么说。"

换一位销售,乙销售人员:"女士您好,您打算买一支牙膏,是吗?"

客户:"是啊,我想要美白护齿的,试过了很多牌子的牙膏,都没什么太大效果。"

销售人员:"唉,我真是深有同感,牙齿黄挺让人心烦。我以前的牙齿也容易黄,现在正在用这款牙膏,你看看我的牙齿有没有白一些。"

客户:"真的吗? 感觉有效果吗?"

销售人员："味道香香的,刷过之后很清爽,而且牙齿确实比以前白了。您看看配方,的确是与众不同。要不,您也买上一支试试,应该会很有效的。"

客户:"好啊! 那我试试。"

以上两种推销方式有何不同呢? 我们可以明显感觉到后一种推销方式更具有亲和力,会令客户觉得自然和善、亲切可信。这种方式就能更快地抓住客户的需求,了解客户的心理防线,使客户对服务更加满意,心甘情愿地掏钱购买产品。

2. 多观察

作为销售人员,一定要多观察身边的每一个客户,捕捉到信息揣摩客户的心理,做到心中有数。当然,这中间也少不了沟通,沟通和观察相结合,融为一体。话题对,沟通就顺畅,沟通越顺畅,顾客说的就越多,传递的信息就越多,我们了解的东西就越多。这样循环往复,我们与客户就能找到更多感兴趣的话题,推荐更多客户满意的产品,甚至都可能慢慢成为朋友,介绍更多客户给你。因此,观察交流是销售员把握客户心理的基础功课。

3. 以最佳价码成交

一般情况下,对与成交的商品和服务,客户都有一定的预期和底线,这两者之间的差就是成交的浮动价码。当然,这中间的因素包括价格因素、安全因素、自尊心理、归宿心理等。一位有经验的销售员会尽量满足客户的心理需求,充分尊重顾客的民族风俗、地域习惯,充分尊重客户的个人观点、个性化建议等,从而实现利益最大化。当然,大多数情况下,我们与客户讨论的焦点总是产品或服务质量和价格之间的矛盾。作为经营者,在定价格时要合理,不能超过消费者的预期，更不能突破底线，应揣度位于消费者心理底线处的价码，形成双赢的局面。

销售是一场博弈，更是一场心理战，知己知彼，百战百殆。作为销售人员和经营者，最重要的还是信任，宁愿一笔买卖"竹篮打水一场空"，也不要轻易尝试突破消费者的底线，毕竟"买卖不成，仁义在"。一旦消费者对你的商品服务产生了严重质疑，品牌就会慢慢退出市场。

第21章

客户运营：成交
并不是销售的结束

销售人员如果在签单的时刻，脑子里只想着签单拿钱这件事，过于激动，就很可能得意忘形；或者是前后态度产生巨大差距。这些行为都会让客户反感，质疑，甚至退货。试想，如果你是消费者，销售人员在你买完单以后，对你的服务态度反差极大，你会怎么想呢？"太恶劣了，以后我一定再不来买了。""这是个骗子公司，拿了钱就要跑路了。"

21.1　签约之后不要马上离开

任何销售，签单只是开始，我们要使客户满意，不能签单后马上离开。大家还记得前面提到过的汽车销售大师乔·吉拉德吗？他就是客户关系维护高手。不管是签单没有，售前还是售后，他都一如既往地给客户无微不至的贴心服务。比如，每次客户签单成功后，他都会表示感谢地说："感谢您对我们公司的信任，咱们的合作非常愉快！您未来有任何需要，遇到任何问题，请随时联系我！"而且乔·吉拉德还会不定期地做回访、寄礼品和卡片，出去旅游也会记得给客户邮寄明信片和礼物。这些细节性的行为，对我们的售后开展和客户维护都是非常关键的。

乔·吉拉德说："我从不做一锤子买卖。每一个客户背后的资源和未来的消费潜力都值得花费更多的精力去提供优质的服务，相信客户给你的回报一定超乎你的想象。"这就不难理解为什么乔·吉拉德可以平均每天销售四辆车了。签单之后，我们要尽可能地做好客户维护服务，让客户觉得自己做出的选择是正确的，甚至在未来需要产品时，还会首先想到你。

那么，我们在签单之后，到底怎么做才能抓住客户的心呢？

1. 表示感谢

在任何时候，我们表示感谢都要保持低调而诚恳的态度，真诚的感谢才让人踏实，过于激动兴奋反而会引起不适，客户会轻视，甚至产生怀疑。如果客户真的有所怀疑，很可能你刚刚签下的单立马就黄了。有一次，我的一位同事，就是因为签单后表现得过于激动，滔滔不绝，引起了客户得怀疑，没过两天客户就要退款。销售是一种互利互惠，所以表示正常的感谢便好了。

2. 适度地迎来送往

其实,销售和我们平时招待客人的情形是相似的。我们一定不会客人来了拖拖拉拉开门,冷冷淡淡说话,客人走了立马掉头就关门。这样明显就是逐客,不欢迎客人。这样的表现也会让人觉得你是个唯利是图的人。所以,签单以后,我们还是要适当地做一些交流,让客户放心,有什么问题可以随时沟通,我们非常乐意为他服务,让客户觉得你是一个负责任细心认真的人。这样客户对你的信任,也会增多。

3. 把握好节奏

对于不一样的客户,我们要注意把握节奏。有的客户要求马上送货,或者还有其他的需求,那你就要马上行动起来,做好服务。如果对方并没有那么着急,你就可以按程序走,顺便询问是否还有其他可以服务的。有的销售新人不够自信,签单之后害怕客户反悔,故意表现得不着急,拖拖拉拉,反而让客户怀疑和不满。我们保持自信和真诚,才能抓住客户的心,才能抓住客户的钱袋子,才会抓住客户身边的潜在客户。销售人员签单之后请不要着急离开,保持一如既往的服务态度,才算是一次成功完整的销售。

有效沟通和完善的售后服务,可以让你收获更多信任,赢得更多客户的心。

21.2　落实服务承诺,让客户用得安心

良好的售后服务是另一笔交易的开始。许多公司通过不断提高售后服务的质量,增加公司的声誉,扩大产品的市场份额,提高营销的效

率和收益。售后服务的质量对消费者的再次消费有着严重的影响。顾客购物时，如果产品的质量和功能得到保证，并且有完善的售后服务，他会很快成交。

现在消费也升级了，顾客购买产品，他们也不完全是只关心产品本身，还关心产品是否有完善的售后服务。高质量的售后服务客观上是品牌经济的产物，而名牌产品的售后服务往往优于非名牌产品。名牌产品的价格往往高于其他品牌，一方面，这是基于产品的成本和质量，但也因为在名牌产品的销售策略中考虑了售后服务的成本。

一个公司的软件系统总是存在缺陷，这严重影响了公司的工作效率。公司董事会决定投入大量资金更新公司的软件系统。销售人员李强将软件系统卖给了这家公司。当他与公司负责人交谈时，他恰当地进行了承诺，并签署了一份大单。

销售人员很快就收到好消息，去找领导沟通，经过努力，公司负责人对李强推广的软件很感兴趣。但由于之前高价购买的软件系统没用多久就出现问题，他们担心这次购买的软件会像上次购买的软件一样出现问题。公司总经理说，一朝被蛇咬，十年怕井绳。因此，尽管他对李强的软件非常感兴趣，但他还是迟迟不肯签合同，也就是说，他不愿意马上成交。他还表明，即使他对李强的软件很感兴趣，也想购买，但是希望找到一个质量和性能更好的软件系统，多比比。李强了解到这种情况后，知道这个情况不仅仅是质量、性能和价格的问题，还有售后服务。李强意识到，最后可以让这家公司正式签字的是完善、优质的售后服务，是让客户在购买软件时无后顾之忧。

在了解公司负责人的想法后，李强承诺："如果贵公司采用我们公司的软件，我会亲自交付并免费送货、安装。我将亲自监督整个安装过程，等待您的验收。如果我们的软件在运行过程中出现问题，我承诺赔偿由此造成的所有损失，而且软件不要钱。"公司经理看到李强如此自信,对软件的质量和性能更加确信。李强接着说:"如果你有任何问题,你也可以把我刚才说的在合同里写下来。"因此,李强与该公司签单成功。公司刚开始对李强推荐的软件没有信心,因为在初始阶段购买的软件总是存在问题。他担心自己会再次被欺骗。因此,买家在关键环节犹豫不决。卖方了解了公司负责人的心理,做出了承诺,最终达成了协议。

客户满意度与厂商的售后服务成正比。如果一个公司的售后服务做得好,能够满足客户的内在需求,客户满意度自然会高。这些客户就会成为老客户,老客户又会推荐新客户。如果一家公司的售后服务不够好,让客户失望,这些客户将不会在公司进行第二笔交易,可能还将以"好事不出门,坏事传千里"的速度宣传公司的"质量"。如果有更多这类客户,公司就离破产不远了。作为卖家,提供产品和服务存在风险,这一点应该得到充分理解。但是,我们通过声明来宣传您的承诺,您在业务前景中的风险将降低,可以显著提高客户对您的信心,增强他们的购买意愿,并最终促使客户与您签单。

但是销售者一定要做到言必行,行必果,所以要谨慎对待客户,不能随意承诺。你认为客户会忘记最初的口头承诺,就大错、特错。交易之所以能够达成,是因为客户看重您最初的承诺。在你签完订单后,你觉得承诺不重要吗?说者无意,听者有心。作为卖家,要记住你承诺的每一句话。如果售后服务是按照承诺做的,甚至超出预期,客户认为,你是可靠的。他还想继续和你合作,把你介绍给更多的客户。如果你不信守诺言,客户会"揪着你"不放,让你焦头烂额。客户有足够的时间"折磨你",最后让你身心疲惫,变成客户的敌人。如果这样的客户被"培养"得多了,表明你离真正的销售专家越来越远了。

如何满足对客户的承诺?你能做的就是保质、保量去兑现承诺。既然你向客户承诺了,那你就要做到。我们在售后服务的过程中,应该量力而行，即使在履行承诺的过程中，也可以不断地给客户惊喜，提供增值服务，让客户对你更加满意。当你向客户做出承诺时，你必须仔细考虑你是否有能力完成承诺。如果你不能完成承诺，就需要团队来完成。你跟团队如何合作完成承诺呢？这些在你承诺的时候要考虑清楚，达成公司会协助你完成的协议。当团队无法履行对客户的承诺时，你必须让公司挺身而出来解决它。

一般来说，公司拥有一些外部和内部资源。只要他们被调动起来，解决客户问题就很容易，但我不建议随意使用公司的力量。你可以考虑动用自己的资源。每个销售都有自己的资源。有时候，为了实现自己的承诺，我们也不想利用团队和公司的力量，那就会考虑利用自己的个人资源。只要是有助于解决问题的资源，就是好资源。但你要记住，如果你使用其他资源，你就欠下了一份人情。简言之，我们在向客户做出承诺时必须小心，不要张口就来，永远不要承诺不能实现的。

【本篇附录】成交流程（五）

裂变式：如何让客户疯狂转介绍

裂变式，要求顾客转介绍。

1. 顾客愿意转介绍的动机

当客户对你产生很好的信赖感时，你就有机会去要求客户转介绍。你要问问自己，客户为什么帮我转介绍？我要做什么，他才会帮我转介绍？没有无缘无故的爱，也没有无缘无故的恨，所有的爱和恨背后都有原因。如果你要客户帮你转介绍，如果你需要客户能够持续不断地支持你，你需要做一些事情。首先你要知道客户帮你转介绍背后的动力，主要有三个部分：第一个是对产品的认可，第二个是对你的认可，第三个是对你给客户好处的认可。

前面两个动力，我们不做过多解释，最重要的是第三个怎么达成。

（1）利益的好处

因为转介绍有钱赚，有利益，客户愿意帮你转介绍。我的姐姐是专门做保险的。她每次来我家，都会大包小包把她自己家里养的鸡送来。然后我们聊完天之后她就说，剑晶这边有什么资源可以介绍一下。我自然而然就会想法帮她。而且她说："我要成为第 1 名，你要支持一下。"我每次都会给她介绍几个人。

（2）荣誉的好处

你要让客户有实现自我价值的感觉。你要给客户精神的好处，给客户物质的好处，给客户荣誉的好处，让客户对你无法拒绝。

2.如何实现转介绍

我们具体如何做？主要就是会讲话、会做事。

（1）小和尚成交法

我要成为公司销售的第一名。如果做不到，我要面壁思过三个小时……因此，姐姐你能不能帮我介绍两个，跟你一样爱学习，跟你一样有智慧，跟你一样重视健康的人？

你方不方便当着我的面，给他们打个电话？回头我也去拜访他一下。你放心，我怎么服务你，我也会同样去服务他，一定会让你因为有我这个弟弟，有我这个妹妹，有我这个朋友在你的朋友面前有光。

所以如果你的服务不好，他就不想帮你转介绍，因为他知道你服务不好，把朋友介绍给你，还怕落埋怨。你都是像服务我一样服务我的朋友，那我才不帮你介绍。我是因为你服务很好，所以我就认为，介绍我的朋友给你，你会服务好我的朋友，跟服务我一样。

也就是说，你要让顾客转介绍，你自己首先要成为一个好的业务员，好的合作伙伴，好的生意搭档。那他就愿意把他的朋友都介绍给你。

因为你好，你的资源就好；你不好，资源就不好。因此，你要讲对话。

（2）客户帮你写介绍信

也就是说，他可以专门写一个客户的见证，帮你写一个推荐信。比如，我推荐某某某能够成为你最好的保险顾问；我推荐某某某能够成为你最好的事业搭档；我推荐某某某能够成为你非常好的理财顾问等。

你让他写一个推荐信,然后你就可以拿到你过去所有服务过的顾客的客户见证了。

你会有一个厚厚的客户见证档案本。你拿着这个客户见证的档案本,再去跟别人分享的时候,你只需要针对不同客户的类型跟他讲不同的客户见证,就能够产生巨大的说服力和影响力。

后记

演讲可以快速实现梦想

说起我与演讲、销讲的渊源,有很多故事可以讲,尤其是一个人怎么样从一无所知一步步变成超级演说家的故事。当时的我,面对十几个人说话都面红耳赤,更别说当众演讲,那只会被吓得面色苍白。而现在的我,可以站在舞台上破亚洲演讲纪录,破世界演讲纪录,甚至能够有机会到世界各地巡回演讲。这背后所有的功夫和秘诀,我会一一讲述,应该能够彻底地颠覆你对演讲的认知和看法。在此,让我来带你领略演讲的魅力,助你打开演说开关,创造生命奇迹。

我为什么一定要学会演讲?

第一,克服自卑。当年的我着实是有点自卑,长得又不帅,说话也不利索,还带有地方口音,因此,我非常害怕当众表达。后来,我发现,当我站在舞台上时,下面的观众是看不清我的脸,我只要表现得足够好,就能获得掌声。

第二，想要更多人认识我。我发现，一个十分擅长演讲的学长，他在台上讲一次就有很多人想认识他。而不会演讲的我，需要一个个去沟通，我就算一个一个给人讲，全校也没几个人认识我。我觉得，要让学校的人都认识我，我得学演讲。

演讲可以点亮人生。我为什么要会学销讲，是因为我受够了每天一对一地跟别人聊天，太慢了、太辛苦了。我的老师讲一次相当于我干 10 年，我不想 10 年之后还这样。我有好的产品，但因为我不会演讲，没有办法"批发式"地去帮助别人。我只能一个一个地去说，而且说完了，客户回馈我的全部都是质疑的目光。因为我不会演讲，有好的机会根本就轮不到我，在公司里没有办法晋升，在市场上没有办法获得认可，在行业中不会拥有影响力。因为我不会演讲，无法带团队。如果影响力握在别人手上，就等同于我带了一个比我更有影响力的人，随时有可能把我的团队挖走。因为他会讲，而我不会讲。

假如我没有办法从台下走到台上，我永远只能像蜗牛一样爬，不会有出头之日。因为融资需要演讲，招商需要演讲，化解危机需要演讲，开公司招股东需要演讲……我想明白了，我愿意在这件事情上花更多的时间。

本书将告诉你如何找到演讲的定位，找到演讲的主题，找到设计演讲的逻辑等；从信念到行为做全方位的指导，让你知其然，还知其所以然。本书会让站在舞台上的你，给对方传递一个世界级的印象；

教会你设计一个无懈可击的成交方案,设计一个属于你自己的畅销产品。

可以这么说,你所学到的销讲内容是浓缩了的精华。这是向 20 位世界一流演讲大师学来的顶尖智慧,凝聚了我过去 10 年,将近 2 000 多场的演讲经验,能让所有的人打开演说开关,创造演讲奇迹。我想告诉大家,演讲的能力不是天生的,是后天培养出来的。